kailash

Stefanie Stahl

So bin ich eben!

Erkenne dich selbst und andere

Mit Persönlichkeitstest

kailash

MIX
Papier | Fördert gute Waldnutzung
FSC® C014496

Penguin Random House Verlagsgruppe FSC® N001967

8. Auflage

in der Penguin Random House Verlagsgruppe GmbH
Neumarkter Str. 28, 81673 München
produktsicherheit@penguinrandomhouse.de
(Vorstehende Angaben sind zugleich Pflichtinformationen nach GPSR)

Zuerst erschienen im Ellert & Richter Verlag GmbH, Hamburg, 2016
Lektorat: Petra Kunze
Satz: Satzwerk Huber, Germering
Umschlaggestaltung: Daniela Hofner, ki 36 Editorial Design, München
Fotos der Autorin: Roswitha Kaster
Illustrationen im Innenteil und auf den Innenklappen:
Reimo Schaupp, un-cover Agentur
Druck und Bindung: GGP Media GmbH, Pößneck
Printed in Germany
ISBN: 978-3-424-63201-9

www.kailash-verlag.de

Für meine ehemalige Co-Autorin
und liebe Freundin Melanie Alt

Inhalt

Bin ich noch normal oder ein bisschen daneben? 15
Meine persönliche Gebrauchsanweisung 17

Die vier psychologischen Dimensionen
Die erste Dimension: extra- oder introvertiert? 24
Kleine Gebrauchsanweisung für den Umgang mit Extravertierten 32
Kleine Gebrauchsanweisung für den Umgang mit Introvertierten 33
Die zweite Dimension: abstrakt oder konkret? 35
Kleine Gebrauchsanweisung für den Umgang mit Abstrakten 40
Kleine Gebrauchsanweisung für den Umgang mit Konkreten 42
Die dritte Dimension: Fühl- oder DenkEntscheider? 44
Kleine Gebrauchsanweisung für den Umgang mit FühlEntscheidern 49
Kleine Gebrauchsanweisung für den Umgang mit DenkEntscheidern 50
Die vierte Dimension: organisiert oder locker? 53
Kleine Gebrauchsanweisung für den Umgang mit Organisierten 59
Kleine Gebrauchsanweisung für den Umgang mit Lockeren 60

Die 16 Minister ... 63
Jeder Typ: mehr als nur vier Buchstaben! ... 64
Der Persönlichkeitstest ... 68
Testanleitung ... 69
Die Fragen ... 71
Testauswertung ... 76
IADL: die Theorieminister ... 79
Arbeit ... 81
Liebe und Freundschaft ... 83
Elternschaft ... 84
Probleme und Entwicklungsmöglichkeiten ... 85
Persönliche Gebrauchsanweisung ... 87
EADL: die Zukunftsminister ... 89
Arbeit ... 91
Liebe und Freundschaft ... 92
Elternschaft ... 94
Probleme und Entwicklungsmöglichkeiten ... 95
Persönliche Gebrauchsanweisung ... 98
IADO: die Strategieminister ... 100
Arbeit ... 102
Liebe und Freundschaft ... 104
Elternschaft ... 106
Probleme und Entwicklungsmöglichkeiten ... 107
Persönliche Gebrauchsanweisung ... 110
EADO: die Kompetenzminister ... 112
Arbeit ... 114
Liebe und Freundschaft ... 116
Elternschaft ... 117
Probleme und Entwicklungsmöglichkeiten ... 118
Persönliche Gebrauchsanweisung ... 121
IAFL: die Tugendminister ... 123
Arbeit ... 126
Liebe und Freundschaft ... 127

- Elternschaft 129
- Probleme und Entwicklungsmöglichkeiten 130
- Persönliche Gebrauchsanweisung 132

EAFL: die Ideenminister 134
- Arbeit 136
- Liebe und Freundschaft 138
- Elternschaft 141
- Probleme und Entwicklungsmöglichkeiten 141
- Persönliche Gebrauchsanweisung 144

EAFO: die Beziehungsminister 146
- Arbeit 148
- Liebe und Freundschaft 150
- Elternschaft 152
- Probleme und Entwicklungsmöglichkeiten 153
- Persönliche Gebrauchsanweisung 155

IAFO: die Erkenntnisminister 157
- Arbeit 159
- Liebe und Freundschaft 161
- Elternschaft 163
- Probleme und Entwicklungsmöglichkeiten 164
- Persönliche Gebrauchsanweisung 166

IKFO: die Harmonieminister 168
- Arbeit 170
- Liebe und Freundschaft 172
- Elternschaft 173
- Probleme und Entwicklungsmöglichkeiten 174
- Persönliche Gebrauchsanweisung 177

EKFO: die Sozialminister 179
- Arbeit 182
- Liebe und Freundschaft 184
- Elternschaft 185
- Probleme und Entwicklungsmöglichkeiten 186
- Persönliche Gebrauchsanweisung 189

IKDO: die Präzisionsminister ... 191
Arbeit ... 194
Liebe und Freundschaft ... 196
Elternschaft ... 197
Probleme und Entwicklungsmöglichkeiten ... 197
Persönliche Gebrauchsanweisung ... 200
EKDO: die Planungsminister ... 203
Arbeit ... 206
Liebe und Freundschaft ... 208
Elternschaft ... 209
Probleme und Entwicklungsmöglichkeiten ... 210
Persönliche Gebrauchsanweisung ... 213
IKFL: die Toleranzminister ... 215
Arbeit ... 218
Liebe und Freundschaft ... 219
Elternschaft ... 221
Probleme und Entwicklungsmöglichkeiten ... 221
Persönliche Gebrauchsanweisung ... 224
EKFL: die Vergnügungsminister ... 226
Arbeit ... 228
Liebe und Freundschaft ... 230
Elternschaft ... 232
Probleme und Entwicklungsmöglichkeiten ... 232
Persönliche Gebrauchsanweisung ... 235
EKDL: die Krisenminister ... 237
Arbeit ... 239
Liebe und Freundschaft ... 241
Elternschaft ... 242
Probleme und Entwicklungsmöglichkeiten ... 243
Persönliche Gebrauchsanweisung ... 245
IKDL: die Freiheitsminister ... 247
Arbeit ... 250
Liebe und Freundschaft ... 251

Elternschaft 253
Probleme und Entwicklungsmöglichkeiten 255
Persönliche Gebrauchsanweisung 256

Kleine Gebrauchsanweisung für das Miteinander 258

Literatur zum Thema 263

Register 265

Es scheint, als sei die Analyse des Charakters
die höchste Form menschlicher Unterhaltung.
Isaac Bashevis Singer

Sie können, wenn Sie es gern möchten, den Persönlichkeitstest machen, bevor Sie mit der Lektüre anfangen. Diese finden Sie ab S. 68 oder auf meiner Homepage www.stefaniestahl.de.

Wenn das Testergebnis nicht gleich zu mindestens 90 Prozent Ihre Zustimmung findet, könnte es nicht passend sein. Dann wäre es ratsam, erst das Buch zu lesen und den Test zu einem späteren Zeitpunkt zu machen, um erst einmal das zugrunde liegende Konzept zu verstehen. Auf jeden Fall wünsche ich Ihnen viel Spaß beim Lesen und viele neue Erkenntnisse!

Ihre Steffi Stahl

Bin ich noch normal oder ein bisschen daneben?

»So bin ich eben!« Wie oft haben Sie diesen Satz schon gehört? Wie oft haben Sie das schon gesagt oder sagen wollen? Wie oft haben Sie diese vier Wörter als Erklärung gehört oder als Erklärung gegeben – für Ihr Handeln, Ihr Denken und Ihre Gefühle? Für Situationen, in denen Sie sich so oder so, aber eben nicht anders hätten verhalten können. Und wie oft haben Sie diesen Satz schon benutzt, um das Verhalten eines anderen zu erklären? – »So ist er/sie eben!«

Menschen sind verschieden. Das wissen wir. Und wir wissen, dass Menschen, eben weil sie verschieden sind, auch unterschiedlich handeln, denken und fühlen. Doch obwohl die Unterschiede bei Menschen eine der größten Selbstverständlichkeiten sind – was wissen wir wirklich über uns? Auch wenn jeder schon einmal festgestellt hat: »So bin ich eben!« oder »So bin ich eben nicht!«, muss man entweder sehr naiv oder sehr überheblich sein, wenn man von sich behaupten wollte, man wüsste genau über sich Bescheid. Was macht mich aus? Warum bin ich so, wie ich bin? Warum handle, fühle und denke ich so und nicht anders? Bin ich normal oder doch ein bisschen »daneben«? Bin ich etwas Besonderes oder ganz gewöhnlich? Sind meine Eltern verantwortlich für das, was ich bin, oder bin ich so auf die Welt gekommen? Warum fühle ich mich von manchen Menschen angezogen, während bei anderen die Chemie überhaupt nicht stimmt? Diese und ähnliche Fragen stellt sich fast jeder.

Stellen Sie sich vor, Sie könnten mit einem Fahrstuhl in Ihr Unbewusstes hinabfahren und sich dort in aller Ruhe in der Schaltzentrale umgucken und jene Mechanismen betrachten, die Ihr Handeln, Denken und Fühlen, Ihre Entscheidungen und Ihre Wahrnehmungen bestimmen. Stellen Sie sich weiterhin vor, dass Sie dabei nicht nur etwas über Ihre persönlichen Mechanismen und Muster erfahren, sondern auch einen Kurs belegen mit dem Titel »Wie tickt der Mensch?«. Zudem bekommen Sie noch eine persönliche Gebrauchsanweisung sowie eine für Ihre Mitmenschen ausgehändigt. Das wäre schön – oder? Aber auch ein bisschen beängstigend, deshalb wollen es viele von uns lieber nicht so genau wissen, könnten da unten doch einige »Leichen« herumliegen, über die wir lieber nicht stolpern wollen. Wer weiß, was an diesem dunklen Ort, dem Unbewussten, so alles herumgeistert, welche Schatten uns dort umfangen, welche Gespenster der Vergangenheit dort umherwandeln, mit denen wir lieber nichts zu tun haben möchten?

Sie können ganz beruhigt sein, ich führe Sie nicht an jene inneren Orte, die Sie ungern besuchen. Ich geleite Sie nicht in die hintersten Winkel Ihrer Seele. Das könnte ich auch kaum, schließlich kenne ich Sie nicht persönlich. Trotzdem können Sie einige grundlegende Muster von sich und anderen verstehen. Denn neben unseren individuellen Lebenserfahrungen und Erziehungseinflüssen, die unser Wesen prägen, haben wir auch alle eine genetische Ausstattung mitbekommen, die einen wesentlichen Einfluss auf unsere Persönlichkeit nimmt. Die psychologische und neuropsychologische Wissenschaft hat herausgefunden, dass es gewisse Persönlichkeitsmerkmale gibt, die jeder Mensch aufweist. Sie sind angeboren. Es ist die ganz eigene Ausprägung dieser Merkmale, die – unter anderem – unsere Individualität ausmacht. Von diesen Persönlichkeitsmerkmalen und ihren Ausprägungen wird dieses Buch handeln. Es basiert auf der psychologischen Typenlehre, die ursprünglich auf den bedeutenden Arzt und Psychoanalytiker Carl Gustav Jung (1875-1961) zurückgeht und die von den beiden Amerikanerinnen Katharine Briggs und Isabel Myers bereits in den 1960er-Jahren weiterentwickelt wurde – mit ganz erstaunlichen Resultaten.

So bin ich eben! erschien erstmals 2005. Seitdem arbeite ich mit dieser Typenlehre und bin nach wie vor von ihrer Treffsicherheit und ihrem Tiefgang begeistert. In all den Jahren habe ich viele neue Erkenntnisse gewonnen, die in die nachfolgenden Ausgaben eingeflossen sind. Nun erscheint diese überarbeitete Neuausgabe – zeitgleich mit meinen anderen frühen Büchern – bei Kailash. Es soll Ihnen auf verständliche Weise helfen, sich die Typenlehre anzueignen. Denn sie ist ein hervorragendes Instrument zum Ausbau der Selbsterkenntnis und der Menschenkenntnis, das uns dabei hilft, unsere zwischenmenschlichen Beziehungen harmonischer und glücklicher zu gestalten.

Meine persönliche Gebrauchsanweisung

Ein wichtiger Baustein dabei ist eine eigene »Gebrauchsanweisung« für jeden Persönlichkeitstyp, die viel Ärger und Konflikte ersparen und zum wechselseitigen Verständnis beitragen kann. Eine »Gebrauchsanweisung für Menschen«? Darf und kann es so etwas überhaupt geben? Natürlich gibt es für niemanden eine Anleitung, die seiner Individualität, seiner persönlichen Geschichte und seinen Entwicklungsmöglichkeiten vollkommen gerecht werden würde. Und doch ermöglicht die Typenlehre eine Gebrauchsanweisung für jeden Persönlichkeitstyp, die sehr hilfreich ist und neue Erkenntnisse bringt. Bevor ich Ihnen also die Typenlehre vorstelle, möchte ich Ihnen einen ersten Eindruck vermitteln, wie eine solche Gebrauchsanweisung aussehen könnte.

Zunächst einmal sollte sie Auskunft über wichtige Wesensmerkmale eines Menschen liefern. Beispielsweise so: *Nina ist in ihrem Wesen offen und kontaktfreudig. Sie spricht gern und kann ausgesprochen unterhaltsam sein. Außerdem ist sie eine gute Zuhörerin, weil sie sich sehr für das Leben anderer Menschen interessiert. Deswegen verfügt sie auch über eine gute Menschenkenntnis. Nina braucht viel Nähe und Anerkennung. Das Alleinsein fällt ihr schwer, weil sie die meisten Anregungen und die besten Gedanken aus dem Kontakt mit Menschen zieht. Sie setzt sich sehr für ihre Familie und ihre Freunde ein. Konflikten geht sie jedoch gern aus dem Weg, weil sie ein ausgesprochen starkes Harmoniebedürfnis hat …*

Des Weiteren sollte die Gebrauchsanweisung einiges zu wichtigen Lebensbereichen wie etwa Arbeit, Liebe und Beziehungen oder Elternschaft aussagen. Zum Beispiel: *Nina liebt ein gut strukturiertes Arbeitsumfeld. Sie kann sehr gut planen und organisieren, dies liegt ihr mehr, als ständig flexibel auf Unerwartetes zu reagieren. Ihre Talente liegen im sprachlichen, weniger im naturwissenschaftlichen oder technischen Bereich. Aufgrund ihrer sehr zugewandten und freundlichen Art und ihrer guten Menschenkenntnis wird sie Erfolg in allen Berufen haben, in denen sie in Kontakt mit Menschen steht, beispielsweise als Anwältin, Psychologin, Krankenschwester oder Kundenberaterin – also in allen Berufen, die dienstleistungsorientiert sind. Ihre sympathische Art macht sie bei Kollegen und Vorgesetzten beliebt. Sie vermag gut Führungsaufgaben zu* übernehmen, *sofern sie darauf achtet …*

Zum Thema Liebe und Beziehung könnte in Ninas Gebrauchsanweisung Folgendes stehen: *Liebe und Partnerschaft sind für Nina sehr hohe Werte. Wenn sie sich verliebt, dann zumeist Hals über Kopf. Nina liebt Romantik. Mehr als andere Typen träumt sie von der idealen Beziehung und möchte, dass die Beziehung immer so bleibt wie in der verliebten Anfangsphase. Sie neigt dazu, die Realität zu weit aus dem Beziehungsalltag auszublenden, weswegen sie gefährdet …*

Nachdem wichtige Lebensbereiche von Nina dargestellt wurden, sollte die Gebrauchsanweisung mit konkreten Ratschlägen für den Umgang mit ihr schließen: *Nina liebt es, über das Leben und über zwischenmenschliche Beziehungen nachzudenken. Sie will vor allem die Zusammenhänge verstehen. Reine Sach- und Faktenthemen interessieren sie weniger. Wenn Sie eine gute Unterhaltung mit ihr führen wollen, quälen Sie sie bitte nicht mit zu vielen Sachinformationen und Detailschilderungen, das ermüdet und langweilt sie schnell. Nina engagiert sich sehr für ein harmonisches Miteinander, manchmal mehr, als bei oberflächlichem Hinschauen zu bemerken ist. Diese starke Seite ist jedoch zugleich ihr wundester Punkt: Sie fühlt sich kläglich und fürchterlich unverstanden, wenn ihre Bemühungen nicht anerkannt oder sogar ins Gegenteil gedeutet werden. Sagen Sie ihr deshalb, wie sehr Sie ihren Beitrag schätzen, sie hört es gern. Wenn Sie ihr Kritik nahebringen wollen, tun Sie das bitte vorsichtig, sie reagiert recht empfindlich. Am besten erwähnen Sie zunächst das Positive …*

Wie soll eine so umfangreiche Einschätzung überhaupt möglich sein? Wie kann man so viel über einen Menschen schreiben, ohne seine persönliche Geschichte zu kennen? Und überhaupt: So eine »Gebrauchsanweisung«, das ist doch nichts als Voreingenommenheit und Schubladendenken! Oder noch fundamentaler: Eine Gebrauchsanweisung für Menschen ist eine Anmaßung, denn sie respektiert die Einzigartigkeit des Individuums nicht!

So oder so ähnlich könnten die Einwände gegen das bisher Gelesene lauten. Deswegen werde ich Ihnen in den folgenden Kapiteln erklären, worum es bei der Typenlehre geht. Sie werden sehen, sie ist weder Zauberei noch Scharlatanerie, geschweige denn moralisch verwerflich. Im Gegenteil, die Typenlehre trägt zu einem besseren Verständnis unter den Menschen bei, sie ist psychologisch fundiert, hochinteressant und: Sie macht Spaß!

Die vier psychologischen Dimensionen

Wir kommen mit bestimmten Veranlagungen auf die Welt, die dann durch Umwelteinflüsse geformt, gefördert oder auch verformt werden, je nachdem, welche Erfahrungen wir als Kind und Erwachsener machen. Ein wesentliches Persönlichkeitsmerkmal ist beispielsweise die Intelligenz einer Person. Sie ist bis zu 80 Prozent genetisch festgelegt. Somit haben Eltern nur 20 Prozent Spielraum, um die Intelligenz ihres Kindes zu trainieren. Auch unser Gemüt ist uns mit auf den Weg gegeben, sei es etwas träge oder lebhaft, sei es robust oder dünnhäutig, sei es eher ängstlich oder kühn, um nur einige Varianten zu nennen. Natürlich werden auch die Gemütsanlagen eines Menschen durch Erziehung und Umwelt beeinflusst. Es gibt Eigenschaften, die einen sehr hohen genetischen Anteil aufweisen, und welche, die eher auf die Erziehung zurückzuführen sind. Zu Letzteren gehört zum Beispiel die Charaktereigenschaft »Ehrlichkeit«. Die Eigenschaften, die die Typenlehre behandelt, sind in hohem Maße genetisch festgelegt.

In der Typenlehre wird von vier psychologischen Dimensionen ausgegangen, die unsere Persönlichkeit, unseren Wesenskern bestimmen. Unter einer psychologischen Dimension versteht man, dass es zwei theoretische Endpunkte und dazwischen viele Abstufungen gibt.

Bevor Sie die vier Dimensionen genauer kennenlernen, hier ein Überblick:

Extravertiert	Introvertiert
Konkret	Abstrakt
DenkEntscheider	FühlEntscheider
Organisiert	Locker

Die meisten Menschen neigen auf jeder Dimension eher zu der einen oder zu der anderen Ausprägung, die Intensität der Ausprägung ist individuell verschieden. Manche befinden sich auch auf der einen oder anderen Dimension eher in der Mitte. Viele haben jedoch sehr klare Ausprägungen. Wichtig zu verstehen ist, dass kein Mensch sich nur extravertiert oder nur introvertiert verhält, nur konkret oder abstrakt wahrnimmt oder ausschließlich denkorientiert oder gefühlsorientiert entscheidet. Wir benutzen immer beide Ausprägungen, jedoch weisen die meisten Menschen eine Neigung auf, der einen oder anderen Ausprägung unbewusst den Vorzug zu geben. Deswegen spricht man in der Typenlehre auch von Neigungen beziehungsweise Präferenzen. Dies kann man mit der Händigkeit vergleichen: Die meisten Menschen bevorzugen entweder die rechte oder die linke Hand, jedoch wird auch die andere benutzt, sie ist nur die weniger geübte. Die Typenlehre geht davon aus, dass diese Neigungen angeboren sind und sich sehr früh in der Entwicklung eines Menschen einspuren. Selbstverständlich beeinflusst auch die Umwelt, wie stark ein Mensch seine angeborene Neigung entwickelt. Das elterliche Verhalten kann der entsprechenden Anlage eines Kindes entgegenwirken oder sie fördern. Allerdings kann man nie gänzlich die Richtung ändern. Hier sind den Erziehungseinflüssen Grenzen gesetzt.

Die vier Dimensionen, also die Ausprägung eines Menschen auf jeder Dimension, bestimmen maßgeblich, was wir mögen und was uns nicht gefällt. Sie liefern sehr viele Informationen über die Verhaltens-, Denk- und Gefühlsmuster eines Menschen. Da jeder Mensch auf jeder Dimension eher zu einer Ausprägung neigt, gibt es viermal vier verschiedene Kombinationsmöglichkeiten. Daraus ergeben sich 16 mögliche Kombinationen, die jeweils einem bestimmten Persönlichkeitstyp entsprechen, also 16 Persönlichkeitstypen. Dies möchte ich wieder an Nina verdeutlichen: Sie ist

extravertiert	E
abstrakt	A
FühlEntscheider	F
organisiert	O

Nina ist »extravertiert-abstrakt-FühlEntscheider-organisiert« – für dieses Wortmonster habe ich Kürzel eingeführt und immer jene Buchstaben markiert, die als Kürzel verwendet werden. Hiernach ist Nina ein EAFO. Wäre Nina hingegen introvertiert, wäre sie ein IAFO. Wäre sie introvertiert und eine Konkrete, wäre sie entsprechend ein IKFO usw. Das Prinzip dürfte klar geworden sein: Mithilfe des Tests in diesem Buch kann man die Ausprägung eines Menschen auf jeder Dimension bestimmen, kombiniert die daraus resultierenden vier Ausprägungen und versieht sie mit dem entsprechenden Kürzel. Bevor es aber um die Typenfindung geht, stelle ich Ihnen die vier Dimensionen genauer vor. Denn diese helfen nicht nur, unsere Persönlichkeit zu beschreiben, sondern auch, sie zu finden, sie zu formulieren und sie so gewissermaßen handhabbar zu machen.

Die erste Dimension: extra- oder introvertiert?

Wenn du nicht weißt, was ein Extravertierter denkt,
hast du nicht zugehört!
Wenn du nicht weißt, was ein Introvertierter denkt,
hast du nicht gefragt!
Jack Falt, Psychologe

C. G. Jung beobachtete zwei grundsätzliche Quellen, aus denen ein Mensch seine Energie beziehen kann: aus der Außenwelt oder aus seinem Innenleben. Diese beiden Grundeinstellungen bezeichnete Jung als *Extraversion* (außenorientiert) und *Introversion* (innenorientiert). Jungs Beobachtungen haben bis heute ihre Gültigkeit – es gibt sehr umfangreiche psychologische Forschungen zum Thema Extra- und Introversion. (Umgangssprachlich sagt man meistens extrOvertiert, aber korrekterweise muss es extrAvertiert heißen. Sie können aber auch gern weiterhin extrovertiert sagen – es ist nicht so wichtig. Ich habe mich nur im Laufe der Zeit so an das extravertiert gewöhnt, dass ich es hier beibehalte.)

Es gibt wenige Menschen, die sehr extra- oder sehr introvertiert sind und viele Abstufungen dazwischen. Manche Menschen liegen auch so ziemlich in der Mitte. Diese nennt man neuerdings »zentrovertiert«. Das Persönlichkeitsmerkmal der Extra- beziehungsweise Introversion ist zu circa 90 Prozent genetisch bestimmt.

Extravertierte benötigen einen hohen Input an äußeren Reizen, um sich stimuliert zu fühlen. Sie tanken Energie aus der Welt und im Kontakt mit Menschen. Sie sind nicht gern allein. Äußere Ruhe kann bei ihnen schnell zu Langeweile und Unterstimulation führen. Extras mögen Aktivitäten und sind oft voller Tatendrang.

Introvertierte beziehen hingegen viel Stimulation aus ihrem Innenleben. Sie reflektieren, lesen, schauen Filme und sind mit ihren inneren Verarbeitungsprozessen beschäftigt. Sie benötigen viel weniger äußeren Input als Extras und fühlen sich schnell überstimuliert. Sie sind zwar auch gern unter Menschen, jedoch benötigen sie zwischendurch äußere Ruhe und inneren Rückzug, um ihre Batterien aufzuladen.

Weil Extra- bzw. Introversion angeboren ist, bleibt nicht viel Raum für »Umerziehung«. Deswegen kann man es schon im Kindesalter beobachten: Ein extravertiertes Kind springt mit beiden Beinen in die Welt – es geht auf den Spielplatz und spielt mit. Es knüpft schnell Kontakt zu anderen, und seine Eltern warnen es häufig, nicht zu vertrauensselig auf jeden Menschen zuzugehen. Das introvertierte Kind beobachtet erst einmal das Geschehen vom Rand aus und spielt dann mit – vielleicht. Die Eltern ermutigen es häufig, mehr auf andere Menschen zuzugehen.

Ein introvertiertes Kind wird man niemals zu einem Draufgänger erziehen können, auch wenn die (extravertierten) Eltern hierfür die besten Vorbilder wären. Ein extravertiertes Kind wird sich niemals still und konzentriert über viele Stunden mit einem Buch beschäftigen, auch dann nicht, wenn seine (introvertierten) Eltern dies mit Hingabe tun. Gerade weil diese Merkmale jedoch genetisch bestimmt sind, kommt es eher selten vor, dass beide Eltern eine andere Ausprägung haben als ihr Kind. Wie bei den anderen Persönlichkeitsmerkmalen, mit denen wir uns noch beschäftigen werden, ist es wichtig festzuhalten:

- Die Merkmale sind angeboren. Man hat sie sich nicht ausgesucht!
- Das eine ist nicht besser oder schlechter als das andere! Beide haben ihre Vor- und Nachteile.

Die Gehirne von Intro- und Extravertierten funktionieren unterschiedlich. Der Sympathikus und der Parasympathikus sind die zwei großen Gegenspieler des vegetativen Nervensystems, also jenes Systems, das automatisch abläuft und nur bedingt zu beeinflussen ist. Der Sympathikus ist sozusagen der Aktivitätsnerv. Er ist auf Leistung ausgerichtet und bereitet den Körper auf Kampf und Flucht vor. Der Parasympathikus ist der Ruhenerv – er sorgt dafür, dass der Körper regeneriert und sich ausruht. Der Botenstoff (Neurotransmitter) des Sympathikus ist Dopamin und jener des Parasympathikus Acetylcholin. Extras werden stärker durch den Sympathikus und Intros stärker durch den Parasympathikus bestimmt. Extras benötigen entsprechend eine höhere Menge an Dopamin, um sich angeregt und stimuliert zu fühlen. Ist ihr Dopaminspiegel zu niedrig, verursacht ihnen das Stress in Form von Langeweile. Sie haben mehr Drang nach »Action« als die Intros. Sie lieben Geselligkeit, Unternehmungen, Events – überhaupt, dass irgendwas passiert. Die Intros reagieren hingegen gereizt, wenn ihr Acetylcholinspiegel zu niedrig ist – wenn sie also zu viel Input und »Action« haben.

Die höhere Dopamin-Ausschüttung der Extras führt auch dazu, dass ihr Belohnungszentrum im Gehirn (Nucleus accumbens) aktiviert ist. Das bedeutet, dass Extras vor allem die Aussicht auf Belohnung in Gang setzt. Ihr Hirn süchtelt nach Kicks. Gutes Essen, Sex, Alkohol, Gewinne, beruflicher Erfolg setzen Dopamin frei, das Extras dringender als Intros für ihr Wohlbefinden benötigen. Um an die ersehnte Belohnung heranzukommen, sind Extras auch bereit, Risiken einzugehen. »No risk, no fun« ist ein typischer Spruch von Extras. Das hat seine Vor- und Nachteile: Einerseits können sie durch ihren Mut zum Risiko viel gewinnen – aber, wenn sie zu unbesonnen handeln, auch viel verlieren. Sie mögen schnelles Handeln. Dies verführt sie jedoch manchmal dazu, sich nur oberflächlich mit den Dingen und Menschen auseinanderzusetzen. Dies in Kombination mit ihrer Risikofreude kann zu fatalen Fehlern führen. Die positive Seite sind ihr Mut und ihre Tatkraft. Dabei sind sie flexibel und anpassungsfähig.

Überhaupt neigen Extras – dopaminbedingt – zu mehr Euphorie, Begeisterung und Überschwang als Intros. Allerdings sind sie auch impulsiver als Introvertierte. Unter Stress kann dies sogar in Aggressivität ausarten. Das ist eine ihrer Schattenseiten.

Da Extras insgesamt mutiger als die besorgten Intros sind, scheuen sie auch keine Auseinandersetzung, wenn sie diese für nötig halten. Sie sind konfliktfähiger als die harmonieliebenden Intros und folglich auch durchsetzungsfähiger. Damit geht einher, dass es ihnen leichtfällt, »ein gutes Wort in eigener Sache einzulegen«, sprich: Sie können ihre Anliegen gut vertreten. Überhaupt sind Extras oft – im positiven Sinne – gute Selbstdarsteller und Bühnenmenschen.

Sie müssen jedoch aufpassen, sich in ihrer Umarmung mit der Welt nicht zu sehr zu verausgaben. Sie neigen dazu, die Auseinandersetzung mit sich selbst zu vernachlässigen, sich zu sehr von äußeren Dingen ablenken und auch blenden zu lassen. In diesem Fall können Extravertierte auch sehr anstrengend sein: Sie reden dann nur von sich, sind schlechte Zuhörer und verhalten sich dominant und ichbezogen. Im negativen Fall artet ihre Fähigkeit, sich selbst darzustellen, in eine nervige Selbstinszenierung aus.

In den Intro-Gehirnen spielt weniger das Belohnungszentrum als der Mandelkern (Amygdala) eine wichtige Rolle. Der Mandelkern ist das Angstzentrum. Folglich benötigen Intros vor allem ein Gefühl der Sicherheit und Stetigkeit, um sich wohlzufühlen. Aufgrund ihrer höheren Angstbereitschaft sind sie jedoch auch wachsamer und aufmerksamer für Informationen aus der Außenwelt. Sie sind genaue Beobachter und haben aufgrund dieser Eigenschaften auch tatsächlich weniger Unfälle als die zur Sorglosigkeit neigenden Extras. Intros benötigen also einen gewissen Sicherheitsabstand zur Welt. Sie sind eher ruhige Zeitgenossen, die ihre Energie im Inneren wirken lassen.

Oft versinken sie in ihren Gedanken und es ist nicht leicht festzustellen, was in ihnen vorgeht. Sie gehen vorsichtig und besonnen durchs Leben. Zur Meditation fühlen sich Intros weitaus häufiger als Extras hingezogen. Ihnen fällt es relativ leicht, sich in sich selbst zu versenken, während bei Extras schnell Ungeduld und Langeweile aufkommt.

Wenn Intros sich für etwas interessieren, können sie sich stundenlang konzentrieren und sich ihrer Beschäftigung ganz hingeben. Sie brauchen dann keinen Menschen – manchmal tagelang nicht. Insgesamt sind sie recht unabhängig von der äußeren Welt. Sie genießen ihre Privatsphäre und werden unruhig, wenn ihnen nicht genügend Zeit für sich bleibt. Aufgrund ihrer Fähigkeit, sich ausdauernd mit einer Sache zu beschäftigen, verfügen einige von ihnen über eine ausgezeichnete Allgemeinbildung und/oder sind Experten auf einem oder mehreren Fachgebieten. Extras können zwar auch sehr gebildet sein beziehungsweise über ausgezeichnete Fachkenntnisse verfügen, aber die stundenlange, stille Beschäftigung mit einem Thema liegt ihnen einfach nicht so sehr. Viele Intros schreiben auch gern. Schreibend fällt es ihnen leichter, ihre tiefschürfende Gedankenwelt und ihr reichhaltiges Innenleben auszudrücken. Entsprechend sind viele, natürlich nicht alle, Schriftsteller introvertiert.

Über persönliche Gefühle und Gedanken sprechen Introvertierte zögerlich und am liebsten nur mit engen Freunden. Kommt das Thema jedoch auf ihre Hobbys und Interessen, können sie durchaus gern und viel erzählen. Introvertierte sind nicht grundsätzlich schüchterner oder gehemmter als Extravertierte, wie manchmal angenommen wird, sie haben lediglich keinen so starken Mitteilungsdrang. Allerdings sind sie aufgrund ihrer höheren Angstbereitschaft anfälliger für Schüchternheit und soziale Ängste als Extras. Introvertierte können Gefahr laufen, sich zu sehr in ihrer inneren Welt zu verlieren, sie geben sich dann Tagträumen, Fantasien und unrealistischen Theorien hin, sodass ihr Realitätsbezug zu locker wird. Mit sehr introvertierten Personen kann eine Unterhaltung recht zäh werden. Ihre Zurückgezogenheit kann manchmal geradezu abweisend, mitunter sogar arrogant wirken.

Nach dem Sprichwort »Gegensätze ziehen sich an« fühlen sich Extra- und Introvertierte bei der Partnerwahl oft voneinander angezogen: *Erik und Inge lernen sich bei der Arbeit in einer Bank kennen. Inge bewundert an Erik seine charmante und offene Art im Kontakt mit Kunden und Kollegen. Sein lockeres, selbstbewusstes Auftreten und die gute Laune, die er meistens verströmt, findet sie ungeheuer anziehend. Er macht es ihr leicht, ins Gespräch zu kommen, da er gern und viel redet und somit nicht, wie bei manch anderen Bekanntschaften, unangenehme Gesprächspausen entstehen.*

Erik findet Inges stilles Wesen sehr anziehend und tiefgründig. Inge ist eine gute Zuhörerin, und wenn sie etwas sagt, hat es immer Hand und Fuß. Ihn fasziniert ihre Unabhängigkeit. Man trifft sie eher selten beim Kaffeeklatsch mit Kollegen, auch an gemeinsamen Mittagessen nimmt sie nicht oft teil. Sie kann gut für sich sein, wirkt dabei jedoch nicht abweisend oder unfreundlich.

Erik und Inge verlieben sich ineinander. Im ersten Jahr ihrer Beziehung bemühen sich beide sehr, dem anderen zu gefallen. Allmählich treten jedoch ihre unterschiedlichen Kontaktbedürfnisse an die Oberfläche. Erik hat einen großen Freundes- und Bekanntenkreis, liebt Geselligkeiten und ist immer auf der Suche nach Unterhaltung. Inge bleibt gern allein oder zu zweit zu Hause. Ab und zu lädt sie enge Freunde zu einem Abendessen ein. Auf Partys verbringt sie die zweite Hälfte des Abends damit zu nörgeln, sie wolle nach Hause, während Erik noch voll in Fahrt ist. Sie streiten sich immer häufiger: Erik wirft Inge vor, sie sei eine »Spaßbremse« und habe Hemmungen, aus sich herauszugehen. Inge entgegnet, sein oberflächliches Platzhirschgehabe widere sie an. Außerdem macht es Erik rasend, wenn Inge bei Auseinandersetzungen »dichtmacht« und sich »hinter ihre Mauer« zurückzieht, anstatt das Problem zu klären. Inge hingegen fühlt sich oft von Erik an die Wand geredet. In Diskussionen mit ihm bleibt ihr kaum Zeit zum Nachdenken. Irgendwann kommen sie dahinter, dass der andere nicht »stur und uneinsichtig« ist, sondern Erik lediglich extra- und Inge introvertiert ist.

Seitdem können sie ihr Anderssein viel besser verstehen und respektieren. Sie haben einen festen Abend eingerichtet, an dem sie ge-

meinsam zu Hause bleiben. Erik trifft sich öfter allein mit Freunden, während Inge es genießt, an jenen Abenden für sich sein zu können. Auf Partys nimmt Inge sich ein Taxi, wenn sie nach Hause möchte. Bei Meinungsverschiedenheiten akzeptiert Erik, dass Inge erst einmal Zeit zum Nachdenken braucht. Sie verabreden sich, die Diskussion am nächsten Tag fortzusetzen.

Entgegen den geschlechtstypischen Vorurteilen, nach denen Frauen schneller reden, als sie denken, und Männer alles mit sich abmachen, ist das Persönlichkeitsmerkmal der Extra- und Introversion geschlechtsunabhängig und bei Frauen und Männern etwa gleich verteilt. Das Sprichwort »Reden ist Silber, Schweigen ist Gold« kann nur von einem introvertierten Menschen erfunden worden sein. Für den Extravertierten ist diese Redensart völlig abwegig: »Selbst schuld, wer aus seinem Herzen eine Mördergrube macht!«

Wenn Sie einem Extravertierten eine Frage stellen, legt er sofort los, manchmal schon, bevor Sie ausgeredet haben. Stellen Sie einem Introvertierten eine Frage, denkt er erst einmal kurz (oder auch länger) nach, bevor er antwortet. Extravertierte weisen die Fähigkeit auf, »laut zu denken«, und sind manchmal selbst im Guten wie im Schlechten überrascht, was sie so alles von sich geben. Intros müssen sich, bevor sie reden, darüber im Klaren sein, was sie sagen möchten. Damit hängt zusammen, dass Intros, wenn es um schwierige Sachverhalte – wie zum Beispiel persönliche Probleme geht – diese erst einmal für sich selbst verstehen müssen, bevor sie darüber reden können. Hier liegt ein häufiges Missverständnis zwischen Extra- und Introvertierten vor: Der Extra drängelt seinen introvertierten Partner, doch offener und spontaner über seine Gefühle und Gedanken zu sprechen, und der Intro gerät hierdurch unter Druck, weil er sich dazu nicht in der Lage fühlt. Deswegen ist es gut, einem Intro genügend Zeit und Raum zu lassen, damit er in sich gehen und seine Gefühle und Gedanken sortieren kann. Man kann sagen, dass der Extravertierte den Gedankenprozess verbalisiert, der Intro dagegen das Resultat.

Auch mit persönlichen Problemen gehen Extravertierte und Introvertierte unterschiedlich um: Der Extravertierte trägt sein Herz auf der Zunge. Wenn er Sorgen hat, spricht er mit Freunden darüber.

Elisabeth hat Liebeskummer. Ihre introvertierte Freundin Isabelle rät ihr, erstmal für ein paar Tage allein ans Meer zu fahren. Dort könne sie ganz für sich sein, Spaziergänge unternehmen und sich Gutes tun – zur Ruhe kommen. Für die extravertierte Elisabeth kommt dies der Verbannung in die Hölle nahe – nur hätte sie dort wenigstens noch Gesellschaft! Nichts wäre schlimmer, als allein zu sein, gerade jetzt braucht sie Freunde, denen sie ihr Herz ausschütten kann.

Viele Extras machen sich zum Vorwurf, dass sie so schlecht allein sein können. Viele fühlen sich zu abhängig von Gesellschaft und äußeren Reizen und wünschen sich, sie könnten so unabhängig und kontemplativ wie die Intros sein. Die Intros beneiden hingegen die Extras für ihre Leichtigkeit und Eloquenz.

Extra- und Introvertierte unterscheiden sich auch in ihrem Arbeitsstil. Der Introvertierte kann sich über viele Stunden in eine Arbeit vertiefen, sodass die Welt um ihn herum versinkt. Er will nicht gestört werden und lässt die Bürotür zu. Der Extravertierte beschäftigt sich lieber mit unterschiedlichen Aufgaben, die Abwechslung versprechen. Er lässt gern die Bürotür offen, um mitzukriegen, was sonst noch so passiert. Wenn er eine Zeit lang konzentriert für sich allein gearbeitet hat, verlangt es ihn nach einer kurzen geselligen Unterbrechung, die er real oder online herbeiführt. Generell bevorzugen Extravertierte Arbeiten, bei denen sie Kontakt mit Menschen haben. Introvertierte bevorzugen Arbeiten, die sie allein erledigen können.

Sicherlich haben Sie beim Lesen mitgedacht und versucht herauszufinden, ob Sie selbst eher extra- oder introvertiert sind. Wichtig ist, dass es sich hierbei nicht um zwei sich völlig ausschließende Persönlichkeitsmerkmale handelt. Sie können sich die Dimension der Extraversion-Introversion wie ein Thermometer vorstellen, das von + 50 Grad Celsius bis – 50 Grad Celsius skaliert ist. Das heißt, dass manche Menschen sehr deutlich extra- beziehungsweise introvertiert sind (im Temperaturvergleich also ca. +/– 45 Grad), dazwischen sind jedoch viele Abstufungen möglich. Einige Menschen befinden sich ziemlich in der Mitte und verhalten sich fast gleich häufig extra- und introvertiert. Egal wozu wir mehr neigen, wir beherbergen auch immer die Gegenseite, das heißt jeder Introvertierte erlebt extravertierte Momente und umgekehrt.

Kleine Gebrauchsanweisung für den Umgang mit Extravertierten

- Geben Sie dem Extra die Zeit und den Raum, laut zu denken. Selbst wenn er das Gespräch auf diese Weise allein bestreitet, wird er Ihnen am Ende für die angenehme Unterhaltung danken. Der Extra freut sich nämlich, wenn er die Gelegenheit bekommt, laut nachzudenken.
- Extras sind in den meisten Fällen weder dominant noch egozentrisch. Wenn Sie sich nicht zu Wort melden, übernehmen Sie bitte selbst die Verantwortung dafür und schieben Sie sie nicht dem Extra in die Schuhe. Jene Extras, die einen sehr starken Rededrang haben, sind oft sogar dankbar, wenn sie darauf vertrauen können, dass der andere sie gegebenenfalls unterbricht und sein Wort einfordert. Dann müssen sie sich nämlich nicht den Kopf zerbrechen, ob sie mal wieder zu viel reden – was durchaus eine selbstkritische Befürchtung vieler Extras ist.
- Auch wenn ein Extra schnell auf Persönliches zu sprechen kommt, ist er genauso gut wie ein Intro in der Lage, Vertrauliches für sich zu behalten. Wenn Ihnen ein Extra eine persönliche Frage stellt, denken Sie nicht, er sei distanzlos oder er wolle Sie ausfragen. Der Extra liebt den Kontakt zu Menschen und möchte schnell eine persönliche Basis finden. Wenn Sie

die Frage nicht beantworten wollen, dann sagen Sie ihm einfach, dass Sie seine offene Art schätzen, aber selbst etwas länger bräuchten, um über Privates zu reden.

- Stellen Sie dem Extra ruhig persönliche Fragen, er hat dann das Gefühl, dass Sie sich für sein Leben interessieren.
- Extras sind emotionaler als Intros – nehmen Sie seine Emotionalität möglichst gelassen hin, auch wenn er mal impulsiv ist. Extras können zwar schnell in die Luft gehen, kommen aber auch schnell wieder runter und sind normalerweise nicht nachtragend.
- Für viele Extras ist es nichts Schlimmes, ein offenes Wort zu reden oder auch mal eine Kritik anzubringen. Nehmen Sie als Intro den Extra einfach als guten Trainingspartner, um selbst ein wenig offener und konfliktfähiger zu werden.
- Viele Extras sind unterhaltsame und gute Erzähler. Einem Intro kann es deshalb passieren, dass er sich in der Gesellschaft eines Extras etwas blass und langweilig vorkommt. Grübeln Sie nicht über Ihre Selbstdarstellung, sondern genießen Sie einfach die Unterhaltung.

Kleine Gebrauchsanweisung für den Umgang mit Introvertierten

- Die etwas zögerliche und nachdenkliche Art der Intros ist kein Zeichen von mangelnder Offenheit oder sozialer Unbeholfenheit (und natürlich auch kein Mangel an Intelligenz). Geben Sie dem Intro die Zeit und den Raum, seine Antworten in seiner Geschwindigkeit zu formulieren. Er braucht zwar manchmal etwas länger, um seine Ansichten mitzuteilen, dafür haben sie zumeist aber auch Hand und Fuß.
- Wenn ein Intro eine längere Zeit der Bekanntschaft benötigt, um über Privates zu sprechen, dann nicht, weil er Ihnen persönlich misstraut oder weil er grundsätzlich nicht offen wäre.

Es ist einfach seine Art, sich mehr Zeit zu lassen. Außerdem hat er auch kein so starkes Bedürfnis nach intimem Austausch. Seien Sie deswegen nicht beleidigt. Würdigen Sie, dass er ein guter und aufmerksamer Zuhörer ist, wenn Sie über sich sprechen möchten.

- Intros brauchen das Alleinsein, um ihre Batterien aufzuladen. Werten Sie das nicht als persönliche Zurückweisung oder mangelndes Interesse an Ihrer Person (das gilt vor allem, wenn man mit einem introvertierten Partner zusammen ist).
- Für Intros ist es selbstverständlich, vieles, was ihnen durch den Kopf geht, nicht laut auszusprechen. Fragen Sie ihn deswegen einfach, dann weiß er, dass Sie sich für seine Meinung interessieren, und wird Ihnen höchstwahrscheinlich eine Antwort geben. Persönliche Fragen sollten Sie jedoch am Anfang der Bekanntschaft vorsichtig dosieren. Das Angebot: »Wenn dir das jetzt zu persönlich ist, brauchst du nicht zu antworten«, kommt beim Intro gut an, weil er hierdurch nicht unter Druck gerät, die Offenheit des Extras mit ebensolcher vergelten zu müssen. Betont sei, dass Intros keine notorischen Geheimniskrämer sind, sondern einfach nur etwas länger brauchen, um sich zu öffnen.
- Über seine Interessen und Hobbys kann der Intro durchaus gern und viel erzählen – wenn Sie ihn fragen! Wenn Sie einen Intro kennenlernen, bringen Sie die Sprache hierauf, dann klappt es auch mit der Unterhaltung!
- Intros reagieren etwas empfindlicher als Extravertierte, wenn man in ihr Territorium eindringt. Spontane, unangekündigte Besuche schätzen sie nur selten. Fragen Sie lieber, ob Sie gerade stören, wenn Sie ein Gespräch suchen, oder klopfen Sie an, wenn sie eintreten wollen. Seien Sie auch – vor allem am Anfang der Bekanntschaft – zurückhaltend mit Berührungen. Intros mögen es, wenn man etwas Abstand hält.

Die zweite Dimension: abstrakt oder konkret?

Das Ganze ist mehr als die Summe seiner Teile, befindet der Abstrakte.
Fakten, Fakten, Fakten! zählen für den Konkreten.

Die Wahrnehmung ist der innere Prozess, wie wir Informationen aus unserer Umwelt in uns aufnehmen. Die Art und Weise, wie wir wahrnehmen, bestimmt, wie wir die Welt sehen. Sie ist somit das Fundament für unser Fühlen, Denken und Handeln. Denn der Mensch kann ja nur auf Dinge, die er wahrnimmt (sei es bewusst oder unbewusst), reagieren und dementsprechend agieren.

C. G. Jung unterschied zwischen der sinnlichen und intuitiven Wahrnehmung. Er beobachtete, dass manche Menschen ihre Wahrnehmung stark auf die fassbare, dingliche Welt ausrichten, die über die fünf Sinne erfahrbar ist. Diese bezeichnete er als »Empfindungstypen«. Denen stellte er die »Intuitiven« gegenüber, deren Wahrnehmung impressionistischer und ganzheitlicher ist. Die Intuitiven nehmen das große Ganze, das übergeordnete Muster wahr, während ihnen Details oft entgehen. Ich finde Jungs Begriffe (Empfindungstyp/Intuitive) sperrig und wenig anschaulich. Auch die Bezeichnungen »SinnWahrnehmer« und »IntuitivWahrnehmer« aus den ersten Ausgaben von *So bin ich eben!* habe ich zwischenzeitlich ersetzt durch »Konkrete« für Menschen, die die sinnliche Wahrnehmung bevorzugen, und »Abstrakte« für Menschen, die eher intuitiv wahrnehmen. An dieser Stelle kann man sicherlich darüber diskutieren, ob sich diese Dimension nicht vielmehr auf die Art zu denken als auf die Art wahrzunehmen bezieht. Meiner Meinung nach gehören dazu sowohl die Wahrnehmung als auch das Denken – beides bedingt sich ja auch wechselseitig. Dabei möchte ich jedoch herausstellen, dass die Konkreten, also jene, die laut Jung über ihre fünf Sinne wahrnehmen, tatsächlich auch diese sehr detailgenaue, auf die dingliche Welt bezogene Wahrnehmung haben, während die Abstrakten tatsächlich vieles da draußen in der Welt nicht wahrnehmen, sofern es keinen direkten Bezug zu ihren persönlichen Interessen und Theorien aufweist. Dies konnte ich in den vielen Jahren, in denen ich mich mit der Typenlehre beschäftige, immer wieder beobachten.

Konkrete verlassen sich auf das, was sie sehen, hören, tasten, riechen und schmecken können. Sie nehmen die äußere Umgebung so wahr, wie sie ihnen über ihre fünf Sinne vermittelt wird. Sie sind Tatsachenmenschen, Pragmatiker und Realisten. Ihre Sinne richten sich auf die tastbare Wirklichkeit, auf das, was ist, und weniger auf das, was sein könnte. Sie sind erdverbunden, in der materiellen, also (an)fassbaren Welt beheimatet. Sie interessieren sich für praktische Möglichkeiten, für das, was machbar ist. Abstrakte und theoretische Diskussionen über das, was eventuell möglich wäre, ermüden und langweilen sie schnell.

Da die Konkreten sich dem Fassbaren, der gegenständlichen Realität, zuwenden, nehmen sie ihre Umgebung zumeist genau wahr und auch Einzelheiten entgehen ihnen nicht. Sie sind hervorragende Beobachter.

Der Nachteil – zumindest in den Augen der Abstrakten – ist, dass sie auch recht pingelig sein können. Eine Konkrete kann zum Beispiel einen kleinen Kratzer an ihrem Auto feststellen und sich hierüber richtig aufregen. Der Abstrakte würde diesen Kratzer höchstwahrscheinlich gar nicht sehen und wenn doch, sich nicht groß damit aufhalten.

Konkrete haben eine Vorliebe für Fakten. Ist ihre konkrete Wahrnehmung besonders stark ausgeprägt, kann dies zu enormen Gedächtnisleistungen führen. Wenn Sie eine Person von einer Reise erzählen hören, die diese vor Jahren gemacht hat, und sie kann sich noch genau an die Reiseroute erinnern, weiß auch noch die Namen vieler Orte, ebenso wie die Preise für Übernachtungen sowie die Namen so mancher Hotels, dann ist diese Person höchstwahrscheinlich eine Konkrete. Durch die gute Detailwahrnehmung der Konkreten kann – muss aber nicht – ihr Erzählstil etwas langatmig und zu ausführlich sein, was insbesondere die Abstrakten quält.

Selbstverständlich nimmt auch der Abstrakte die Information aus der Umwelt über seine fünf Sinne auf, jedoch sieht er mehr die »rote Linie« als das Detail. Man sagt: Der Konkrete sieht die einzelnen Bäume, der Abstrakte den Wald. Die Wahrnehmung des Abstrakten ist also ganzheitlicher, dafür ungenauer. Seine Stärke liegt in der Imagination. Er vermag die inneren Verbindungen und Zusammenhänge zu sehen, die dem Konkreten entgehen können.

Die Abstrakten interessieren sich weniger für das Offensichtliche und Fassbare. Sie möchten den übergeordneten Sinn hinter dem Augenscheinlichen erfassen. Sie suchen nach den Verbindungen zwischen den Dingen, nach der dahinterstehenden Bedeutung. »Die Moral von der Geschicht'« interessiert den Abstrakten weitaus mehr als die Geschichte in ihren Einzelheiten. Wenn sich Goethes Faust der Frage widmet, »was die Welt im Innersten zusammenhält«, weist ihn dies als Abstrakten aus. Wäre Faust ein Konkreter, beschäftigte ihn eher die Frage, »was die Welt mir noch an Fakten vorenthält«.

Wenn Sie einem Konkreten und einem Abstrakten eine Rose in die Hand geben und sie bitten, etwas über diese Königin der Blumen zu sagen, wird der Konkrete den Duft und die schöne Farbe loben, die Form und Struktur der Blätter erwähnen und vielleicht auch noch ein paar Fakten und Erfahrungen über Rosen präsentieren. Kurzum, er wird seine Sinne und sein Faktenwissen einschalten. Beim Abstrakten könnte die Antwort etwa so ausfallen: »Die Rose erinnert mich an meine erste Verabredung mit einem Mädchen. Ich war damals 16 Jahre und furchtbar aufgeregt. Meine Eltern hatten im Garten wunderschöne Rosen, die alle Leute immer bewunderten. Ich habe dem Mädchen dunkelrote Rosen mitgebracht …«

Die Abstrakten und Konkreten unterscheidet auch ihr Bezug zur Zeit. Die Abstrakten beschäftigen die Ausblicke in die Zukunft, die Konkreten die Möglichkeiten der Gegenwart:

Anja, eine Abstrakte, ist mit ihrer Freundin Klara, eine Konkrete, im Auto unterwegs. In ländlicher Umgebung taucht ein altes, verfallenes Landhaus auf, dessen ehemaliger Glanz sich bestenfalls noch erahnen lässt. Anja ist begeistert, spontan tauchen innere Bilder auf, was man aus dem Haus alles machen könnte. Sie nimmt das Haus im Gesamteindruck in sich auf, ohne auf Details zu achten. Vor ihrem inneren Auge erstrahlt das Haus feudal und restauriert. Klara kann ihre Begeisterung nicht teilen. Im Unterschied zu ihrer Freundin beachtet und betrachtet sie die Einzelheiten und damit auch die vielen Mängel. Sie sieht den enormen Renovierungs- und Kostenaufwand. Sie interessiert sich für die Realität im Hier und Jetzt – für das, was ist.

Die Konkreten sehen, was machbar ist. Abstrakte sehen, was möglich wäre. Abstrakte sind sehr aufgeschlossen für neue Erfahrungen und auch interessiert daran, Neues zu entwickeln. Hierbei langweilen sie Details, deshalb übersehen sie diese auch häufig. Sie lieben die großen (und groben) Entwürfe, und es quält sie, wenn sie diese dann in ihren Einzelheiten bearbeiten müssen. Sie sind am besten in der Entwurfsphase eines Projekts. Ein anderer sollte es jedoch dann übernehmen, die Details auszuarbeiten und das Projekt auf den Weg zu bringen. Sie lieben Veränderungen und Vielfalt, Routineaufgaben sind ihnen ein Graus. Für die Konkreten ist Routine hingegen eine effiziente Art, Dinge zu erledigen. Natürlich wirkt sich diese unterschiedliche Art und Weise, die Welt wahrzunehmen, auf die Kommunikation aus. Konkrete können sich, vor allem, wenn sie extravertiert sind, in Detailschilderungen verlieren. Der Abstrakte liebt es hingegen, auf den Punkt zu kommen.

Für Abstrakte steht alles in Beziehung zueinander, Details, die nicht in große Zusammenhänge eingeordnet werden können, interessieren sie nicht, sie bemerken sie nicht einmal. Wenn etwas keine Bedeutung für sie hat, können sie hundertmal an einer Sache vorbeigehen, ohne sie überhaupt wahrzunehmen. Ein Konkreter kann das nicht verstehen, für ihn ist real, was existiert. Nehmen wir einmal an, ein Konkreter und eine Abstrakte haben denselben Weg zur Arbeit: Der beträgt knappe fünf Gehminuten und auf der Strecke kommt man an sieben Geschäften vorbei. Eines Tages steht eines dieser Geschäfte leer. Das fällt sogar der Abstrakten auf, aber: Fragen Sie sie, was vorher in dem Geschäft war?! Sie wird Ihnen nur die richtige Antwort geben können, wenn es entweder ein Geschäft war, dessen Artikel sie interessiert haben (also ein persönlicher Bezug hergestellt ist), oder wenn sie das Geschäft in einem übergeordneten, zum Beispiel marktwirtschaftlichen, Zusammenhang wahrgenommen hat: »Das ist ja eigenartig, wie kann ein Tante-Emma-Laden hier existieren, wo nebenan ein Supermarkt ist?« Ansonsten wird sie die Antwort schuldig bleiben. Der Konkrete weiß in jedem Fall die Antwort, er nimmt das wahr, was da ist.

Die Abstrakten fokussieren auf Einsichten und Möglichkeiten für eine Person oder eine Sache. Sie interessiert das Neue, das Konzept, die Theorie, die Vision. Die Konkreten fokussieren auf Fakten, Fallbeispiele, Erfahrungsberichte und praktische Anwendungsmöglichkeiten. Die Konkreten sind sozusagen die Realisten und die Abstrakten die Visionäre.

Auch in ihrem Arbeits- und Lernstil unterscheiden sich Abstrakte von Konkreten. Letztere verlassen sich lieber auf ihre praktischen Erfahrungen als auf Theorien. Sie gehen systematisch vor: Schritt für Schritt vergleichen sie Daten und Fakten und überprüfen sie im Hinblick auf den gegenwärtigen Handlungsbedarf. Da sie sich gern auf ihre Erfahrungen verlassen, bevorzugen sie konventionelle Wege, um etwas zu erledigen – weil es sich bewährt hat. »Gesunder« Menschenverstand, Genauigkeit und Faktenwissen zählen zu ihren Lieblingswerten. Entsprechend bevorzugen sie Arbeiten, bei denen es auf diese Werte ankommt. Eine detailfeine Ausarbeitung und die konkrete Umsetzung einer Idee bereiten ihnen mehr Vergnügen, als ständig mit innovativen Entwürfen aufzuwarten. Tätigkeitsfelder, die sie je nach Begabung anziehen, sind im akademischen Bereich beispielsweise Medizin, Geographie, Geschichte und technische Studiengänge. In Ausbildungsberufen findet man sie im Steuerfach, im Bankwesen, in der Automechanik, im Sekretariat, in der Landwirtschaft und im Handwerk. Da der Abstrakte oft in höheren Sphären schwebt, unterlaufen ihm in Bezug auf die Wirklichkeitswerte eher Fehler als dem Konkreten, zumal er wenig geneigt ist, sich mit Kleinkram zu befassen und deswegen manche wichtige Information übersieht. Allerdings kann ihm auch, wenn er auf der richtigen Spur ist, der innovative Durchbruch gelingen. Tätigkeitsfelder, die die Abstrakten anziehen, sind beispielsweise Naturwissenschaften, Philosophie, Psychologie, Rechtswissenschaft, Literatur- und Kunstwissenschaften. Zudem sind sie in vielen kreativen Berufen zu finden, als Berater und im Management.

Die Abstrakten denken heimlich, sie seien die Intelligenteren. Und tatsächlich ist diese Dimension die Einzige, die mit Intelligenz korreliert. Abstrakte mit ihrem Hang zu Theorien und ihrem Drang, die Zusammenhänge zu erforschen und zu verstehen, haben im Durchschnitt einen etwas höheren Intelligenzquotienten. Was natürlich nicht bedeutet, dass es nicht auch ebenso hochintelligente Konkrete gibt. So gibt es zum Beispiel unter Medizinern überdurchschnittlich viele Konkrete, weil dieser akademische Beruf einen starken Bezug zur fassbaren Materie, also dem menschlichen oder tierischen Körper, aufweist und sehr praxisbezogen ist.

Kleine Gebrauchsanweisung für den Umgang mit Abstrakten

- Wenn Sie einem Abstrakten etwas nahebringen wollen, nehmen Sie die Pointe vorweg, oder mit den Lieblingsworten der Abstrakten gesagt: »Kommen Sie auf den Punkt!« Er möchte das Wesentliche zuerst hören und die Grundlinien zusammengefasst haben, Details interessieren ihn nicht.
- Abstrakte langweilen sich, wenn sich das Gespräch über einen längeren Zeitraum nur um Gegenständliches dreht. Er schürft

gern etwas tiefer. Geben Sie ihm Gelegenheit dazu. Und tun Sie bitte seine Visionen und Ideen nicht als »Spinnerei« ab – Abstrakte haben nämlich in der Regel ein sehr gutes Näschen für zukünftige Entwicklungen.

- Wenn Sie einen Abstrakten von einer Idee überzeugen wollen, dann müssen Sie seine Sprache sprechen. Seine Aufmerksamkeit erreichen Sie mit Formulierungen wie »Ich hatte eine Eingebung …«, »Man könnte es auch anders machen …«, »Es gibt neue Möglichkeiten …«, »Mir sind einige Muster klar geworden …«, »Der Grundgedanke ist…«, »Die Strategie wäre …«. Machen Sie sich klar, dass der Abstrakte eigentlich ein Theoretiker ist, der es liebt, über die großen Zusammenhänge nachzudenken und neue gedankliche Verbindungen herzustellen.
- Der Erzählstil des Abstrakten ist pointiert – hüten Sie sich vor pingeligen Anmerkungen. Wenn ein Abstrakter beispielsweise erzählt: »Als die Sache passierte, saßen wir bei einer Tasse Kaffee auf der Terrasse …«, unterbrechen Sie ihn bitte nicht, indem Sie ihn korrigieren: »Nein, wir saßen im Garten und es war Limonade …« (auch, wenn Sie völlig Recht haben). Der Abstrakte wird denken, Sie wären ein bisschen »minderbemittelt«, für ihn sind solche Nebensächlichkeiten völlig belanglos.
- Bringen Sie bitte Verständnis dafür auf, dass der Abstrakte keine gute Detailwahrnehmung für die gegenständlich-materielle Welt hat. Wenn Sie mit ihm als Nachbar oder Partner in einer Hausgemeinschaft leben, unterstellen Sie ihm also bitte nicht gleich schlechte Absichten, wenn er manche Missstände, die Ihnen sofort ins Auge fallen, nicht wahrnimmt. Weisen Sie ihn lieber freundlich auf einen etwaigen Handlungsbedarf hin.

- Wenn es geht, ersparen Sie ihm, sich mit Kleinkram und Detailarbeiten beschäftigen zu müssen – sie sind für ihn ein Graus.
- Wertschätzen Sie seine originellen Einfälle und sein konzeptionelles Denken.

Kleine Gebrauchsanweisung für den Umgang mit Konkreten

- Zunächst die Grundregel für den Umgang mit allen Konkreten: Geben Sie auf eine konkrete Frage eine konkrete Antwort! Der Konkrete hasst Ungenauigkeiten und Verschwommenes. Anders als für den Abstrakten, der gern mit Sprache spielt und mit Wörtern jongliert, ist Sprache für den Konkreten ein Werkzeug, mit dem man Informationen möglichst präzise austauscht.
- Wenn Sie bei einem Konkreten etwas erreichen wollen, versetzen Sie sich in seine Welt: Seine Wahrnehmung wird von seinen Sinnen bestimmt, er mag das Fassbare und Anschauliche, eben alles, was mit Erfahrung und Erleben zu tun hat. Erzählen Sie konkret und nachvollziehbar, gehen Sie ruhig auf Details ein, das langweilt den Konkreten nicht – im Gegenteil: Für ihn entsteht hierdurch ein plastisches Bild.
- Der Konkrete ermüdet schnell, wenn es um den Austausch von Theorien und Konzepten geht, die keinen offensichtlichen praktischen Nutzen haben. Dinge, die einen Praxisbezug aufweisen, anwendbar, realistisch und machbar sind, interessieren ihn. Hierüber spricht er gern.
- Beachten Sie bitte die Bodenständigkeit des Konkreten, wenn Sie ihn von etwas überzeugen möchten: Im Unterschied zum Abstrakten ist er skeptisch gegenüber Neuem eingestellt, weil es noch keiner Erprobung unterzogen wurde. Wörter wie Vision, Inspiration und Intuition, die für den Abstrakten ange-

nehm und vertraut klingen, könnten für den Konkreten Reizwörter sein. Sprechen Sie lieber von Erfahrung, denn darauf kann man sich verlassen, von Fakten, die sind handfest, und von Beobachtungen, die man nachvollziehen kann.

- Beachten Sie, dass der Konkrete über einen guten Realitätssinn verfügt, deswegen denken Sie darüber nach, wenn er Ihren Überlegungen konkrete Einwände entgegensetzt. Der Teufel steckt oft im Detail und dieses können die Konkreten viel schneller erfassen.
- Versuchen Sie, Ihre Aufmerksamkeit in »dieser Welt« zu halten – für Konkrete kann es anstrengend sein, wenn Sie zu viel in ihre Gedankenwelten abdriften und hierdurch zu verpeilt sind, um den unmittelbaren Handlungsbedarf zu erkennen. Es nervt ihn, wenn er Sie jedes Mal aufs Neue darauf hinweisen muss, dass die Geschirrspülmaschine ein- oder ausgeräumt werden muss.
- Wertschätzen Sie seine gute Beobachtungsgabe und seinen Pragmatismus.

Die dritte Dimension: Fühl- oder DenkEntscheider?

Wenn Sie jemanden sagen hören: »Das ist hart, aber gerecht!«, haben Sie es wahrscheinlich mit einem DenkEntscheider zu tun. Hören Sie hingegen jemanden sagen: »Lasst Gnade vor Recht ergehen!«, wird es vermutlich ein FühlEntscheider sein.

Die dritte Dimension der Typenlehre bezieht sich auf den Prozess, wie ein Mensch Entscheidungen trifft: Lässt er sich eher von seinen Gefühlen oder eher von seiner Vernunft leiten? C. G. Jung unterschied zwischen der »denkorientierten« und der »gefühlsorientierten« Entscheidung, wobei beide Entscheidungswege als rational gelten.

FühlEntscheider haben zumeist eine freundliche und warme Ausstrahlung. Es sind jene Typen, über die man häufig sagt, sie seien nett und sympathisch. Die DenkEntscheider wirken dagegen eher cool und sachlich. FühlEntscheider beurteilen alles auf der Grundlage ihrer persönlichen Werte, und sie brauchen ein harmonisches Miteinander, um sich wohlzufühlen. DenkEntscheider stellen die Sache in den Vordergrund, sie denken lösungsorientiert und zweckdienlich. Sie haben natürlich nichts gegen Harmonie und zwischenmenschliche Werte, aber im Zweifelsfall fokussieren sie sich lieber auf den Sachaspekt. Sie betrachten die Welt aus einem kritischen Abstand heraus.

Diese unterschiedlichen Grundeinstellungen münden im Verhalten und der Kommunikation in sehr unterschiedliche Stile, die recht schnell zu Zusammenstößen führen können. Diese Dimension ist auch die Einzige, die geschlechtsspezifische Unterschiede aufweist: Rund 65 Prozent der Männer und 35 Prozent der Frauen sind DenkEntscheider. Um aber voreiligen Schlüssen vorzubeugen: Nicht alle Frauen sind FühlEntscheiderinnen und nicht alle Männer DenkEntscheider. Und auch hier gilt,dass niemand ausschließlich ein DenkEntscheider oder ein Fühl-Entscheider ist.

Weil die FühlEntscheider so harmoniebedürftig sind, sorgen sie zumeist aktiv für eine freundliche und warme Atmosphäre. Sie loben gern und heben das Positive hervor. Wenn Sie jemanden bei einer Begrüßung ausrufen hören: »Du siehst aber gut aus!«, dann wird es wahrscheinlich ein FühlEntscheider sein. FühlEntscheider legen viel mehr Wert auf die Meinung anderer als DenkEntscheider. Deshalb sind sie geübter, die Bedürfnisse ihrer Mitmenschen zu erspüren und zu befriedigen. Sie sind hilfsbereit, haben ein offenes Ohr für die Probleme anderer und zeigen Anteilnahme und Verständnis.

Die DenkEntscheider sind von Natur aus unpersönlicher. Natürlich helfen sie auch gern und hören zu, wenn sie gebraucht werden. Allerdings ist das persönliche, gefühlsbetonte Gespräch für sie kein »Heimspiel«. Der DenkEntscheider fühlt sich wohler, wenn sein praktischer Rat und lösungsorientiertes Handeln gefragt sind. Einem Freund bei der Steuererklärung zu helfen, ihn beim Einkauf zu beraten oder gute Tipps zu geben, wie man sich zum Beispiel vor Grippe schützt, liegen ihm näher als stundenlange Beziehungsgespräche.

Da DenkEntscheider nicht so angewiesen sind auf ein harmonisches Miteinander, sind sie sparsam mit Lob und Komplimenten. Sie äußern eher einen Verbesserungsvorschlag als ein Lob. Das kränkt den FühlEntscheider oft, er fühlt sich um seine Anerkennung gebracht und findet, der DenkEntscheider »sucht das Haar in der Suppe«. DenkEntscheider in Führungspositionen haben normalerweise keinen inneren Drang, ihre Mitarbeiter zu loben, denn sie denken sich: »Nicht gemeckert ist genug gelobt!« Es hat sich jedoch herumgesprochen, dass Lob motiviert, deshalb haben sich die meisten DenkEntscheider-Chefs das Loben »vernünftigerweise« angewöhnt.

FühlEntscheider leben mehr mit ihren Gefühlen. Sie mögen und suchen emotionale Erfahrungen. Sie weinen schnell bei traurigen

Filmen und bei Hochzeiten, manchmal reicht auch schon ein schwermütiges Lied im Radio. Die DenkEntscheider halten lieber einen gewissen inneren Abstand, zu viel Nähe und Gefühl sind ihnen unangenehm und peinlich. Da die FühlEntscheider sich ihren Gefühlen stärker hingeben, haben sie auch mehr emotionale Hochs und Tiefs. Die DenkEntscheider sind emotional stabiler und ausgeglichener, dafür aber auch weniger leidenschaftlich. Ein FühlEntscheider spricht gern über seine Gefühle (besonders, wenn er extravertiert ist) und nimmt häufig emotionale Bewertungen vor. Außer bei wirklich persönlichen Themen behält der DenkEntscheider eine sachliche Distanz. Der unterschiedliche Umgang mit Emotionen schlägt sich auch deutlich in ihrer Sprache nieder:

Frieda, FühlEntscheiderin, und Dirk, DenkEntscheider, haben denselben Krimi gelesen. Dirks Urteil lautet: Die Geschichte war sehr konstruiert und wenig überzeugend. Die Hauptfiguren wurden sehr einseitig nach einem Gut-Böse-Schema charakterisiert und waren wenig glaubhaft. Die ganze Story war voller logischer Fehler und psychologischer Widersprüche.

Friedas Urteil: Die Lektüre war reine Zeitverschwendung. Ich habe mich echt geärgert über die Schwarz-Weiß-*Malerei der Figuren. Die Geschichte hätte einen mitreißen können, wenn sie einfach glaubhafter gewesen wäre. Besonders schlimm fand ich die vielen Gewaltszenen, reine Effekthascherei. Also das Buch kann ich keinem empfehlen.*

Sie haben es bemerkt: Frieda gibt in jedem Satz eine persönliche Bewertung ab, während Dirk die Sachebene mit keinem Satz verlässt.

FühlEntscheider sind meistens konfliktscheu, sie wollen niemanden verletzen. Wenn sie jemanden kritisieren, dann tun sie das mit Diplomatie und Fingerspitzengefühl. Da sie selbst eher dünnhäutig sind, gehen sie auch schonend mit anderen um. Der Denk Entscheider, eher dickfellig, scheut sich nicht, seine Kritik unverblümt zu äußern, und ist überrascht, wenn ein FühlEntscheider darauf empfindlich reagiert.

Fühl- und DenkEntscheider bewegen sich aus gegensätzlichen Richtungen auf Menschen zu: Der FühlEntscheider sucht beim Gegenüber zuerst das Verbindende, die Gemeinsamkeiten und die Zustimmung. Erst wenn diese harmonische Beziehungsebene geschaffen ist, hält er nach den Unterschieden Ausschau. Der Denk Entscheider hingegen schaut zuerst, was unterscheidet uns, wo sind wir anderer Auffassung? Erst im zweiten Schritt sucht er nach Übereinstimmungen und Gemeinsamkeiten.

Ich will klar herausstellen, dass weder die eine noch die andere Entscheidungspräferenz grundsätzlich besser oder schlechter ist. Situationsabhängig haben beide ihre Vor- und Nachteile. Der denkorientierte Entscheidungsprozess ist dem gefühlsorientierten überlegen, wenn es um unpersönliche Probleme und reine Sachentscheidungen geht, wie beispielsweise den Kauf eines Autos. Der gefühlsorientierte Entscheidungsprozess ist zumeist günstiger, wenn Menschen involviert sind und man auf Kooperation angewiesen ist. Beide Grundeinstellungen können sehr voneinander profitieren: Für einen FühlEntscheider kann es sehr hilfreich sein, auf die nüchternen Einwände eines DenkEntscheiders zu hören und sie in seine gefühlsbestimmten Überlegungen einzubeziehen. Dies erscheint sofort plausibel, wenn man hierbei an eine Sachentscheidung wie den erwähnten Autokauf denkt, bei dem der FühlEntscheider dazu neigt, versteckte Mängel zu übersehen oder sich zu wenig Gedanken über die Finanzierung zu machen, weil er findet, dass das Auto gut zu ihm passt und ihm Form und Farbe gefallen. Die Hinwendung zu rationalen Argumenten kann den FühlEntscheider aber auch auf seinem eigenen Terrain, dem zwischenmenschlichen Parkett, vor mancher Enttäuschung bewahren, wenn er sich beispielsweise mit zu viel Schwung für einen Mitmenschen engagiert, geblendet von dessen scheinbarer Hilfsbedürftigkeit, und hierbei dessen Neigung übersieht, sich ständig andere Menschen für seine Zwecke nutzbar zu machen. Der DenkEntscheider, kühlen Kopfes, hat indessen die guten Taten des FühlEntscheiders bilanziert und das Ergebnis berechnet: »Du hast dem Jürgen schon hundertmal die Kohlen aus dem Feuer geholt – hast du aber schon jemals erlebt, dass er sich ernsthaft bemüht hat, an seiner Misere etwas zu ändern?«

Umgekehrt ist auch der DenkEntscheider gut beraten, an den Überlegungen des FühlEntscheiders teilzunehmen, weil dieser ihm zu mehr Einfühlungsvermögen verhelfen und ihn somit vor unerwünschten »menschlichen Nebenwirkungen« bewahren kann. So kann es dem DenkEntscheider widerfahren, dass er in seinen sachbezogenen Betrachtungen den Faktor Mensch zu stark vernachlässigt. Ein Vorgesetzter, der ausgeprägter DenkEntscheider ist, kann auf der Stelle treten, weil seine Anweisungen auf diffuse Weise versickern. Er wird dann sehr erstaunt sein, wenn der FühlEntscheider ihm einige schwelende Konflikte unter seinen Mitarbeitern erklärt, die der DenkEntscheider entweder nicht ins Kalkül gezogen oder schlichtweg nicht bemerkt hat. Den Ratschlag des FühlEntscheiders: »Setze die Frau Jakobs und den Herrn Schuster auseinander, die können nicht miteinander, und sag der Jakobs endlich mal ein paar persönliche Worte der Anerkennung …«, sollte der DenkEntscheider ernst nehmen.

Abschließend sei noch kurz auf die 35 Prozent DenkEntscheider-Frauen und die 35 Prozent FühlEntscheider-Männer eingegangen. Die Neigung zur DenkEntscheidung bei Frauen wird durchmischt von Sozialisationseffekten und biologischer Veranlagung. So bestehen im weiblichen Hirn, im Unterschied zum männlichen Hirn, mehr neurologische Verbindungen zwischen der linken und der rechten Gehirnhälfte. Diese Verbindungen sorgen von Natur aus dafür, dass Frauen besser in der Lage sind, Emotionen auszudrücken und in ihr Denken mit einzubeziehen. Das wirkt sich sozusagen mildernd auf den reinen DenkEntscheider-Stil aus. Bei DenkEntscheider-Frauen verwebt sich die »männliche« mit der »weiblichen« Denkart. Mit umgekehrten Vorzeichen gilt dies für FühlEntscheider-Männer. Diesen »Mischtypen« steht somit ein recht breites Spektrum zur Verfügung.

Kleine Gebrauchsanweisung für den Umgang mit FühlEntscheidern

- Machen Sie sich bewusst, dass der FühlEntscheider zwei Dinge besonders benötigt: Anerkennung und Harmonie. Ein sachliches, geschäftsmäßiges Auftreten löst bei ihm Unbehagen aus. Er empfindet Sie dann als »kurz angebunden« und überlegt sich, ob er etwas falsch gemacht hat oder ob Sie ihn nicht mögen. Sie wirken auf ihn im günstigen Fall spröde, im ungünstigen Fall unsympathisch. Dabei ist es eigentlich ganz leicht, zu einem FühlEntscheider Zugang zu finden: Seien Sie einfach etwas zugewandter, als es Ihren normalen Impulsen entspricht. Am Anfang werden Sie sich das noch bewusst vornehmen müssen: Versuchen Sie, häufiger zu lächeln und zu loben, erkundigen Sie sich nach seinem Befinden, sprechen Sie ihn mit Namen an. Sie werden erstaunt sein, was für positive Reaktionen Sie durch diese kleinen Verhaltensänderungen erzielen können, die Ihnen bald in Fleisch und Blut übergehen werden.
- Für den FühlEntscheider sind Gefühle wirklich wichtig, und zwar sowohl seine eigenen als auch die der anderen. Werten Sie seine Überlegungen nicht als zu »weich« und »unvernünftig« ab. Versuchen Sie, die Dinge von seinem Standpunkt aus zu betrachten und sich in ihn hineinzuversetzen.
- Bitte respektieren Sie, dass die Überlegungen des FühlEntscheiders nicht weniger rational sind als die von DenkEntscheidern. Der FühlEntscheider ist lediglich geneigt, die Beziehungsebene zwischen Menschen sehr genau zu betrachten, was je nach Situation und Problem durchaus der Königsweg sein kann, um ein Problem zu lösen.
- Apropos Problemlösung: FühlEntscheider fühlen sich häufig in ihren Überlegungen ausgebremst und unverstanden, wenn jemand zu schnell mit »rationalen« Lösungsvorschlägen auf-

wartet. Halten Sie sich mit Lösungsvorschlägen zurück, der FühlEntscheider erwartet diese auch gar nicht (was wohl zu den häufigsten Missverständnissen zwischen Männern und Frauen zählt). Der FühlEntscheider möchte, dass Sie das Problem verstehen, er erwartet, dass Sie ihm zuhören und innerlich mitgehen. Erst wenn diese Verständnisebene geschaffen ist, sollten Sie im zweiten Schritt Ihre Ansicht zu dem Problem formulieren und mögliche Lösungen anbieten.

- Wenn Sie einen FühlEntscheider kritisieren, bedenken Sie bitte, dass er dünnhäutig ist und Kritik schnell persönlich nimmt. Bitte überlegen Sie sich vorher, wie Sie die Kritik so formulieren können, dass sie für den FühlEntscheider annehmbar ist. Wenn Sie den FühlEntscheider durch zu unsanfte Methoden verletzen, ist er nicht mehr offen für Ihre Worte. Wenn Sie beispielsweise die Arbeit eines FühlEntscheiders zu beurteilen haben, loben Sie zuerst, was Ihnen gefällt, und machen Sie erst dann Verbesserungsvorschläge. Andernfalls kann es passieren, dass der FühlEntscheider »dichtmacht« und Ihre Kritik als ungerecht und somit unbegründet von sich weist.
- Ermutigen Sie umgekehrt den FühlEntscheider ruhig häufiger, seinerseits ein paar offene Worte zu sprechen. Da er eher konfliktscheu ist, traut er sich manchmal nicht, seine Meinung klar und deutlich zu formulieren.

Kleine Gebrauchsanweisung für den Umgang mit DenkEntscheidern

- Der DenkEntscheider ist eher kopfgesteuert und betrachtet die Dinge mit einem gewissen inneren Abstand. Und so sind auch seine Umgangsformen: höflich und freundlich, aber eben nicht ausgesprochen herzlich. Machen Sie sich bewusst, dass dies der persönliche Stil des DenkEntscheiders ist und sich nicht gegen Sie richtet. Akzeptieren Sie sein Naturell und seine persönlichen Grenzen. Entwickeln Sie bitte keinen Ehrgeiz, ihn »zu erobern«, indem Sie sich bemühen, besonders charmant und herzlich zu sein. Das kann bei einem DenkEntscheider zu Abwehrreaktionen führen, er braucht einen gewissen Abstand: Zu viel persönliche Nähe und gezeigte Gefühle sind ihm peinlich (vor allem, wenn er auch noch introvertiert ist). Er könnte Sie auch als distanzlos und aufdringlich empfinden und/oder denken, Sie wollten ihn mit Ihrem Charme manipulieren.

- Der DenkEntscheider äußert Kritik zumeist direkt und unvermittelt. Er ist nicht so auf Harmonie angewiesen. Deswegen redet er nicht gern »um den heißen Brei herum«. Ein Verbesserungsvorschlag kommt ihm schneller über die Lippen als ein Lob. Er meint das überhaupt nicht böse, im Gegenteil, es ist seine Art zu helfen. Indem er einen Verbesserungsvorschlag macht oder Kritik äußert, signalisiert er seinem Gegenüber, dass er es ernst nimmt und sich konstruktiv mit ihm auseinandersetzt.
- Viele DenkEntscheider tun sich mit Lob schwer, weil sie meinen, es wäre überflüssig, Dinge zu erwähnen, die offensichtlich sind. Das wäre für den DenkEntscheider ungefähr so banal wie die Feststellung: »Nico Rosberg kann gut Auto fahren.« Er will auch nicht den Eindruck hinterlassen, er wolle sich mit einem Lob anbiedern. Umgekehrt fällt es ihm schwer, ein persönliches Wort der Anerkennung entgegenzunehmen, das ist ihm eher peinlich. Nehmen Sie seine Kritik zwar ernst, aber bleiben Sie gelassen.
- Es ist die große Stärke des DenkEntscheiders, die Dinge mit Abstand zu betrachten. Gönnen Sie sich mal einen Ausstieg aus Ihrem Gefühlsleben. Es kann durchaus erbaulich sein, das Problem einmal aus seinem Blickwinkel zu betrachten.
- Der Anspruch, dass der DenkEntscheider die Gefühle eines anderen bis ins Letzte verstehen muss, läuft häufig ins Leere.

Das mündet häufig in Machtspiele, in denen jeder versucht, seine Sichtweise zu behaupten.

- Wenn Sie bei einem DenkEntscheider etwas erreichen wollen, dann bleiben Sie sachlich. Stellen Sie die Sache in den Vordergrund und nicht zwischenmenschliche Beziehungen oder persönliche Werte. Appellieren Sie an seinen Verstand, nicht an sein Gefühl. Argumentieren Sie, indem Sie Bezug auf Gesetze, logische Prinzipien, objektive Kriterien, Kategorien und kritische Analysen nehmen.
- Der DenkEntscheider behält auch unter Stress einen kühlen Kopf. Emotionsgeladene Szenen und Gefühlsausbrüche verstören ihn.
- Wenn Sie den DenkEntscheider kritisieren wollen, sagen Sie klar und deutlich, was Sie meinen. Zarte Andeutungen und versteckte Appelle überhört er nämlich, weil er nicht so empfindlich ist wie Sie. Diese unempfindliche Seite der DenkEntscheider gehört übrigens zu ihren sympathischsten Eigenschaften: Sie sind zwar nicht die Einfühlsamsten, dafür aber auch schwer zu beleidigen, selten launisch und haben ein recht dickes Fell.

Die vierte Dimension: organisiert oder locker?

Nur Kleingeister räumen auf, das Genie überblickt das *Chaos!*, ist das Motto des Lockeren.
Was du heute kannst besorgen, das verschiebe nicht auf morgen!, befindet der Organisierte.

Die letzte Dimension der Typenlehre befasst sich mit der grundlegenden Haltung und Einstellung, mit der ein Mensch der Welt begegnet und an Dinge herangeht. Hier kann man zwischen einer organisiert-strukturierten Vorgehensweise und einer spontan-lockeren unterscheiden. Ob wir eher strukturiert oder locker an die Dinge herangehen, kann man als einen unterschiedlichen »way of life« bezeichnen. Diese Dimension der Typenlehre geht nicht auf C. G. Jung zurück, sondern wurde von den Amerikanerinnen Isabel Myers und Katharine Briggs hinzugefügt. Sie unterschieden zwischen »Judger« (Beurteiler) und »Perceiver« (Wahrnehmer). Während ich früher von »Beurteilungstypen« und »Wahrnehmungstypen« sprach, habe ich mich mittlerweile entschieden, diese als »organisiert« beziehungsweise »locker« zu bezeichnen. Diese Begriffe finde ich inhaltlich erheblich eingängiger.

Organisierte Typen weisen einen starken Drang auf, die Dinge abzuschließen und zu erledigen. Lockere Typen weisen hingegen eine Neigung auf, die Dinge offenzuhalten und noch weitere Informationen zu sammeln. Sie lieben es, spontan und wenig geplant vorzugehen. Wie bei den anderen Dimensionen auch, nutzen wir mit unterschiedlicher Gewichtung immer beide Herangehensweisen, also organisiert und locker. Außerdem können auch Organisierte manche Ereignisse entspannt auf sich zukommen lassen, und Lockere können auch gut strukturiert vorgehen. Wie ich nicht müde werde zu betonen, sprechen wir von Neigungen – wir weisen immer beide Fähigkeiten auf, geben einer jedoch unbewusst den

Vorzug. Entsprechend äußern sich diese unterschiedlichen Neigungen im alltäglichen Verhalten einer Person.

Die Organisierten legen eine gewisse Dringlichkeit an den Tag, Dinge planvoll anzugehen, zu strukturieren und, ganz wichtig, zum Abschluss zu bringen. Sie sind die Erfinder und Nutzer von Erledigungslisten. Viele von ihnen können sich ein Leben ohne Auflistung nicht vorstellen. Sie schreiben auf, was täglich oder wöchentlich zu tun ist, arbeiten es ab und streichen es aus. Das Wort »erledigt« löst in ihnen ein Wohlgefühl aus. Dinge zu planen und zu strukturieren, vermittelt Organisierten ein Gefühl von Sicherheit und Kontrolle, das Gefühl, »alles im Griff« zu haben. Damit hängt zusammen, dass Organisierte im Vergleich zu Lockeren gern Entscheidungen treffen, während Lockere eher geneigt sind, diese vor sich herzuschieben. Organisierte hingegen drängt es zur Entscheidung, sie fühlen sich erleichtert, wenn sie eine Entscheidung getroffen haben, denn sie ebnet den Weg für Planung und Struktur. Weil die Organisierten zielorientiert sind, sind sie auch weniger ablenkbar als die Lockeren. Sie weisen in der Regel eine hohe Disziplin und Selbstbeherrschung auf. Sie lieben Struktur und Ordnung.

Die Lockeren sind etwas verspieltere Naturen. Sie sind eher besorgt, etwas zu verpassen, als etwas nicht zum Abschluss zu bringen. Ihre Wahrnehmung ist immer in Empfangsbereitschaft für neue Eindrücke. Deswegen fühlen sie sich auch am wohlsten, wenn sie eine Entscheidung noch offenhalten können, denn: Es könnte ja noch etwas Besseres kommen! Manchmal zögern sie bis zum letzten Moment, von der Sorge getrieben, noch nicht genügend Informationen gesammelt zu haben, um eine Entscheidung fällen zu können. Grundsätzlich lassen sie die Dinge sich lieber entwickeln, als sie im Vorfeld zu strukturieren und zu planen. Sie verspüren ein gewisses Unbehagen, wenn sie genötigt werden, sich festzulegen. Für Lockere sind Erledigungslisten bestenfalls ein notwendiges Übel. Wenn sie überhaupt welche erstellen, verlegen sie sie häufig oder vergessen, dass sie welche besitzen.

Lockere lieben es, Unbekanntes zu untersuchen. Ihre Aufmerksamkeit folgt dem, was gerade ihr Interesse erregt. Sie lassen sich häufig ablenken und sind von Natur aus neugierig. Man könnte sagen, dass Lockere Spaß am Weg haben, also eher prozessorientiert sind, und Organisierte Spaß am Ziel haben, also eher ergebnisorientiert sind. Durch ihre Offenheit sind Lockere reaktionsschneller und flexibler.

Weshalb Organisierte es lieben, Dinge abzuschließen, und Lockere es lieben, Dinge offenzuhalten, hat etwas mit innerer Spannung zu tun. Innere Spannungen müssen nicht unbedingt dem Bewusstsein zugänglich sein. Sie können auch auf einer unteren Etage des Bewusstseins diffusen Druck erzeugen. Unabhängig davon, ob die Spannung bewusst oder unbewusst wahrgenommen wird, erzeugt sie im Menschen den Impuls, sie zu reduzieren. Beim Organisierten baut sich Spannung auf, wenn die Dinge in der Schwebe, im Ungewissen und im Unabgeschlossenen verweilen. Je wichtiger die Entscheidung, die es zu treffen, oder die Arbeit, die es zu erledigen gilt, desto stärker der Drang, zum Abschluss zu kommen. Da eine getroffene Entscheidung beim Organisierten Erleichterung erzeugt, braucht er nur so viel Information wie nötig, um sie zu treffen. Beim Lockeren baut sich Spannung auf, wenn er gezwungen ist, sich für etwas und somit auch gegen etwas anderes zu entscheiden. Er vermeidet Spannung, indem er die Entscheidung möglichst lange offenhält, um sich keine weiteren Optionen zu verbauen. Ein wesentlicher Unterschied zwischen Organisierten und Lockeren ist ihr Zeitempfinden. Für Lockere ist Zeit elastisch, biegsam und geschmeidig. Zeit ist für sie eine Quelle, aus der man je nach Bedarf schöpfen kann. Sie nehmen sich Zeit. Organisierte teilen sich Zeit ein. Da Lockere nicht so zielorientiert sind, geben sie leichter Verlockungen im Umfeld ihrer momentanen Aufgabe nach. So kommen sie gern mal vom Pfad ab, angezogen von Ablenkungen, denen sie sich widmen – und die Zeit verrinnt. Dies führt jedoch nicht selten dazu, dass sie am Ende unter Zeitdruck geraten, sie sich häufiger mal verspäten, und – Spezialität von Lockeren – vieles auf den letzten Drücker erledigen. Für Organisierte hingegen, die ja strukturliebend und organisiert sind, ist Zeit in Einheiten unterteilt: 15 Minuten, 30 Minuten, 60 Minuten. Sie spüren die Zeit förmlich wie einen implantierten Terminkalender. Zeit ist wertvoll und muss genutzt werden. Sie hassen es, Zeit zu verschwenden. So sind auch Terminvorgaben für sie verbindlich: Sie entwerfen einen Zeit- und Aufgabenplan und schaffen es auch meistens, diesen einzuhalten. Sie können zwar auch Arbeiten in letzter Minute fertig stellen, fühlen sich dabei jedoch unwohl und überlegen verärgert, wie sie einen derartigen Zeitdruck zukünftig vermeiden können. Für Lockere sind Terminvorgaben eher eine lose Verabredung oder der späteste Zeitpunkt, mit einer Aufgabe anzufangen.

Es liegt auf der Hand, dass die unterschiedlichen Zeitbegriffe eine Menge Konfliktstoff zwischen Lockeren und Organisierten liefern. Organisierte hassen es, wenn man sie warten lässt. Sie empfinden Lockere als unorganisiert und chaotisch. Was die Organisierten besonders ärgert, ist, dass deren mangelnde Organisation häufig auf ihre Kosten geht. Lockere indessen fühlen sich von Organisierten häufig unter Druck gesetzt, empfinden sie als Antreiber, als rigide und unflexibel.

So unterschiedlich ihre Beziehung zur Zeit, so unterschiedlich ist sie auch zur Ordnung. Die Liebe zu Plan und Struktur der Organisierten und die der Lockeren zu Flexibilität und Offenheit zeigt sich somit nicht nur im Verhalten, sondern auch in ihrer unmittelbaren Umgebung. Den Schreibtisch eines Lockeren erkennt man an dem Durcheinander von Notizzetteln, an verstreut liegenden Büchern, Akten, Papieransammlungen, Kaffeetassen und all dem, was auch immer er zur Arbeit benötigt – oder auch nicht. Kurzum, es ist jener Zustand, den er als »kreatives Chaos« und ein Organisierter als »Katastrophe« bezeichnen würde. Der Schreibtisch eines Organisierten ist, zumindest nach Feierabend, durch überschaubare Leere gekennzeichnet, bestenfalls liegt auf ihm noch eine Erledigungsliste für den nächsten Tag (und wenn nicht dort, dann in der oberen Schublade). Diese Darstellung ist natürlich ziemlich überzeichnet, aber die Tendenz dürfte deutlich geworden sein: Der Organisierte liebt Überschaubarkeit und Ordnung; der Lockere liebt sie eigentlich auch, aber nicht genug, um sie herzustellen – von gelegentlichen Aufräumschüben mal abgesehen. Ein Grund, weshalb der Lockere dazu neigt, zu horten und zu stapeln, ist übrigens, dass er sich schwer entscheiden kann, etwas wegzuwerfen. Es wäre ja möglich, dass er es nochmal brauchen kann. Außerdem zeigt sich hierin auch die spielerische Neigung der Lockeren, ihre Aufmerksamkeit verschiedenen Themen zu widmen, die sich dann in ihrer gegenständlichen Gestalt über den Arbeitsplatz verstreuen. Die unterschiedlichen Ordnungsbedürfnisse der Organisierten und Lockeren beschränken sich jedoch in der Regel nicht nur auf den Arbeitsplatz, sondern dringen auch in die Wohnumgebung ein. Um Missverständnissen vorzubeugen: Es ist nicht grundsätzlich so, dass Organisierte »ordnungsfanatisch« und Lockere »schlampig« sind. Wir sprechen von Neigungen, Tendenzen. Die Lockeren benötigen meistens nicht so viel Ordnung. Bei ihnen erzeugt Unordnung weniger Spannung als bei den Organisierten, die die Dinge gern »an ihrem Platz« haben.

Da der Lockere seine Wahrnehmung auf »Dauerempfang« gestellt hat, kann er manchmal im Gespräch etwas zerstreut wirken. Typisch für ihn: Während er spricht oder zuhört, schweifen seine Blicke durch den Raum, um möglichst viel mitzubekommen. Dies natürlich am liebsten dort, wo es viel zu sehen gibt, also in Restaurants, Kneipen oder an sonstigen öffentlichen Plätzen. Diese Angewohnheit kann einen Organisierten ausgesprochen irritieren und verärgern. Er richtet seine Aufmerksamkeit stärker auf sein Gegenüber und erwartet das auch umgekehrt. Der Hang der Organisierten, sich auf ein Thema zu konzentrieren, liegt in ihrer Neigung begründet, Dinge abzuschließen. Auch ein Gesprächsthema wollen sie zu Ende bringen und nicht ständig vom Hölzchen aufs Stöckchen kommen.

Weil Organisierte sich schneller als Lockere in ihrer Entscheidung festlegen, weisen sie auch klarere Standpunkte auf, da der Entscheidung die Beurteilung einer Situation vorausgeht. Ihre Meinung vertreten sie recht deutlich, insbesondere, wenn sie extravertiert sind. Menschen, die sowohl extravertiert als auch organisiert sind, können recht bestimmend auftreten. Wenn Sie jemanden nach einigen Gesprächsminuten sagen hören, »du solltest« oder »du musst«, wird es wahrscheinlich ein Organisierter sein. Sie können auch recht schnell genervt sein, wenn sich die Dinge nicht so entwickeln, wie sie sich das vorgestellt haben. Lockere sind dagegen anpassungsfähiger und flexibler, weil sie die Dinge eher auf sich zukommen lassen und sich nicht so sehr auf klare Ziele festlegen. Da sie nicht so schnell werten, besteht ihre Welt auch aus mehr Grauschattierungen und Zwischentönen. Von ihnen hört man öfter: »Das kann man so oder so sehen« oder »Vielleicht ist es auch ganz anders …«

Unsere Gesellschaft, vor allem die Berufs- und Arbeitswelt, ist von Regeln und festen Zeitstrukturen bestimmt, in denen sich ein Organisierter mühelos bewegen kann. Lockere sind in diesem Umfeld benachteiligt. Viele von ihnen haben es sich zum Teil sehr mühsam antrainiert, mehr wie Organisierte zu agieren. Gleichwohl haben beide ihre Vor- und Nachteile: Die Liebe der Organisierten zur Struktur lässt sie häufig nicht so kreativ sein, ihre Stärke liegt selten im Improvisieren. Sie sind zwar gut organisiert, aber nicht besonders spontan. Die Lockeren sind chaotischer, aber im Schnitt auch kreativer, und sie können sehr spontan und flexibel auf Situationen reagieren. Bildlich gesprochen, sind die Organisierten die Buchführer der Gesellschaft und die Lockeren die Feuerlöscher. Organisierte mögen die Lockeren wegen ihrer Offenheit, Spontaneität und Kreativität. Lockere bewundern an den Organisierten ihre Entschlossenheit, Organisation und Effizienz. Nur bei extremer Ausprägung kann es unangenehm werden. Der Organisierte tritt dann sehr rigide und kompromisslos auf, während ein extremer

Lockerer sich weder privat noch beruflich festlegen kann. Die meisten von uns halten jedoch eine ganz gute Balance zwischen beiden Fähigkeiten.

Kleine Gebrauchsanweisung für den Umgang mit Organisierten

- Grundregel Nummer eins: Seien Sie pünktlich! Der Organisierte wird zur verabredeten Zeit da sein, und er hasst es zu warten.
- Der Organisierte will wissen, wo es langgeht – er braucht einen Plan und hat einen Plan. In ihm baut sich eine unangenehme innere Spannung auf, wenn die Dinge zu lange in der Schwebe verweilen und keine Entscheidung getroffen wird. Wenn Sie gut zu ihm sein wollen, ersparen Sie ihm das. Halten Sie ihn nicht zu lange hin, sondern legen Sie sich fest.
- Ein Organisierter, vor allem, wenn er extravertiert ist, kann sehr bestimmend auftreten. Er hat zumeist eine genaue Vorstellung davon, was richtig und was falsch ist. Lassen Sie sich von seiner Entschlossenheit nicht abschrecken oder gar einschüchtern. Treten Sie ihm ruhig entgegen, er ist aufgeschlossener für andere Ansichten und Argumente, als es erst mal den Anschein haben mag. Vor allem kann er mit einem klaren Statement Ihrerseits, auch wenn Sie seine Auffassung nicht teilen, sehr viel mehr anfangen als mit »Wischi-Waschi-Diskussionen«. Wenn der Organisierte etwas nicht leiden kann, sind es ewige Bedenkenträger, die durch beständiges Abwägen jegliche Entscheidung sabotieren.
- Der Organisierte mag es, Dinge zu erledigen, auch im Gespräch. Wenn es um Themen geht, die ihn sehr interessieren oder die ihn persönlich beschäftigen, schweifen Sie bitte nicht ab. Stemmen Sie sich Ihrer Neigung entgegen, Ihre Aufmerksamkeit auf Nebengleise oder die Umgebung zu verstreuen.

Wenn es dem Organisierten um eine wichtige Privatsache geht, fühlt er sich nicht genügend ernst genommen. Bei interessanten und/oder notwendigen Sachdiskussionen findet er ein solches Verhalten unproduktiv.

- Organisierte lieben Ordnung – bitte bringen Sie ihnen nicht alles durcheinander.

Kleine Gebrauchsanweisung für den Umgang mit Lockeren

- Lockere halten sich Entscheidungen gern offen, weil sie mehr Informationen benötigen als Organisierte, um sich festlegen zu können. Versuchen Sie nicht, einen Lockeren vorschnell festzunageln. Das löst bei ihm eher Trotz als Zustimmung aus. Geben Sie ihm so viel Zeit, wie es für Sie noch erträglich ist, und versuchen Sie Ihre Ungeduld zu bezähmen und eine etwas gelassenere Haltung einzunehmen: »Gut Ding will Weile haben.« Schnelle Entscheidungen sind nicht immer die besten, und auch das ein oder andere Problem kann sich durchaus durch »Aussitzen« lösen.
- Ein Lockerer braucht immer mehrere Möglichkeiten und Alternativen. Wenn Sie mit ihm etwas zu verhandeln haben, sei es privat oder geschäftlich, versuchen Sie, ihm Wahlmöglichkeiten zu geben. Dann fühlt er sich nicht so stark auf eine Richtung festgelegt und Sie ersparen sich unnötige Machtkämpfe. So können sie auch den Entscheidungsprozess zeitlich abkürzen, weil der Lockere dann nicht das Gefühl hat, sich selbst erst mal auf die Suche nach Alternativen machen zu müssen. Akzeptieren Sie, dass er zu Ihren Vorschlägen viele Fragen stellt. Beachten Sie bitte: Ihr Bedürfnis, die Dinge schnell voranzutreiben und zu fokussieren, kann auch zu einem Tunnelblick führen. Öffnen Sie sich ruhig für die Weitwinkelperspektive des Lockeren, es kann sich durchaus lohnen.

- Lockere sind neugierige, kreative und etwas verspielte Naturen. Versuchen Sie einfach, entspannt zu bleiben. Wenn der Lockere in seiner Aufmerksamkeit mal abschweift, nehmen Sie es nicht persönlich, sondern weisen Sie ihn freundlich darauf hin. Er kommt dann wieder zur Sache.
- Sagen Sie dem Lockeren, wie wichtig Ihnen Verbindlichkeit, Pünktlichkeit und Ordnung sind. Dann kann er sich leichter darauf einstellen.

Die 16 Minister

Sie haben bisher eine Menge darüber erfahren, wie sich jede der vier Dimensionen, isoliert betrachtet, auf das Verhalten, Denken und Fühlen einer Person auswirkt. Sie wissen bereits, dass ein IADO Introvertiert + Abstrakt + DenkEntscheider + Organisiert ist. Wahrscheinlich werden Sie beim Lesen überlegt haben, welche Ausprägung auf jeder Dimension am ehesten auf Sie zutrifft, oder Sie hatten eine bestimmte Person aus Ihrem Umfeld im Kopf, die eine besonders starke Ausprägung auf einer einzelnen Dimension hatte. Nun gilt es herauszufinden, welche besonderen Neigungen und Eigenschaften die 16 möglichen Kombinationen aufweisen, die sich aus den vier Dimensionen bilden lassen.

Weil die Kürzel etwas abstrakt sind, haben wir, meine ehemalige Co-Autorin Melanie Alt und ich, allen 16 Typen einen Ministertitel verpasst, der ein wesentliches Kernmerkmal des jeweiligen Typs spiegelt. Die 16 Typen bilden, wenn man so will, ein ganzes »Kabinett«. Dieser spielerische Ausdruck trägt der Tatsache Rechnung, dass unsere Gesellschaft jeden Typus braucht, um gut zu funktionieren. Denn jeder Typ hat ganz spezielle Fähigkeiten und Talente, mit denen er sich in die Gemeinschaft einbringen kann.

Jeder Typ: mehr als nur vier Buchstaben!

Es ist nicht so, dass man die einzelnen Ausprägungen, also im obigen Beispiel I-A-D-O, einfach addieren muss und aus der Summe dann der entsprechende Typ resultiert. Nein, das I, das A, das D und das O beeinflussen sich gegenseitig. Anhand einiger ausgewählter Beispiele möchte ich im Folgenden die Dynamik der Typenlehre illustrieren und Ihnen ein Gespür und Verständnis für das Zusammenspiel der Dimensionen vermitteln, damit Sie die Typenlehre im Alltag erfolgreich anwenden können.

Wir fangen an mit der Kombination zwischen Extraversion (E) und DenkEntscheider (D), wie wir sie beispielsweise beim EKDO vorfinden. Hier stoßen zwei Stile aufeinander und beeinflussen sich wechselseitig: die redselige und persönliche Art des Extravertierten und die rationale Distanz des DenkEntscheiders. Die Folge ist, dass man zu einem extravertierten DenkEntscheider schneller einen persönlichen Zugang findet als zu einem introvertierten. Der extravertierte DenkEntscheider wirkt im Kontakt zugewandter und offener als der introvertierte. Sein D-Faktor wirkt sich so aus, dass er recht unvermittelt und unverblümt seine Meinung sagt. Extravertierte DenkEntscheider sind prädestiniert dafür, ins Fettnäpfchen zu tappen, weil sie durch ihre Extraversion (also: sie reden manchmal schneller, als sie denken) und ihr D (also: die Dinge aus einer gewissen Distanz betrachten) manchmal so unvermittelt ihre Kritik abfeuern, dass die betroffene Person erst einmal nach Luft schnappen muss.

Der introvertierte DenkEntscheider wirkt im Kontakt erheblich distanzierter als der extravertierte. Die IDs sind jene Typen, von denen man häufig sagt, man komme schwer an sie heran. Die ohnehin zurückhaltende Art der Intros wird durch den D-Faktor, also die rational-kritische Distanz, mit der sie die Welt betrachten, noch verstärkt. Sie reden sich zwar nicht »um Kopf und Kragen«, wie es den EDs gelegentlich passiert, aber durch ihre verschlossene Art können sie manchmal recht abweisend wirken. Ihre Introversion bewahrt sie jedoch nicht unbedingt davor, andere mit (ungewollt) taktlosen Bemerkungen zu brüskieren. Die Kehrseite der Medaille ist die Stärke der IDs: Sie sind insbesondere bei sachbezogenen Themen hervorragende Analytiker.

Verbinden wir jetzt das D (DenkEntscheider) mit einem K (konkret). Die Konkreten sind Faktenmenschen mit detailgenauer Beobachtung. Ihre Wahrnehmung richtet sich auf die tastbare Wirklichkeit: Fakten, die man sehen, hören, anfassen, zählen, messen und wiegen kann. Diese Fakten werden einer unpersönlichen Analyse unterzogen und ausgewertet (DenkEntscheider). Diese Kombination bewirkt, dass sie sehr realitätsbezogen sind und sich selbst gern als knallharte Realisten bezeichnen. Da sie durch ihre konkrete Wahrnehmung weder vor Details noch vor Routine zurückschrecken, sind sie bei extremer Ausprägung die sprichwörtlichen Erbsenzähler. Vereint sich das KD mit einem O (organisiert), kommen sie schnell zu klaren Ergebnissen und Entscheidungen. Sie gehen strukturiert und systematisch vor und haben ein gutes Zeitmanagement. Das O »düngt« noch ihre DenkEntscheider-Struktur: Ihre Neigung zum analytisch-rationalen Denken wird durch ihren Hang, sich möglichst schnell ein klares Urteil zu bilden (organisiert), verstärkt. Das kann manchmal zu harten und etwas rigiden Bewertungen führen. Da Objektivität und Gerechtigkeit jedoch zu den DenkEntscheider-Werten zählen, haben KDOs den Anspruch, fair zu sein. KDOs sind häufig jene Typen, von denen man sagt, sie seien »streng, aber gerecht«.

Verbindet sich das D (DenkEntscheider) hingegen mit einem A (abstrakt) im Persönlichkeitsprofil, beispielsweise beim IADO, dann neigt dieser Mensch ebenfalls zu rational-logischen Analysen (D). Weil er als Abstrakter jedoch ziemlich theoretisch und zukunftsorientiert unterwegs ist, richtet sich sein Interesse eher auf Theorien und Zukunftsmöglichkeiten, während der konkrete Denk Entscheider auf Fakten und die Gegenwart fokussiert. Abstrakte

DenkEntscheider sind hervorragende Problemlöser, wenn es um komplexe Systeme und Konzepte geht. Zu ihren höchsten Werten zählt Kompetenz. Diesen Anspruch stellen sie an sich selbst und an andere, deshalb können sie in ihrem Auftreten mitunter etwas arrogant wirken.

Gesellt sich zur abstrakten Wahrnehmung (A) ein I (Introversion), sind es jene Typen, die eher darüber spekulieren, warum das Haus in Brand geraten ist, als den Brand zu löschen. Die etwas weltabgewandte, in sich gekehrte Neigung der Intros führt in Verbindung mit der abstrakten Wahrnehmung zu hoch abstrakten, spekulativen, intelligenten, aber für Außenstehende auch komplizierten, manchmal gar etwas entrückten Gedankengängen. Wenn sich das Introvertiert-Abstrakte noch mit einem L (locker) vereint, handelt es sich hierbei um den sprichwörtlichen Vertreter des zerstreuten Professors.

Jetzt spielen wir auf der Tastatur der Dimensionen das F (Fühl Entscheider) an: Der FühlEntscheider ist mehr als der DenkEntscheider auf seine Mitmenschen bezogen. Er fokussiert sich auf zwischenmenschliche Beziehungen, ihn interessiert die Psycho-Logik weitaus mehr als die Sach-Logik. Der F-Faktor lässt sie weicher und zugewandter auf Menschen zugehen als die DenkEntscheider. Verbindet sich die FühlEntscheidung auch noch mit einem E (Extraversion), sind sie besonders herzlich und zugewandt. Die Extraversion bewirkt, dass sie ihre FühlEntscheidung nach außen kehren, also intensiver als die introvertierten FühlEntscheider den zwischenmenschlichen Kontakt suchen und ihr Gefühlsleben stärker kommunizieren. Bei den introvertierten FühlEntscheidern (IF) wirkt das F eher im Inneren. IFs sind sehr gute Zuhörer und »lautlose« Helfer, die Bedarf erkennen und anpacken, ohne viel Aufhebens davon zu machen.

Gesellt sich zur Extraversion ein O (organisiert), dann ist dieser Typ nicht nur entschlussfreudig und bildet sich schnell eine Meinung, sondern seine Extraversion befeuert die Organisation – der

EO teilt seine Meinung klar und recht bestimmt mit. EOs haben einen starken inneren Drang, ihre Meinung zu sagen, und erteilen gern, gefragt oder ungefragt, Ratschläge. Weil sie eine deutliche Meinung haben, glauben sie natürlich auch zu wissen, was zu tun ist. Ist ein EO ein FühlEntscheider (F), dann interessiert er sich besonders für psychologische Themen und zwischenmenschliche Beziehungen. Sie sind die selbst erkorenen Beziehungsratgeber. Ist der Extravertiert-Organisierte hingegen ein DenkEntscheider (D), äußert er sich vornehmlich zu Sachthemen.

Noch ein Wort zu dem rational etwas distanzierten DenkEntscheider (D) in Abgrenzung zum Organisierten (O). Das O im Profil führt zwar dazu, dass dieser Typ sich gern und rasch ein Urteil bildet und dieses, wenn er extravertiert ist, auch gern äußert – es hängt jedoch davon ab, ob er ein Denk- oder FühlEntscheider ist, in welchem Stil das Urteil ausfällt. Ist der Organisierte ein DenkEntscheider (D), kann es passieren, dass er seine Meinung mit mangelndem Taktgefühl äußert, weil er die Dinge stärker als der Fühl Entscheider von außen betrachtet und zudem nicht so sehr auf Harmonie angewiesen ist. Der extravertierte FühlEntscheider-Organisierte (EFO) sagt zwar auch gern seine Meinung, aber durch sein ausgeprägtes Einfühlungsvermögen und sein Harmoniebedürfnis bringt er für seine Mitmenschen zum einen mehr Verständnis auf und möchte zum anderen Konflikte vermeiden. Deswegen formuliert er seine Meinung etwas weicher und empathischer.

Lockere (L) sind immer in Empfangsbereitschaft für Außenreize. Vereint sich das L mit einem K (konkret), verleiht dies der konkreten Wahrnehmung besondere Schubkraft. Die KLs sind nicht nur im wahrsten Sinne des Wortes sehr sinnenfreudige Typen, sondern auch hinsichtlich ihrer äußeren Umgebung Extrem-Wahrnehmer: Einem KL entgeht fast nichts. Wenn Sie mit einem KL im Auto fahren, erspäht er die Polizeikontrolle schon von weitem, gleichzeitig sieht er am Himmel einen Raubvogel kreisen und bemerkt, dass dem Wagen des Vordermanns bald der Auspuff abfällt. Ist er zudem extravertiert, teilt er seine Beobachtungen laut mit: »Pass auf, da vorn ist eine Kontrolle ...!«, »Guck mal da, ein Adler ...!«, »Der vor uns kann auch bald in die Werkstatt ...«. Ist er introvertiert, werden Sie weniger von seiner Beobachtungsgabe profitieren, denn als Intro wird er Sie wahrscheinlich nur vor der Polizeikontrolle warnen.

Vereint sich das L hingegen mit einem A (abstrakt), richtet dieser Typ seine Wahrnehmung weniger als der KL auf das Hier und Jetzt, sondern er fokussiert auf Zukunftsmöglichkeiten. Die Außenwahrnehmung der ALs wird von ihren inneren Eingebungen durchwoben. Die vielen Eindrücke, die auf sie einströmen, verbinden sie zu neuen Gedankenmustern, sie sind oft gute »Ideenproduzenten«. Die Kombination von A (abstrakt) und L (locker) verhilft ihnen zu Kreativität und Innovation.

Keine Party ohne FLs! Sie sind locker, sozial, spaßliebend und »easy-going«. Extrem amüsant wird es, wenn sie auch noch extravertiert sind (EKFL und EAFL). Bei FLs verbindet sich das anpassungsfähige, verspielte und unvoreingenommene Wesen der Lockeren mit der sozialen Ader der FühlEntscheider, das macht sie geneigt für Kurzweil und Geselligkeit.

Ich hoffe, Sie haben durch diesen kurzen Überblick ein Gespür dafür bekommen, wie sich die vier Dimensionen wechselseitig beeinflussen und ineinandergreifen. So kommt es, dass die 16 Minister so verschieden sind, selbst wenn sie sich in nur einer Dimension unterscheiden.

Der Persönlichkeitstest

Um herauszufinden, welcher Typ Sie sind, können Sie den Test auf den folgenden Seiten durchführen. Ich habe die Erfahrung gemacht, dass die einzelnen Persönlichkeitsprofile sehr treffsicher sind, sofern die »Diagnose« stimmt, das heißt, sofern die Selbsteinschätzung auf den einzelnen Dimensionen richtig erfolgt ist. Ganz konkret ausgedrückt: Wenn sich jemand als extravertiert (E), abstrakt (A), FühlEntscheider (F) und organisiert (O) einschätzt (also als EAFO), dann wird sein Persönlichkeitsprofil nur dann sehr gut auf ihn zutreffen, wenn er tatsächlich ein EAFO ist, und kein EADO oder EADL. Manchen Menschen fällt es leichter, manchen schwerer, sich selbst richtig einzuschätzen. Wichtig ist, dass man sich nichts vormacht und nicht dem eigenen Wunschdenken den Vortritt lässt. Im Zweifelsfall kann man auch mal den Partner oder einen guten Freund um eine Einschätzung bitten. Wenn Sie das Testergebnis nicht mindestens mit der Note 2 bewerten, dann ist es nicht das richtige. Ein zutreffendes Testergebnis hat normalerweise eine 90-prozentige Trefferquote hinsichtlich der beschriebenen Eigenschaften.

Neben der richtigen Selbsteinschätzung kann ein weiteres Problem auftreten, nämlich, dass Sie ein Mischtyp sind. Es kommt zwar selten vor, dass eine Person auf jeder Dimension ungefähr in der Mitte liegt, aber es ist durchaus nicht selten, dass sich jemand auf einer, manchmal sogar auf zwei Dimensionen ziemlich in der Mitte befindet. Wenn Sie sich zum Beispiel nicht sicher sind, ob Sie ein IKFO oder ein IAFO sind, dann lesen Sie bitte die Beschreibung beider Profile und schauen Sie, welches Profil Ihnen besser entspricht. Falls Sie sich auch dann noch nicht entscheiden können, sind Sie tatsächlich ein Mischtyp.

Testanleitung

Nun bitte ich Sie, den folgenden Test zu absolvieren. Sie können den Test auch auf meiner Homepage durchführen: www.stefanie-stahl.de. Dann erfolgt die Auswertung automatisch. Wenn Sie den Test hier im Buch machen, hat das den Vorteil, dass Sie die Verteilung Ihrer Punktanzahl auf den vier Dimensionen sehen können und somit erfahren, wie stark oder schwach Ihre jeweiligen Ausprägungen sind. Sie haben bei jeder Frage zwei Antwortmöglichkeiten zur Auswahl. Entscheiden Sie sich bitte möglichst spontan für eine der beiden Alternativen. Wählen Sie die Antwort, die Ihnen auf den ersten Blick am treffendsten erscheint. Vergessen Sie nicht, dass die Fragen Präferenzen beziehungsweise Neigungen erfassen sollen. Häufig schließen die beiden Alternativen sich nicht gegenseitig aus, und es kann sein, dass Ihnen die Entscheidung schwerfällt. Fragen Sie sich deshalb, welche der beiden Antwortmöglichkeiten eher Ihren Vorlieben entspricht, und entscheiden Sie sich für die Alternative, von der Sie sich stärker angesprochen fühlen.

Bei einigen Fragen ist es möglich, dass Ihre Antwort verschieden ausfallen würde, je nachdem, ob Sie an Ihren Beruf oder an Ihr Privatleben denken. Beantworten Sie diese Fragen bitte so, wie es für Ihr Privatleben zutrifft. Die Wahrscheinlichkeit ist höher, dass Sie sich im Privatleben so verhalten, wie es Ihren Neigungen entspricht. Falls Sie sich einige Verhaltensweisen, wie zum Beispiel Ordnung, während Ihres Lebens mühsam antrainiert haben, dann kreuzen Sie bitte die Alternative an, die Ihr ursprüngliches Verhalten (also z. B. eher unordentlich) beschreibt. Der Test soll Ihre Kernpersönlichkeit erfassen und nicht das, was Sie gelernt haben.

Wenn Sie sich tatsächlich einmal für keine der beiden Antwortmöglichkeiten entscheiden können, lassen Sie die Frage einfach aus. Dies sollte allerdings die Ausnahme bleiben.

Notieren Sie sich Ihre Antworten am besten separat auf einem Zettel (1a, 2b etc.), damit Sie den Test mehrfach und unvoreingenommen sowie mit anderen Menschen machen können. Außerdem ist er so einfacher auszuwerten. Und nun viel Spaß dabei!

Die Fragen

Frage 1:
a) Ich denke manchmal lange nach und sage dann trotzdem nichts.
b) Ich rede oft schneller, als ich denke.

Frage 2: Langfristige Pläne geben mir das Gefühl,
a) in einer Zwangsjacke zu stecken.
b) alles im Griff zu haben.

Frage 3: Die folgende Aussage trifft eher auf mich zu:
a) Ich habe sehr feine Antennen für die Gefühle meiner Mitmenschen.
b) Fehler springen mir sofort ins Auge.

Frage 4: Arbeiten, die Geduld und Sorgfalt erfordern,
a) sind für mich eher eine Quälerei.
b) machen mir meistens Spaß.

Frage 5: Für mich gilt eher:
a) Arbeit und Freizeit sind bei mir nicht so klar voneinander getrennt.
b) Erst die Arbeit, dann das Vergnügen.

Frage 6: In meiner Beziehung lege ich viel Wert auf
a) Wahrheit und Gerechtigkeit.
b) Harmonie und Mitgefühl.

Frage 7: Wenn ich bastle oder handwerke,
a) tue ich dies sorgfältig und genau.
b) tue ich dies eher »Pi mal Daumen«.

Frage 8: Wenn ich mich entscheiden müsste, würde ich mich eher bezeichnen als

a) Realisten.
b) Idealisten.

Frage 9:

a) Bei mir ist alles an seinem Platz.
b) Bei mir herrscht ein »kreatives Chaos«.

Frage 10: Meine Stärke liegt eher darin,

a) gut zu organisieren.
b) flexibel auf Unerwartetes zu reagieren.

Frage 11: Wenn ich in Gesellschaft bin,

a) höre ich viel zu.
b) rede ich gern und viel.

Frage 12: Wenn ich Probleme habe,

a) spreche ich, wenn überhaupt, mit wenigen Menschen darüber.
b) trage ich mein Herz auf der Zunge.

Frage 13: Ich würde mich eher

a) als Gefühlsmenschen bezeichnen.
b) als Kopfmenschen bezeichnen.

Frage 14: Wenn ich Gäste erwarte,

a) habe ich meine Vorbereitungen in der Regel schon eine Viertelstunde, bevor die Gäste kommen, abgeschlossen.
b) bin ich noch bei den Vorbereitungen, während die ersten eintreffen.

Frage 15: Ich habe eine
a) gute Wahrnehmung für Details.
b) schlechte Wahrnehmung für Details.

Frage 16:
a) Ich weiß am Montag bereits gerne, was ich am Wochenende vorhabe.
b) Ich lasse das Wochenende am liebsten auf mich zukommen.

Frage 17: Ich tanke meine Akkus am besten auf,
a) wenn ich in netter Gesellschaft bin.
b) wenn ich Zeit für mich habe.

Frage 18:
a) Ich lese die Gebrauchsanweisung für ein neues Gerät.
b) Gebrauchsanweisungen lese ich nur im äußersten Notfall.

Frage 19: Es nervt mich eher,
a) wenn Leute sich nicht an Verabredungen halten.
b) wenn Leute unflexibel sind.

Frage 20:
a) Meine Gefühle sind mir meist recht deutlich anzumerken.
b) Andere können nicht so leicht erkennen, was in mir vorgeht.

Frage 21:
a) Es passiert mir häufig, dass ich Sachen auf den letzten Drücker erledige.
b) Ich habe meistens eine gute Zeiteinteilung.

Frage 22: Ich habe eher
a) eine philosophische Ader.
b) eine praktische Ader.

Frage 23: Wenn ich eine Entscheidung zu treffen habe, verlasse ich mich im Zweifelsfall

a) auf mein Gefühl.
b) auf objektive Fakten.

Frage 24: Wenn ich über längere Zeit mit anderen Menschen zusammen bin,

a) finde ich das nicht anstrengend.
b) finde ich das oft ermüdend und anstrengend.

Frage 25: Ich bevorzuge eher eine Arbeit,

a) bei der soziale Fähigkeiten und Einfühlungsvermögen gefragt sind.
b) bei der rationales Handeln und analytisches Denken gefragt sind.

Frage 26: Wenn ich mit einer Gruppe von Freunden verreise,

a) kann ich diese fast ständig um mich haben.
b) brauche ich zwischendurch Zeit für mich allein.

Frage 27:

a) Ich formuliere meine Gedanken und Gefühle meist spontan.
b) Ich überlege meist länger, bevor ich meine Gedanken und Gefühle äußere.

Frage 28:

a) Ich denke oft über die Zukunft und ihre Möglichkeiten nach.
b) Meine Gedanken verweilen eher im Hier und Jetzt.

Frage 29: Ich arbeite lieber in einem Bereich,

a) in dem viele neue Konzepte gefragt sind.
b) in dem es auf Genauigkeit und Faktenwissen ankommt.

Frage 30: Folgende Redewendung entspricht mir eher:

a) Hart, aber gerecht!
b) Lass Gnade vor Recht ergehen.

Frage 31:

a) Unangenehme Dinge packe ich meistens an, um sie hinter mich zu bringen.
b) Unangenehme Dinge schiebe ich häufig auf die lange Bank.

Frage 32: Andere Menschen würden mich beschreiben als

a) zurückhaltend und ruhig.
b) redselig und offen.

Frage 33:

a) Ich erlebe meine Gefühle eher spontan und intensiv.
b) Ich bin eher nicht so schnell in Gefühlswallungen zu versetzen.

Frage 34: Ich arbeite am effektivsten

a) am Ende, wenn die Zeit drängt.
b) im Vorfeld, wenn ich weiß, dass mir noch genügend Zeit bleibt.

Frage 35: Es bereitet mir mehr Spaß,

a) mich über Sachthemen zu unterhalten.
b) mich über zwischenmenschliche Beziehungen zu unterhalten.

Frage 36:

a) Ich sinniere gern über die »großen Fragen des Lebens«.
b) Ich wende mich lieber handfesten Dingen zu.

Frage 37: Es passiert mir eher,

a) dass ich zu wenig meinen Standpunkt behaupte.
b) dass ich jemandem auf die Füße trete.

Frage 38: In meiner Freizeit bevorzuge ich eher

a) ein gutes Buch oder einen schönen Film.

b) ein soziales Event oder ein Gespräch.

Frage 39: Ich arbeite eher

a) in Energieschüben.

b) diszipliniert und organisiert.

Frage 40:

a) Ich bin eher leicht zu kränken.

b) Ich habe eher ein dickes Fell.

Testauswertung

Idealerweise haben Sie nun ein separates Blatt vorliegen, auf dem fortlaufend die Nummern der Antworten notiert sind, für die Sie sich entschieden haben. Nachfolgend finden Sie eine Auflistung, die den einzelnen Testfragen die Ausprägung zuordnet, die damit erfasst werden soll. Hierbei bedeutet:

E	Extraversion	I	Introversion
K	Konkret	A	Abstrakt
F	FühlEntscheider	D	DenkEntscheider
O	Organisiert	L	Locker

»1a=I« bedeutet, dass die Frage 1a »Ich denke manchmal lange nach und sage dann trotzdem nichts« die Präferenz *Introversion* (I) erfasst.

Anhand der Auflistung können Sie nun jede Ihrer Antworten der passenden Ausprägung zuordnen. Jede Antwort zählt einen Punkt.

Wenn Sie z. B. die Antwort 16 a gewählt haben, zählt dies einen Punkt für die Präferenz O (organisiert). Wenn Sie die Antwort 16 b gewählt haben, zählt dies einen Punkt für die Präferenz L (locker).

Wenn Sie beide oder keine der beiden Antwortmöglichkeiten gewählt haben, zählt die Frage keinen Punkt.

Am Ende zählen Sie die Punkte für jede der acht Ausprägungen zusammen. Ihr Typenprofil setzt sich aus Ihren persönlichen Ausprägungen auf den vier psychologischen Dimensionen zusammen (E oder I, A oder K, F oder D, O oder L).

Falls Sie auf einer oder mehreren Dimensionen ein sehr knappes Ergebnis haben, empfehle ich Ihnen, auch das andere Profil durchzulesen. Wenn Sie 6 Punkte auf Extraversion (und entsprechend nur 5 Punkte auf Introversion) erzielt haben und laut dem Ergebnis beispielsweise ein EAFO wären, dann lesen Sie sich auch mal den IAFO durch, weil Sie auf dieser Dimension ein »Grenzfall« sind. Das Testergebnis, das am besten auf Sie zutrifft, ist in jedem Fall das richtige.

1a	I	11a	I	21a	L	31a	O
1b	E	11b	E	21b	O	31b	L
2a	L	12a	I	22a	A	32a	I
2b	O	12b	E	22b	K	32b	E
3a	F	13a	F	23a	F	33a	E
3b	D	13b	D	23b	D	33b	I
4a	A	14a	O	24a	E	34a	L
4b	K	14b	L	24b	I	34b	O
5a	L	15a	K	25a	F	35a	D
5b	O	15b	A	25b	D	35b	F
6a	D	16a	O	26a	E	36a	A
6b	F	16b	L	26b	I	36b	K
7a	K	17a	E	27a	E	37a	F
7b	A	17b	I	27b	I	37b	D
8a	K	18a	K	28a	A	38a	I
8b	A	18b	A	28b	K	38b	E
9a	O	19a	O	29a	A	39a	L
9b	L	19b	L	29b	K	39b	O
10a	O	20a	E	30a	D	40a	F
10b	L	20b	I	30b	F	40b	D
Ihr Typ: _ _ _ _							

Nun können Sie im folgenden Kapitel nachlesen, welche Eigenschaften und Neigungen für Sie typisch sind. Sie erfahren aber auch über die anderen 15 Minister, was diese ausmacht und wie Sie am besten mit ihnen umgehen.

IADL: die Theorieminister

I = introvertiert
A = abstrakt
D = DenkEntscheider
L = locker

IADL
Theorieminister

Theorieminister sind nachdenkliche Beobachter, die ihre Umgebung aus einer kritischen Distanz betrachten. Sie wollen lernen und verstehen – ihr ganzes Leben lang. Theorieminister ruhen nicht eher, als bis sich alle Einzelteile zu einem vollständigen, in sich geschlossenen Bild zusammenfügen. Wenn es dann so weit ist, erscheint ihnen ihre Erkenntnis so sonnenklar, dass sie es kaum für wert erachten, sie anderen mitzuteilen. Weil sie introvertiert sind, bleiben ihrer Umgebung viele ihrer Gedankengänge und Überlegungen verborgen.

IADLs sind durch und durch rationale Typen. Ihnen steht die Logik auf die Stirn geschrieben. Sie werfen einen analytischen Blick auf ihre Umwelt: Sie interessieren sich für Prinzipien und Grundsätze, versuchen die Logik eines Systems zu durchschauen und entwerfen Theorien darüber, nach welchen Gesetzen die Welt um sie herum wohl funktioniert. Weil sie Abstrakte sind, verarbeiten sie eingehende Informationen so, dass sich ihnen übergeordnete Zusammenhänge und logische Muster erschließen. Sie sind gegenüber Neuem und Originellem aufgeschlossen und haben ein gutes Gespür für Zukunftsträchtiges. Im Zweifelsfall überwiegt jedoch ihre Rationalität: Wenn eine neue Idee ihrer kritischen Analyse nicht standhält, mag sie noch so originell sein, wird sie entweder verworfen oder, wenn möglich, überarbeitet.

Theorieminister haben einen scharfen Verstand, der blitzschnell logische Fehler und theoretische Schwachpunkte erfasst. Anderen bleibt der kritische Geist der IADLs häufig verborgen, weil sie ihre Überlegungen nicht zwangsläufig kundtun. An erster Stelle wollen

Theorieminister verstehen und ergründen, nicht verändern. Wenn sie etwas durchschaut haben, ist das für sie die größte Genugtuung und gleichzeitig fast schon wieder zu banal, um sich damit zu Wort zu melden. Werden IADLs jedoch nach ihrer Einschätzung gefragt, geben sie gern und ausführlich Auskunft. Ihre Schwäche ist hingegen die praktische Umsetzung ihrer Ideen, diese überlassen sie gern anderen.

IADLs sind unermüdliche Denker und leidenschaftliche Theoretiker. Sie lieben es, sich in einen Gedankenprozess zu versenken und eine Sache bis ins Letzte zu ergründen. Sie wollen ganz genau verstehen. Sie sind immer für neue Informationen offen, die ihr Verständnis vielleicht noch vertiefen oder gar verändern könnten. IADLs sind selbst ihre größten Kritiker. Sie haben einen hohen intellektuellen Anspruch. Deswegen fällt es ihnen schwer, eine Sache abzuschließen – wenn sie es dennoch tun, sind sie selten mit sich zufrieden.

Weil sie so gern in die theoretische Welt abtauchen, sind Theorieminister in alltäglichen Angelegenheiten manchmal etwas schusselig und unorganisiert. Ihr Zuhause ebenso wie ihr Arbeitsplatz wirken auf andere überladen. Die IADLs selbst erfreuen sich hingegen an einem Sammelsurium an Möglichkeiten. Sie werfen sehr ungern etwas weg. Sie haben Angst, dass sie damit eine zukünftige Chance vertun könnten. Nicht selten sind es andere (Arbeitskollegen oder Familienmitglieder), die sie mehr oder weniger nötigen, sich auch mal von Dingen zu trennen.

Theorieminister sind recht unabhängig von der Meinung und Anerkennung anderer. Natürlich sind ihnen entspannte Beziehungen lieber, sie können jedoch auch mit Disharmonie leben. Allerdings sind sie selten bereit, um der Harmonie willen von ihrem Standpunkt abzuweichen. Ebenso selbstbewusst begegnen sie Autoritäten. Sie beugen sich Regeln, wenn sie einen Sinn in ihnen sehen, aber nicht weil es Vorschriften sind. Sie respektieren die Kompetenz, nicht den Status einer Person. Auch an ihre eigene Kompetenz legen sie sehr hohe Maßstäbe an. Sie begehren auch gegen Autoritätspersonen auf, wenn deren Tun und Denken aus ihrer Sicht unlogisch ist. Theorieminister widmen sich dem, worin sie einen Sinn sehen. Wenn sie damit eine Nische finden, die gesellschaftlich anerkannt ist, können sie eine sehr erfolgreiche Karriere machen. Ebenso kann es jedoch passieren, dass sie immer wieder anecken und ihr kritischer Geist und ihre fachliche Kompetenz keine gesellschaftliche Anerkennung erfahren. Manche blockieren sich auch selbst durch ihr hohes Leistungsideal, das zu Versagensängsten führen kann.

Mit Theorieministern kann man extrem anregende Unterhaltungen führen. Sie verblüffen mit ihren originellen Einfällen und ungewöhnlichen Sichtweisen. Es macht ihnen Spaß zu diskutieren und immer neue Sichtweisen einzustreuen. Ihr Humor ist trocken, teilweise bissig, dafür jedoch umso lustiger, weil sie schnell das Wesentliche erfassen und auf den Punkt bringen können.

Arbeit

Theorieminister beschäftigen sich nicht gern mit dem Offensichtlichen und sind auch nicht besonders praktisch veranlagt. Ihre Stärke liegt in der theoretischen Gedankenwelt: Sie sind gut darin, komplexe logische Konzepte und Systeme zu entwickeln, zu analysieren und zu kritisieren. Sie sind Denker und keine Macher. Wenn der Gedankenprozess abgeschlossen und ein Konzept theoretisch ausgereift ist, ist die Sache für sie erledigt. Natürlich sind sie ein bisschen neugierig, ob ihre Idee auch funktioniert. Es liegt ihnen jedoch überhaupt nicht, die konkrete Umsetzung zu organisieren, dafür fehlen ihnen die Liebe zum Detail und praktisches Organisationstalent. Theorieminister arbeiten am liebsten und erfolgreichsten in der Wissenschaft und Forschung, im Bereich der Naturwissenschaften, Ingenieurwissenschaften, in der Informatik, Wirtschaft oder auch Philosophie – also überall dort, wo sie sich in eine komplexe, logische Gedankenwelt versenken können. Wichtiger als

Geldverdienen ist für sie die persönliche Weiterentwicklung ihrer Fähigkeiten.

Sie bevorzugen eine Arbeit, bei der sie allein und ungestört nachdenken können. Sie ziehen wenig Gewinn aus dem Austausch mit anderen, weil sie Dinge am liebsten für sich zu Ende denken und dann ihr Ergebnis präsentieren. Gern arbeiten sie nicht nur allein, sondern auch möglichst autonom und flexibel. Durch feste Vorgaben fühlen sie sich gegängelt und in ihrer Kreativität eingeschränkt. Theorieminister lassen sich am besten durch rationale Argumente überzeugen und motivieren, keinesfalls durch Autorität. Wenn IADLs überzeugt sind, etwas Sinnvolles zu tun, arbeiten sie sehr engagiert. Sie merken dann nicht, wie die Zeit vergeht und können durchaus die Mittagspause oder den Feierabend schlichtweg vergessen.

Für Theorieminister sind Führungspositionen reizvoll, weil sie Autonomie und Flexibilität versprechen. Was sie abschreckt, ist die Verantwortlichkeit für ihre Mitarbeiter, die sie in ihrer eigenen Unabhängigkeit einschränkt. IADLs führen so, wie sie selbst geführt werden wollen: Sie lassen ihre Untergebenen weitgehend eigenverantwortlich arbeiten. Für sie hat das den Vorteil, dass sie wenig mit der detaillierten Arbeitsorganisation belästigt werden. Allerdings erwarten sie, dass das Ergebnis stimmt, egal wie es zustande gekommen ist. Auf traditionelle Arbeitsabläufe legen sie keinen Wert. Sie können ihre Mitarbeiter stressen, wenn sie ihre ursprüngliche Idee zu oft verändern. Dies wirkt auf andere wankelmütig und unzuverlässig, dabei suchen Theorieminister nur unermüdlich nach Verbesserungsmöglichkeiten. Oft ist ihnen nicht klar, wie viel Arbeit sie ihren Mitarbeitern damit aufhalsen. Sie sehen das übergeordnete Ziel und denken nicht darüber nach, wie mühsam der praktische Weg dorthin ist.

Liebe und Freundschaft

Theorieminister sind freiheitsliebende Menschen. Weil sie introvertiert sind, suchen sie eher das Alleinsein, um sich zu regenerieren. Weil sie rationale Menschen sind, lassen sie sich eher in eine intellektuelle Diskussion als in eine persönliche Beziehung verwickeln. Ihr Freundeskreis ist recht klein, besteht dafür jedoch aus langjährigen und sehr vertrauten Freunden. Häufig tummeln sich im Freundeskreis andere ADs. Was IADLs mit ihren Freunden verbindet, ist gemeinsames Wissen, das theoretische Interesse und die Lust am Diskutieren.

Theorieminister verlieben sich recht selten. Das romantische Verliebtheitsgefühl ist ihrer ansonsten so rationalen Lebenseinstellung zunächst einmal fremd. Aber wenn sie ihren Kopf tatsächlich ausschalten, sind sie ziemlich heftig verliebt. Dann können sie sehr gefühlvoll, mitteilsam und »unvernünftig« sein. Wenn jedoch das erste Verliebtheitsgefühl nachlässt, tauchen ihre Rationalität und Introversion langsam wieder auf. Dann nehmen sie einen kritischeren Standpunkt ein und ziehen sich wieder in ihre Gedankenwelt zurück. Dieser Übergang kann für den Partner schwierig sein, weil ihm Zweifel an der Zuneigung des IADL kommen können. Für diesen hat sein Verhalten jedoch nichts damit zu tun, dass er seinen Partner weniger liebt, nur sein Autonomiebedürfnis ist wieder stärker erwacht. Theorieminister brauchen ihren individuellen Freiraum, für den sie sich nicht rechtfertigen wollen. Den Freiraum, den sie für sich selbst beanspruchen, gestehen sie auch ihrem Partner zu. Da IADLs jedoch nur einen kleinen Freundeskreis haben, sind sie auf ihre Art sehr auf ihren Partner und die Familie bezogen. Sofern der Partner nicht ständig »extravertierte« Liebesbeweise verlangt und dem Theorieminister seinen Freiraum lässt, kann er sich sehr auf diesen verlassen.

Eine Beziehung mit einem IADL kann durchaus eine intellektuelle Herausforderung sein, weil Liebe für ihn auch bedeutet, sein

Wissen und seine Einfälle mit seinem Partner zu teilen und darüber zu diskutieren.

Wenn ihre natürliche Veranlagung zur Introversion und Abstraktion durch eine schwierige Kindheit verstärkt wurde, kann dieser Typ ausgesprochen zurückgezogen und bindungsscheu sein. Seine Veranlagung, keine so intensiven Gefühle zu entwickeln, kann in diesem Fall in eine Gefühlsarmut münden, die er sich schon als Kind zum Selbstschutz gegen das Verhalten seiner Umgebung antrainiert hat. Hier wäre es für IADLs sehr wichtig, diese Neigung zu reflektieren und sich mit ihren Prägungen aus der Kindheit auseinanderzusetzen, um sich im nächsten Schritt besser von diesen distanzieren zu können. Um einen besseren Zugang zu ihren Gefühlen zu bekommen, sollten sie immer wieder innehalten und sich fragen: Was fühle ich gerade? Die Beschäftigung mit den eigenen Gefühlen ist eine wichtige Voraussetzung, um einen Weg aus ihrer zwischenmenschlichen Isolation zu finden. Je mehr sie selbst nämlich ihre Gefühle spüren, desto leichter wird es ihnen fallen, auch die Gefühle ihrer Mitmenschen zu verstehen. Hierdurch werden sie empathischer und beziehungsfähiger. Wichtig ist, dass sie ihr inneres Glaubenssystem, das sinngemäß lautet: »Alleinsein ist die sicherste Option«, hinterfragen und dessen Realitätsgehalt für ihr erwachsenes Leben überprüfen.

Elternschaft

Theorieminister wollen ihren Kindern helfen, die Welt zu verstehen. Sie haben große Freude daran, die tausend Warum-Fragen ihrer Kinder zu beantworten. Weil sie dies so begeistert tun, ermutigen sie ihre Kinder, immer weiter zu fragen. Sie wollen ihnen alle Wege offenhalten und verfolgen mit großem Interesse, wie diese sich entwickeln. Geistige Anregung ist für IADLs ein sehr viel höherer Wert, als ihren Kindern Ordnung und Benimmregeln beizubringen. Kinder von IADL-Eltern können sich in nahezu allem erproben, was ihnen Freude bereitet. Ihnen werden in dieser Hinsicht kaum Beschränkungen auferlegt. Vielmehr sind Theorieminister oft ebenso Feuer und Flamme wie ihre Kinder, etwas Neues auszuprobieren. Die Kehrseite davon ist, dass IADLs manchmal zu wenig direktiv sind und ihren Kindern zu wenige konkrete und vor allem konsequente Anstöße geben. Sie übersehen, dass diese auch davon überfordert sein können, die unendlichen Möglichkeiten, die sich ihnen bieten, allein zu sortieren und zu nutzen. Außerdem können ihre Kinder unter Leistungsdruck geraten, weil sie den falschen Schluss ziehen, dass sie ihre IADL-Eltern nur mit Kompetenz und Leistung beeindrucken können. Manchen Theorieministern fällt es auch schwer, eine warme, emotionale Beziehung zu ihren Kindern herzustellen, weil sie vom Typ her eher reserviert sind. Da das rationale Denken ihre ausgesprochene Stärke ist, können sie etwas unbeholfen im Umgang mit Emotionen sein.

Probleme und Entwicklungsmöglichkeiten

Die größte Stärke der Theorieminister liegt im Rationalen (D): Sie sind kritische Denker, scharfe Analytiker und kompetente Theoretiker. Dies kann zugleich ihre größte Schwäche werden, wenn nämlich die Balance nicht stimmt, das heißt ihre gefühlsmäßige Beurteilung (F) zu wenig Gegengewicht liefert. IADLs können anderen mit ihrem stets kritischen Blick ganz schön die Laune verderben. Sie wirken dann wie Miesmacher, die jeden noch so kleinen Fehler ans Licht zerren. Ihre strengen Maßstäbe legen sie auch bei ihren Mitmenschen an. Sie können intellektuell versnobt und arrogant wirken.

Theorieminister selbst sind häufig überrascht, wenn andere ihre Kritik persönlich nehmen. Aus ihrer Sicht haben sie lediglich einen sachlichen Verbesserungsvorschlag geäußert. Sie selbst diskutieren gern und am liebsten kontrovers, auch eine barsche Kritik wird sie kaum schocken, sondern höchstens herausfordern. Dennoch könnten sie es sich und anderen leichter machen, wenn sie ihre Kritik ein bisschen sanfter formulierten. Es würde schon genügen, vorab ein paar anerkennende Worte zu sagen. Wenn IADLs dies nicht aus Überzeugung tun können (aus ihrer Sicht ist es sinnlos, das Funktionierende extra noch zu erwähnen), dann vielleicht aus Vernunftgründen: So haben sie viel bessere Chancen, dass ihre Verbesserungsvorschläge auch angenommen werden. Sie könnten ihre Kritik außerdem abmildern, indem sie andere stärker an den Überlegungen teilhaben lassen, die sie zu ihrem kritischen Urteil geführt haben. Dann würde sich ihr Gegenüber nicht so überrumpelt fühlen.

Theorieminister sind gefährdet, zu sehr in ihre theoretische Gedankenwelt abzugleiten und durch ihren mangelnden Austausch mit anderen die Realität hierbei etwas aus den Augen zu verlieren. Ihr klarer Verstand weist nämlich eine Sicherheitslücke auf: Sie befassen sich nicht gern mit den hinderlichen Details der praktischen Umsetzung. Ihre Überlegungen können somit in sich vollkommen schlüssig, aber trotzdem realitätsfern sein, weil die faktischen Voraussetzungen nicht stimmen, auf die sie sich gründen. Ihre Konzentration auf übergeordnete Zusammenhänge verleitet sie dazu, »lästige Kleinigkeiten« zu weit auszublenden. Da der Teufel jedoch bekanntermaßen im Detail steckt, zerschellen manche ihrer genialen Eingebungen eben an den Klippen dieser Kleinigkeiten. Hier kann es für sie sehr hilfreich sein, Menschen, die eine sehr gute Detail- und Realitätswahrnehmung haben, in ihre Überlegungen mit einzubeziehen. Dies wären idealerweise alle Konkreten-DenkEntscheider-Typen (KD).

Mit ihrem Drang nach Vollkommenheit machen sie sich das Leben oft zu schwer. Es kann sich eine nörglerische und pessimistische Unzufriedenheit in ihr Gemüt einschleichen und dort dauerhaft Quartier beziehen. Diese vergiftet ihnen die Lebensfreude und führt zu muffeliger Gereiztheit in ihren Beziehungen, was wiederum teufelskreismäßig ihre Lebenszufriedenheit noch weiter sinken lässt. Sie sollten sich ihrer Neigung zu Selbstkritik mehr entgegenstemmen, indem sie sich bewusst machen, dass diese auch eine Form der übersteigerten intellektuellen Eitelkeit ist und zu einer unsympathischen Selbstgerechtigkeit in der Beurteilung ihrer Mitmenschen führen kann.

Gefühlen stehen Theorieminister eher skeptisch gegenüber. Sie bewegen sich auf unsicherem Terrain, weil Emotionen nicht mit Logik zu verstehen und zu kontrollieren sind. Die schlechteste Lösung ist es, Gefühle einfach zu ignorieren, was einige IADLs jedoch versuchen. Allerdings wundern sie sich dann, wie sehr sie sich durch belanglose Kleinigkeiten reizen oder deprimieren lassen. Dabei ist ihnen entgangen, dass sie bereits lange im Vorfeld ihren Ärger oder ihre Enttäuschung ausgeblendet haben. Sie sollten lernen, ihre Gefühle *rechtzeitig* wahrzunehmen und *rechtzeitig* anzusprechen, sodass sie sich nicht so stark von ihnen überrollt fühlen. Um einen derartigen Gefühlsstau zu vermeiden, müssten sie die Tatsache akzeptieren lernen, dass Gefühle nicht immer »rational-logisch« zu analysieren sind. Indem sie ihre Gefühle mehr zulassen, gewinnen sie einen besseren Zugang zu ihren Wünschen und Bedürfnissen und können sie somit klarer formulieren. Dies wiederum führt zu mehr Transparenz und Verständnis in ihren Beziehungen. Es gibt aber auch sachliche Argumente, ihr Fühlen mehr zu trainieren: Eine bessere soziale Kompetenz würde ihnen zu mehr Überzeugungskraft verhelfen. Zudem eröffnete ihnen dies eine weitere Perspektive in der Beurteilung und Entscheidung von Projekten und Ideen.

Persönliche Gebrauchsanweisung

- Bitte respektiere mein Bedürfnis nach Ruhe und Zurückgezogenheit! Erwarte nicht, dass ich dich zu allen Einladungen begleite. Oft finde ich es anstrengend, mich mit Menschen zu umgeben und bin lieber allein. Deswegen möchte ich dich aber nicht daran hindern, ohne mich auszugehen.

- Akzeptiere bitte, dass ich eine Weile brauche, um über meine Gedanken und insbesondere meine Gefühle zu sprechen. Das heißt aber nicht, dass ich dir nicht vertraue. Ich muss eine Sache erst für mich zu Ende denken, bevor ich darüber reden kann.
- Respektiere bitte meine Unabhängigkeit! Ich brauche meinen Freiraum, um mich wohlzufühlen. Je mehr du mich einschränkst, desto mehr ziehe ich mich zurück. Wenn ich hingegen meinen Auslauf gehabt habe, bin ich umso lieber wieder mit dir zusammen. Bitte vertrau mir!
- Bitte zwinge mir nicht zu viele Routinen auf. Ich erledige Dinge gern auf meine Art und am liebsten, wann es mir passt. Du kannst dich trotzdem auf mich verlassen!
- Dränge mich bitte nicht zu langfristigen Planungen. Ich lege mich nicht gern frühzeitig fest. Lass uns lieber spontan sein, als alles zu planen! Bitte reg dich nicht über meine Unordnung und meine Sammelleidenschaft auf. Ich habe trotzdem den Überblick und kann mich einfach schwer von Dingen trennen.
- Nimm bitte an meinen Ideen und Interessen Anteil. Diskutiere mit mir, widersprich mir, fordere mich mit Argumenten heraus.
- Mit zu vielen Emotionen kann ich schlecht umgehen. Versuche bitte sachlich zu bleiben, damit ich verstehen kann, was dich bewegt.
- Bitte sag mir offen und ehrlich, was dich stört. Ich kann nicht erraten, was in dir vorgeht und mich nur ändern, wenn du mit mir darüber sprichst.
- Wenn ich dir von einer neuen Idee erzähle, lass mich bitte ausreden. Tu meine Idee nicht sofort als unrealistisch ab. Konkrete Details sind für mich erst mal nicht so wichtig. Später bin ich dir für deine praktischen Ratschläge umso dankbarer.
- Bitte sei spontan und überrasche mich. Lass auch mal Unerledigtes liegen und genieße mit mir den Augenblick.

EADL: die Zukunftsminister

E = extravertiert
A = abstrakt
D = DenkEntscheider
L = locker

EADL
Zukunftsminister

Für Zukunftsminister ist das Leben ein nie versiegender Quell von Möglichkeiten und Herausforderungen. Sie sind neugierig und begeisterungsfähig. Für sie ist alles interessant, was irgendwie neu und ungewöhnlich ist. Sie sind eine Quelle der Inspiration für ihre Mitmenschen, die sich häufig von ihrer Begeisterung anstecken lassen. Wenn es darum geht, Potenziale zu erkennen, sind sie anderen immer einen Schritt voraus. Sie haben einen fast untrüglichen Instinkt für neue Entwicklungen und Trends. In der Gegenwart werden sie dafür vielleicht noch belächelt, nach ein paar Monaten oder spätestens nach ein paar Jahren muss man ihnen jedoch häufig recht geben.

Zukunftsminister sind nicht diszipliniert oder im klassischen Sinne fleißig, dennoch können sie leidenschaftlich bis an die Grenze ihrer Leistungsfähigkeit und Gesundheit arbeiten, wenn sie von etwas wirklich begeistert sind. Automatisch drängt sich ihnen eine Vision auf, wie etwas anders oder besser sein könnte. Weil sie extravertiert sind, können sie sich sehr schnell und für vieles begeistern. Zugleich bleibt ihre Wahrnehmung in Empfangsbereitschaft und registriert stetig neue Möglichkeiten, die sich auftun. Das Leben des EADLs kann, beruflich und privat, extrem abwechslungsreich sein, teilweise jedoch auch etwas unorganisiert – zumindest für seine Mitmenschen, die sich von der Flexibilität des EADLs häufig überfordert fühlen. Dabei sind Zukunftsminister in ihrer Lebensführung eigentlich sehr konsequent: Sie widmen sich immer dem Vorhaben, das sie im Moment am stärksten fesselt.

Die Stärke des Zukunftsministers liegt darin, Möglichkeiten zu entdecken, aber nicht darin, sie zielstrebig umzusetzen. Durch seine eigene Begeisterungsfähigkeit kann er andere gut mitreißen, zumindest in der Anfangsphase seiner Projekte. Wenn die Idee ausgereift ist, verliert sie schnell ihre Faszination für den EADL. Die konkrete Umsetzung bleibt dann an anderen hängen – oder das Projekt versandet. Zukunftsminister quält es, sich um die praktische Umsetzung ihrer Ideen kümmern zu müssen. Sie hassen Detail- und Routinearbeiten. Wenn sie dazu gezwungen sind, werden sie möglichst viel improvisieren. In diesem Stadium bedeutet ihnen ihr Vorhaben schon gar nicht mehr so viel. Ihre neuen Einfälle sind dann schon wieder viel spannender.

Ein mehr oder minder starkes Gegengewicht zu ihrer spontanen Begeisterungsfähigkeit kann die rationale Haltung der EADLs sein. Sie sind auch sich selbst gegenüber kritisch und unterziehen ihre Ideen einer logischen Analyse. Zukunftsminister diskutieren leidenschaftlich gern. Sie sind begabt, ihre Argumente inhaltlich logisch sowie häufig sehr sprachgewandt zu formulieren. Sie lieben die intellektuelle Herausforderung und stellen ihre Meinung gern zur Diskussion. Nach DenkEntscheider-Art sind sie relativ unabhängig von der Anerkennung anderer und scheuen keine Konfrontation.

Zukunftsminister wollen ein möglichst vielfältiges, intensives und unabhängiges Leben führen. Sie legen sich nicht gern frühzeitig fest, weil sie sich damit viele spontane Möglichkeiten verbauen. Sie lieben es, zu reisen und dabei in neue Welten einzutauchen, über die sie möglichst alles erfahren möchten. Sie legen keinen großen Wert auf Sicherheit und Vorsorge, auch nicht finanziell, vielmehr suchen sie den Nervenkitzel. Andere schätzen ihre Gesellschaft, weil sie unterhaltsam und witzig sind, immer etwas zu erzählen haben und allem Neuen gegenüber aufgeschlossen sind.

Arbeit

Zukunftsminister durchlaufen oft einen sehr abwechslungsreichen Berufsweg und machen sich häufig selbstständig. Das unternehmerische Risiko, das viele von der Selbstständigkeit abhält, ist für sie eine einladende Herausforderung. Routine und starre Hierarchien sind ihnen zuwider. Wenn sie diese nicht durchbrechen können, wenden sie sich lieber einer neuen Tätigkeit zu, indem sie die Stelle, wenn irgend möglich, wechseln. Einem Zukunftsminister muss Arbeit Spaß machen und sie muss ihn herausfordern. Arbeit und Freizeit sind für ihn nicht klar voneinander getrennt. Insbesondere, wenn er für ein Projekt Feuer gefangen hat, beschäftigt er sich auch in seiner Freizeit damit. Zukunftsminister sind gesprächig und rege – oft sind sie die Seele des Unternehmens.

EADLs sind – wie alle ADs – von einem inneren Drang getrieben, ihre Kompetenz beständig zu erweitern. Ihr hoher intellektueller Anspruch lässt sie in ihrem Beruf häufig erfolgreich sein. Voraussetzung ist jedoch, dass sie genügend Durchhaltevermögen aufbringen (oder gut delegieren können), um ihre Ideen auch in die Tat umzusetzen.

Um ihre Kreativität entfalten zu können, brauchen Zukunftsminister möglichst freiheitliche Arbeitsbedingungen. Sie beugen sich ungern Autoritäten, wenn deren Anweisungen ihnen nicht sinnvoll erscheinen. Was sie respektieren, ist Kompetenz. Rang und Titel beeindrucken sie nicht. Sie sind unkonventionell und tricksen das System auch gerne mal aus. Sie sind sehr begabte Gestalter sozialer Beziehungen und Systeme.

Zukunftsminister streben Führungspositionen an, weil sie ihnen innerhalb der institutionellen Grenzen den größten Handlungs- und Entscheidungsspielraum verschaffen. Sie ermutigen ihre Untergebenen, möglichst selbstständig zu arbeiten, indem sie nur das Ziel und die grobe Richtung vorgeben. Zum einen ist es ihre tiefe Überzeugung, dass verschiedene Wege zum Ziel führen, und sie sind neugierig, welche Variante sich ihre Mitarbeiter einfallen lassen. Zum anderen würde es sie nerven, müssten sie genaue und detaillierte Arbeitsanweisungen geben: Sie haben eine mehr oder weniger abstrakte Vision vom Ziel, die jedoch den praktischen Weg, der dorthin führen könnte, weitgehend im Dunkeln lässt. Entsprechend sind EADLs sehr dankbar, wenn sie diesen Teil der Arbeit an andere abgeben können. Sie stecken ihre Mitarbeiter mit ihrem eigenen Enthusiasmus für ein Vorhaben an und motivieren sie auf diesem Weg. Frustrierend für ihre Untergebenen ist, dass den Zukunftsministern spätestens bei der konkreten Umsetzung die Luft ausgeht. Weil sie sich schon wieder neuen Herausforderungen zugewandt haben, erkennen sie kaum noch an, welche Mühen ihre Mitarbeiter in die Realisierung des ursprünglichen Projekts investiert haben.

Da Zukunftsminister so vielseitig interessiert sind, können sie in vielen verschiedenen Berufsfeldern erfolgreich arbeiten. Überwiegend praktische oder handwerkliche Arbeiten liegen ihnen weniger, ebenso verabscheuen sie jegliche Art von Routine. Am besten sind sie auf konzeptioneller Ebene, wenn es darum geht, zukünftige Trends zu sondieren und eine neue Entwicklung anzustoßen. Sie sind gute Organisations- und Investmentberater, arbeiten erfolgreich im Marketingbereich oder als Journalisten.

Liebe und Freundschaft

Zukunftsminister sind unternehmungslustig, gesellig und verfügen über einen großen und vielfältigen Bekanntenkreis. Sie sind für so ziemlich alle Aktivitäten zu haben und lieben die Abwechslung. Ebenso gern diskutieren sie mit ihren Freunden – am liebsten kontrovers, um sich neue Perspektiven zu erschließen.

EADLs legen sich meist ungern früh auf eine beständige Beziehung fest. Sie wollen sichergehen, nichts zu verpassen, und haben Angst, sich falsch zu entscheiden. Auch wenn sie sich verlieben, vertrauen sie auf ihr kritisches Urteil. Sehr schnell entwickeln sie ein Gespür dafür, ob das »Potenzial« für eine Beziehung vorhanden ist. Sie sind sehr anspruchsvoll in der Auswahl ihrer Partner, zumindest, wenn sie erwägen, sich auf eine längerfristige Beziehung einzulassen. Wie alle A-Typen haben sie eine ideale Vorstellung von Beziehung und versuchen einen Partner zu finden, der zumindest annähernd dazu passt. Weil sie jedoch zugleich rationale Typen sind, wissen sie, dass sie Kompromisse eingehen oder eben dauerhaft ohne Beziehung leben müssen – was einige auch vorziehen.

Partnerschaft bedeutet für sie, gemeinsame Visionen zu haben sowie Interessen und Aktivitäten zu teilen. Sie wollen gemeinsam diskutieren, etwas erleben und sich weiterentwickeln. Wie in allen anderen Lebensbereichen wünschen sie sich auch in ihrer Beziehung möglichst viel Abwechslung, Herausforderung und vor allem Freiheit. Zukunftsminister möchten innerhalb der Partnerschaft möglichst autonom sein. Sie brauchen Freiraum, für den sie sich nicht rechtfertigen wollen. Gleiches gestehen sie auch ihrem Partner zu, weil sie der Meinung sind, dass unabhängige Lebensbereiche die Beziehung beleben. Zu ihren Vorzügen gehört, dass sie gesellig sind, gern lachen und meistens gute Laune haben. Mit einem Zukunftsminister wird es selten langweilig. Mit ihrer Unternehmungslust stecken sie auch häufig ihre Partner an.

Da Zukunftsminister sehr risikobereit sind, können sie ihre Partner manchmal jedoch auch mit zu wenig Sicherheit im finanziellen Bereich zermürben. Und auch ihre Sprunghaftigkeit und hohe Flexibilität hinsichtlich gemeinsamer Pläne können für den Partner anstrengend sein.

Wie bei allen lockeren Typen (L) kann sich ihre Abneigung gegen Planung und Festlegung zur Bindungsangst steigern. Vor allem dann, wenn die Liebe ihrer Eltern an zu viele Bedingungen geknüpft war. Diese kindliche Prägung kann dazu führen, dass sie geradezu einen Widerwillen gegen jegliche Erwartungen entwickeln, die ein Partner an sie richten könnte. Dann passiert es ihnen wiederholt, dass sie nach anfänglich großer Verliebtheit plötzlich das Interesse an ihrem jeweiligen Partner verlieren. Krasse Beziehungsabbrüche hinterlassen in ihren Partnern große Verletzung und Ratlosigkeit. Sie selbst meinen jedoch oft, sie hätten lediglich noch nicht den oder die Richtige gefunden. Bindungsängstlichen EADLs sei deshalb geraten, sich mit dieser Thematik zu befassen und ihre kindlichen Prägungen zu reflektieren. Sie müssen lernen, dass Beziehung und persönlicher Freiraum sich nicht zwangsläufig ausschließen.

Elternschaft

EADLs wollen ihre Kinder so vielfältig und intensiv wie möglich fördern. Es ist ihnen sehr wichtig, dass diese die besten Entwicklungsbedingungen haben. Sie verfolgen sehr interessiert, wie ihre Kinder wachsen, selbstständiger werden und sich geistig entwickeln. Dabei sehen sie die Erziehung ihrer Kinder als Chance für sich selbst, persönlich zu wachsen und sich mit zu entwickeln. Eine bestmögliche Förderung ist den Zukunftsministern wesentlich wichtiger, als ihren Kindern Ordnung, starre Verhaltensregeln und gutes Benehmen beizubringen. Deswegen wachsen ihre Kinder zumeist recht frei und zwanglos auf.

Meistens haben EADL-Eltern kein konkretes Ziel vor Augen, wohin genau ihre Kinder sich entwickeln sollen. Ihre Visionen sind abstrakt und können sich durchaus verändern. Dadurch stehen ihren Kindern alle Möglichkeiten offen. Allerdings mangelt es ihnen manchmal an Konsequenz. Dann ermutigen sie ihre Kinder, alles auszuprobieren, aber bestärken sie nicht genug, auch mal durchzuhalten. EADL-Eltern legen sehr viel Wert auf intellektuelle Förderung, übersehen dabei aber vielleicht, dass ihre Kinder sich einfach ein ausgelassenes Spiel wünschen und emotionale Zuwendung brauchen. Dabei ist ihr Bemühen, ihren Kindern alle Entwicklungsmöglichkeiten zu eröffnen, für Zukunftsminister der größte Liebesbeweis. Im negativen Fall kann ihre Abneigung gegen Festlegung und Planung jedoch auch bei den Kindern zu mancher Enttäuschung führen. Die Kinder haben dann das Gefühl sich auf ihre/n Mutter/Vater nicht wirklich verlassen zu können.

Probleme und Entwicklungsmöglichkeiten

Kompetenz ist das oberste Ziel der Zukunftsminister. Es ist ihnen extrem peinlich, für einfältig oder inkompetent gehalten zu werden. Deshalb sind sie ständig bemüht, dazuzulernen und ihren Horizont zu erweitern. Sie setzen sich jedoch schnell unter Leistungsdruck und geben eigene Fehler sehr ungern zu. Auf andere können EADLs daher etwas arrogant wirken. Oft glauben sie, es besser zu wissen, und können es nicht lassen, andere mit ihrer Meinung zu belehren. Sie sind dann so von ihren Ansichten überzeugt, dass sie keine Alternativen mehr gelten lassen. Auch wenn sie grundsätzlich offen sind für Neues, so trifft dies nicht mehr zu, wenn sie ihr Urteil einmal gefällt haben.

Nach extravertierter Art (E) sind EADLs spontan begeistert von den Inspirationen, die ihnen ihre ausgeprägte intuitive Wahrnehmung beschert. Ihrer Meinung nach ist alles möglich – Unmögliches dauert vielleicht nur ein bisschen länger. Sie würden am liebsten alles und das am besten gleichzeitig machen; am schrecklichsten ist für sie die Vorstellung, etwas zu verpassen. Ihre rationale Art zu entscheiden (D) ist das einzige Gegengewicht in ihrem Profil, das sie ihrer visionären Begeisterung entgegenhalten können. Wenn ihre Entscheidungsfunktion nicht ausreichend entwickelt oder einfach mal »ausgeschaltet« ist, verzetteln sie sich schnell und schaffen es nicht, auch nur eine ihrer zahlreichen Ideen bis zum Ende umzusetzen. Von der Angst getrieben, etwas zu verpassen, halsen sie sich oft zu viel gleichzeitig auf. Sie haben nicht nur wenig Talent, zu planen und zu organisieren (L), sondern ihnen fehlt auch der Blick fürs Praktische. Zukunftsminister überblicken oft gar nicht, wie viel Arbeit es bedeutet, ihre Ideen praktisch umzusetzen. Sie haben eine intuitive Vorstellung vom Zielzustand. Die konkreten Schritte, die mühsam dahin führen, überspringen sie quasi. Genau das ist auch der Schwachpunkt ihrer Entwürfe. EADLs haben zukunftsorientierte Visionen, die in sich logisch vollkommen schlüssig sein können. Das heißt aber noch lange nicht, dass ihre Ideen auch praktikabel sind. Hierfür fehlt Zukunftsministern häufig der Blick fürs Detail. Deswegen sollten sie sich immer wieder bewusst machen, dass der »Teufel im Detail steckt«.

Ihre idealen Ratgeber für diese Probleme wären konkret-organisierte Typen: Die Konkreten sind bodenständig und durch und durch praktisch veranlagt. Weil sie organisiert (O) sind, gehen sie systematisch und strukturiert vor. Die Kritik der KO-Typen, die eher konservativ eingestellt sind, wird dem Zukunftsminister sicher nicht schmecken. Sie wird ihre abstrakte Vision quasi auf den Boden der Tatsachen zerren und dabei Schwachpunkte aufdecken, die dem EADL selbst verborgen geblieben wären. Wenn dem EADL jedoch tatsächlich daran gelegen ist, seine Ideen umzusetzen, ist er gut beraten, die Einschätzung der KO-Typen ernst zu nehmen.

Zukunftsminister selbst könnten ihre Lebensführung entspannen, wenn sie sich dazu durchringen würden, Prioritäten zu setzen und nicht alles gleichzeitig zu machen. Das fällt ihnen häufig schwer, weil sie nichts verpassen wollen. Auf der anderen Seite ist es jedoch so, dass sie mindestens genauso viel verpassen, wenn sie alles nur anfangen und halbherzig oder gar nicht zu Ende bringen. Sie haben ein schlechtes Zeitmanagement und sollten sich dringend eine Tages- und Wochenplanung angewöhnen. Eine klare zeitliche Einteilung und Struktur würde ihnen helfen, nicht jeden Tag neue Entscheidungen treffen zu müssen. Diese könnte beispielsweise so aussehen: Jeden Morgen zwischen 8 Uhr und 8.15 Uhr checke ich meine E-Mails; von 8.15-11.15 Uhr arbeite ich an meinem aktuellen Projekt; um 11.15 Uhr mache ich eine kurze Pause usw. Klare Strukturen könnten ihnen zu sehr viel mehr Ruhe und Effizienz verhelfen. Ebenso wie die Pflege von Erledigungslisten.

Zukunftsminister haben einen hohen intellektuellen Anspruch nicht nur an sich, sondern auch an andere. Deswegen fällt ihr Urteil manchmal ziemlich unbarmherzig aus. Weil sie selten ein Blatt vor den Mund nehmen, können sie sehr verletzend sein, ohne dass sie es darauf angelegt hätten. Sie sollten bedenken, dass außer Kompetenz noch andere Eigenschaften anerkennenswert sind. Sie könnten es sich und anderen wesentlich leichter machen, wenn sie ihre Kritik etwas abmildern oder einfach auch mal für sich behalten würden, insbesondere, wenn sie damit mehr verletzen als weiterhelfen. Ihre Beziehungen im Allgemeinen und ihre Liebesbeziehungen im Besonderen könnten sie harmonischer gestalten, wenn sie ihr Einfühlungsvermögen verbesserten. Hierfür benötigten sie einen guten Kontakt zu ihren eigenen Gefühlen. Denn nur, wenn ich beispielsweise weiß, wie ich mich fühle, wenn mein Partner kurzfristig eine Verabredung absagt, nämlich enttäuscht, kann ich nachvollziehen, wie es anderen in dieser Situation höchstwahrscheinlich ergeht. Gerade Männer sind in unserer Gesellschaft häufig noch so sozialisiert, dass sie schwache Gefühle wie Trauer, Hilflosigkeit, Angst oder Enttäuschung unterdrücken und nur die starken Gefühle wie Wut oder Freude zulassen. Hierdurch sind sie jedoch in ihrem Einfühlungsvermögen blockiert, wenn ihnen ihre Partnerin beispielsweise erzählt, wie traurig und aufgewühlt sie wegen eines Konflikts mit ihrer besten Freundin ist. Schnelle Lösungsvorschläge, die der Mann beziehungsweise hier der Zukunftsminister anbietet, führen dazu, dass die Partnerin sich wenig verstanden fühlt. Wie auch schon dem Theorieminister, dessen Gefühlsleben ebenfalls oft wenig entwickelt ist, rate ich auch den Zukunftsministern dazu, sich immer wieder bewusstzumachen, wie sie sich gerade fühlen, indem sie einfach über den Tag verteilt öfter mal innehalten und in sich hineinfühlen. Je mehr sie ihre eigenen Gefühle beachten und reflektieren, desto verständlicher wird ihnen das Gefühlsleben ihrer Mitmenschen.

Persönliche Gebrauchsanweisung

- Hör mir bitte einfach zu, ohne meine Ideen gleich zu bewerten. Sei nicht allzu pessimistisch, sondern ermutige mich, meine Visionen weiter zu verfolgen.
- Erkenn bitte an, dass ich kreativ bin und mir für fast jedes Problem eine Lösung einfällt.
- Bitte sei spontan und unternehmungslustig! Ich genieße Gesellschaft und gemeinsame Aktivitäten. Wenn ich diesen Austausch nicht habe, werde ich unausstehlich. Lass mich bitte allein gehen, wenn du keine Lust hast. Danach bin ich umso mehr wieder für dich da.
- Bitte lass mir meinen Freiraum, ohne dass ich mich rechtfertigen muss! Ich will einfach auch mal »mein Ding« machen. Wenn ich über alles Rechenschaft ablegen muss, fühle ich mich eingeengt und unzufrieden. Ich lasse dich gern an allem teilhaben, allerdings möchte ich entscheiden, wann und in welchem Umfang.
- Bitte zwing mir nicht zu viel Routine auf. Ich möchte Dinge auf meine Art erledigen und auch mal etwas Neues ausprobieren.
- Erwarte bitte nicht, dass ich mich frühzeitig festlege. Ich möchte spontan leben und die Gelegenheiten des Augenblicks nutzen, sonst habe ich das Gefühl, zu viel zu verpassen.
- Bitte lass auch du mal etwas unerledigt liegen und nimm an einer verrückten Idee von mir teil! Oder noch besser: Überrasche du mich mit einer spontanen Unternehmung.
- Stör dich nicht an meinem Chaos. Für mich hat das Ganze System – und darauf kommt es an. Ordnung ist mir nicht wichtig.
- Bezweifle niemals öffentlich meine Kompetenz und mach dich nicht über mich lustig. In diesem Punkt bin ich sehr leicht verletzbar.

- Bitte tausche dich mit mir aus! Erzähl mir von dir und hör zu, was ich von mir erzähle.
- Sprich mit mir nicht nur über Alltägliches, Beziehung und Gefühle, sondern auch über deine Visionen und deine Meinung zu Sachthemen. Diskutier mit mir, fordere mich mit Argumenten heraus, streite notfalls mit mir. Ich mag es, mich auch auf dieser Ebene auszutauschen und zu messen.
- Nimm meine Kritik bitte nicht persönlich! Manchmal habe ich schneller etwas gesagt als darüber nachgedacht. Hinterher tut es mir dann leid. Außerdem möchte ich dich nicht verletzen, sondern dir helfen, wenn ich dich auf Fehler hinweise.
- Bitte sag mir offen, wenn dich etwas stört! Ich kann nicht erraten, was in dir vorgeht. Nur wenn du mit mir darüber sprichst, kann ich etwas verändern.

IADO: die Strategieminister

I = introvertiert
A = abstrakt
D = DenkEntscheider
O = organisiert

IADO
Strategieminister

Strategieminister lieben Herausforderungen und Optimierungen. Ihr Blick erkennt Potenziale und Zukunftsträchtiges. Sie sind intellektuell ausgesprochen unabhängig: Sie nehmen nur Standpunkte an, die ihnen selbst logisch und schlüssig erscheinen. Autorität, Position und Rang einer Person interessieren sie hingegen nicht. Sie sind immun gegen Schlagwörter, Parolen und jegliche Art von Populismus. Gegen Mehrheitsmeinungen sind sie grundsätzlich erst einmal skeptisch eingestellt. Sie sind sich ihrer intellektuellen Stärke voll bewusst und besitzen ein hohes Maß an Selbstvertrauen. Entsprechend treffen sie auch mit großer Leichtigkeit Entscheidungen, auch solche von großer Tragweite. Im Unterschied zu den Theorieministern legen sie jedoch einen großen Wert auf die pragmatische Umsetzung einer Idee. Theorien, die keinen sinnvollen praktischen Zweck erfüllen, verwerfen sie schnell.

Strategieminister sind der Meinung, dass alles noch verbessert werden kann, egal wie gut es bereits funktioniert. Ideen für einen Neuentwurf gehen IADOs nicht aus. Sie behalten ihre Inspirationen jedoch eher für sich – es sei denn, man spricht sie direkt darauf an.

Der Fokus von Strategieministern liegt auf logischen Systemen und theoretischen Konzepten. Diese analysieren sie sachlich und kreieren dabei einen Neuentwurf. Ihnen springen logische Fehler automatisch ins Auge. Sie sehen, wo ungenutztes Potenzial brachliegt und ausgeschöpft werden kann. Ideen, wie man etwas verbessern könnte, drängen sich Strategieministern intuitiv auf, ohne dass sie lange darüber nachdenken müssen. Manchmal fehlt es ihnen allerdings an Feingefühl dafür, wie sie ihre Kritik am besten äußern.

Mit ihrer nüchternen Beurteilung schaffen sie sich nicht nur Freunde. Oft behalten Strategieminister ihre Gedankengänge allerdings für sich oder teilen sie erst nach reiflicher Überlegung mit, wenn sie sich ihrer Sache sicher sind.

Weil seine Gedankengänge für ihn selbst so klar sind, reagiert der Strategieminister leicht ungeduldig, wenn andere sie nicht verstehen, oder, noch schlimmer: sie mit Nachfragen zu irrelevanten Details zerreden. Details sind ohnehin nicht seine Sache. Seine konkrete Wahrnehmung ist wenig ausgeprägt – er nimmt seine Umgebung nur unscharf wahr. Ihn interessieren die roten Linien, das übergeordnete Konzept.

Strategieminister können mit ihren Ideen Berge versetzen. Sie selbst sind von ihren Eingebungen fest überzeugt, haben sie doch lange Zeit damit zugebracht, diese auszufeilen und zu prüfen. An diesem Punkt angelangt, sind sie nur schwer von ihren Ideen und deren Umsetzung abzubringen, auch nicht mit rationalen Argumenten. Sie verteidigen ihre Ansichten und scheuen keine Konfrontation.

IADOs sind die geborenen Strategen: Sehr sorgfältig und mit Bedacht entwickeln und prüfen sie ihren Entwurf und planen dessen Umsetzung. Sie sind introvertiert und strukturiert genug, um die notwendige Geduld aufzubringen und nichts zu überstürzen. Sie sind rational genug, ihre Idee kritisch zu hinterfragen. Wie alle organisierten Typen lieben sie es, Dinge abzuschließen, besonders wenn es sich um eine eigene Vision handelt. Wie alle abstrakten Typen lassen sie sich von Widerständen nicht abschrecken, sondern eher noch anspornen. Auch sie haben den Grundsatz der Abstrakten, dass Unmögliches zwar ein bisschen, aber nicht viel länger braucht.

Strategieminister fühlen sich wohl in der intellektuellen Welt. Sie suchen die geistige Beschäftigung oft nicht nur im Beruf, sondern auch in ihrer Freizeit, indem sie viel lesen, neue Sprachen lernen oder sich in ihr Computersystem vertiefen. Sie denken gern über philosophische Fragestellungen nach und beschäftigen sich mit

Theorien. Aus ihrer Sicht kann man nie genug wissen, deshalb nutzen sie jede Gelegenheit, um sich weiterzubilden. Wissen ist für sie wertvoll um seiner selbst willen und nicht primär zweckgerichtet, um beispielsweise beruflich Karriere zu machen. Wissen ist für sie die persönliche Voraussetzung für Entscheidungs- und Standpunktsicherheit.

Weiterhin kennzeichnend für die Strategieminister ist ihr ausgeprägter Gerechtigkeitssinn. Für eine gerechte Sache treten sie ein, unabhängig davon, ob es ihnen selbst schaden könnte. Hier kommt ihnen ihre große intellektuelle Unabhängigkeit zugute sowie ihre Unabhängigkeit vom Urteil anderer über sie. Aufgrund ihrer intellektuellen Unabhängigkeit sind sie oft Vordenker, was gesellschaftlichen Wandel und Reformen anbelangt.

Arbeit

Viele Strategieminister bringen es zu beruflichem Erfolg, weil sie kompetent und zielstrebig sind. Sie fühlen sich zu Berufen hingezogen, in denen ihre größten Stärken gefordert sind: Systeme und Konzepte auf ihr Veränderungspotenzial hin zu analysieren, einen Neuentwurf zu generieren, dessen Umsetzung zu planen und zielstrebig durchzuführen. Den IADOs mangelt es nicht an neuen Ideen, die sie am liebsten alle gleichzeitig in Angriff nehmen würden. Sie sind jedoch zu gut organisiert und strukturiert (O), sodass sie diesen Impuls unterdrücken können. Strategieminister arbeiten erfolgreich in allen Berufen, die abstrakt-logisches Denken und ein systematisches Vorgehen erfordern. Sie sind begeisterte Wissenschaftler, Informatiker, Ingenieure, arbeiten als Journalisten oder Organisationsberater. Sie arbeiten gern in leitenden Funktionen, weil diese ihnen die größte Gestaltungsfreiheit bieten.

IADOs arbeiten am liebsten allein. Sie finden es mühsam, wenn sie erst Beziehungspflege betreiben müssen, bevor sie mit ihrer Arbeit anfangen können. Die Zusammenarbeit funktioniert am besten mit Gleichgesinnten (anderen ADs), denen sie ihre Ideen nicht lang und breit erklären müssen und die kein »soziales Vorgeplänkel« erwarten. Selbstverständlich können Strategieminister auch im Team arbeiten – wenn sie müssen. Ihre Grundhaltung ist dennoch eher aufgaben- als beziehungsorientiert. Allerdings benötigen sie Mitarbeiter, die ihnen bei der Umsetzung ihrer Ideen helfen, vor allem was mühsame Detail- und Routinearbeiten anbelangt. Die meisten IADOs betreiben hierfür gezwungenermaßen »Beziehungsarbeit« – für sie ist das wirklich Arbeit.

IADOs wünschen sich, möglichst autonom und flexibel arbeiten zu können. Routinejobs, die ihre Kreativität ersticken, sind ihnen ein Graus. Wenn sie ihren Ideen hingegen freien Lauf lassen können, arbeiten sie sehr engagiert, häufig über das geforderte Maß hinaus. Am besten sind sie durch Aufgaben zu motivieren, die sie geistig herausfordern. Dann arbeiten sie gewissenhafter und härter, als wenn man ihnen für eine Routinetätigkeit viel Geld bezahlen würde. Auch wenn Strategieminister keine Detail- oder Routinearbeit lieben, sind sie zielstrebig genug (O), sich auch diesen Aufgaben zu widmen, wenn es notwendig ist. Freiwillig geben sie sich jedoch nicht damit ab.

Weil IADOs ehrgeizig sind, arbeiten sie sich häufig in Führungspositionen hoch. Außerdem lieben sie es, die Dinge mitzugestalten und voranzutreiben. Ihr Führungsstil ist, ebenso wie ihr Arbeitsstil, aufgabenorientiert. Sie fördern in erster Linie ein effizientes Arbeiten und kümmern sich weniger um ein harmonisches Betriebsklima. Für Strategieminister ist ein gelungener Projektabschluss die größte Genugtuung. Angesichts des Erfolgs verblassen für sie alle Mühen, die sie dafür in Kauf genommen haben. Deshalb kommen sie von sich aus auch kaum auf die Idee, ihre Mitarbeiter explizit zu loben. Sie gehen davon aus, dass der Erfolg Lob genug ist. Damit liegen sie jedoch häufig daneben, und ihre Mitarbeiter sind frustriert, weil ihr Bemühen nicht angemessen gewürdigt wird. Bei vielen Strategieministern hat sich jedoch inzwischen herumgesprochen, dass ihre Mitarbeiter motivierter sind, wenn sie ab und zu ein Lob hören, weshalb sie sich dazu aufraffen.

Probleme können auftreten, wenn IADOs andere zu spät in ihre Pläne einweihen. Ihre Mitarbeiter fühlen sich dann vor vollendete Tatsachen gestellt (oder zumindest vor die vollendeten Pläne, wie diese Tatsachen geschaffen werden sollen). Weil sie so wenig Mitspracherecht hatten, können sie sich kaum mit dem Projekt identifizieren und arbeiten entsprechend unmotiviert. Wenn Strategieminister in einer Untergebenenposition sind, riskieren sie, dass ihr Chef sich übergangen fühlt und, schlimmstenfalls, ihre Projektidee platzen lässt. Für die betriebliche Zusammenarbeit wäre es sehr günstig, wenn IADOs andere zu einem frühen Zeitpunkt an ihren Überlegungen teilhaben ließen. Dann könnten sie nicht nur besser überzeugen, sondern auch von den Anregungen profitieren, die andere einbringen.

Liebe und Freundschaft

Strategieminister sind unabhängige Menschen, die ihre Freiheit schätzen. Zum einen sind sie introvertiert, haben also per se kein allzu starkes Bedürfnis nach intensivem Austausch, sondern können gut mit sich allein sein. Zum anderen sind sie rationale Typen (D), die leichter in eine sachliche Diskussion als in eine emotionale Beziehung zu verwickeln sind. Auf neue Kontakte, zumindest wenn es um mehr als eine oberflächliche Bekanntschaft geht, lassen sich IADOs nur langsam ein. Es braucht Zeit, ihr Vertrauen so weit zu gewinnen, dass sie sich für persönliche Gespräche öffnen.

IADOs pflegen einen kleinen und ausgewählten Freundeskreis, dessen Grundlage gemeinsame Interessen und Diskussionsthemen sind. Ihre Freundschaften sind über einen langen Zeitraum stabil, und der Kreis wird wenig erweitert. Sie begeben sich selten aktiv auf die Suche nach neuen Bekanntschaften. Meistens wird ihr Kontaktbedürfnis durch die bestehenden Freundschaften abgedeckt. Sie brauchen nicht unbedingt regelmäßige und häufige Treffen, um ihre Beziehungen zu pflegen, sondern können auch nach längeren Unterbrechungen gut wieder anknüpfen.

Liebe bedeutet für Strategieminister, den Partner in ihre Visionen einzuweihen und sich gemeinsam weiterzuentwickeln. Wie den meisten Abstrakten schwebt ihnen ein ideales Modell von Beziehung vor. Weil sie rationale Typen sind, bezieht sich ihr Ideal weniger auf den emotionalen Aspekt der Beziehung (was man füreinander empfinden sollte), sondern sie haben recht genaue Vorstellungen davon, wie eine Beziehung am besten funktioniert. Sie stellen an ihre Partner recht hohe Ansprüche, was bei diesen das Gefühl erzeugen kann, einfach nicht gut genug zu sein. Gleichzeitig legt der Strategieminister jedoch viel Wert auf Harmonie in seinen persönlichen Beziehungen. Zu dieser könnte er beitragen, indem er in seinen Ansprüchen etwas lockerließe. Hierfür müsste er eine größere Schwächentoleranz entwickeln. Und zwar nicht nur in Bezug auf seinen Partner, sondern auch in Bezug auf sich selbst. Ein etwas großmütigerer Umgang mit eigenen Schwächen ist nämlich die beste Voraussetzung, um auch bei anderen Menschen mehr Milde walten zu lassen.

Wenn man mit einem Strategieminister eine glückliche Beziehung führen will, dann muss man ihn zu nehmen wissen. Die Partner sollten unbedingt das Bedürfnis des Strategieministers nach Freiraum und Zurückgezogenheit respektieren. IADOs brauchen auch Zeit, um sich wirklich auf eine nahe und vertrauensvolle Partnerschaft einzulassen. Weiß der Partner beziehungsweise die Partnerin den Strategieminister jedoch zu händeln, dann kann er ein ausgesprochen bezogener und treuer Weggefährte sein. Der Partner und die Familie stellen in diesem Fall für den IADO das absolute Zentrum seiner emotionalen und sozialen Bindungen dar. Gerade, weil er wenige Kontakte pflegt, sind der Partner und die Familie die Zentralheizung seines Lebens, aus der er Kraft tankt, um in der Welt mit großer Unabhängigkeit und Stärke zu agieren.

Sehr enttäuscht ist der IADO, wenn sich seine Idealvorstellung von Beziehung nicht mit der Realität in Einklang bringen lässt. Generell fällt es ihm schwer, sich von seinen Visionen, wenn sie erst einmal ausgereift sind, wieder zu verabschieden.

Häufig wirken IADOs auf andere, zumindest auf den ersten Blick, etwas kühl und distanziert. Sie tun sich schwer, ihre Sympathie und erst recht ihre Liebe auszudrücken, zumindest mit Worten. Sie zeigen ihre Liebe im Handeln und dies nicht zuletzt in ihrer hohen Bereitschaft, auch sehr schwierige Situationen und Lebensphasen klaglos hinzunehmen.

Bei manchen IADOs sind ihre Gefühle so weit unter der Oberfläche verborgen, dass sie selbst keinen spontanen Zugriff darauf haben. Die Partner leiden dann unter der Distanz, die der Strategieminister zu ihnen hält. Mit starken Forderungen nach mehr Nähe fühlt sich der Strategieminister jedoch schnell bedrängt. Überhaupt mag er keine emotionalen Szenen. Wenn man einen bindungsscheuen IADO für sich gewinnen möchte, braucht es viel Geduld und eine leise, unaufdringliche Zuwendung.

Elternschaft

Strategieminister sind sehr engagierte Eltern, die ihren Kindern eine vielfältige und konsequente Förderung zukommen lassen wollen. Die Kinder sind der Mittelpunkt ihres Lebens. Weil sie selbst die Unabhängigkeit so schätzen, lassen sie ihren Kindern den Freiraum, sich in ihre eigene Richtung zu entwickeln. Strategieminister scheuen keine Kosten und Mühen, ihre Kinder zu fördern und ihnen ideale Startbedingungen zu geben. Das sollte gelingen, wenn der IADO sie nicht überfordert und ihnen auch genügend Freiraum für Spiel und Spaß lässt. Eine Schwäche mancher IADO-Eltern ist es nämlich, ihre Kinder mit ihren hohen Leistungsidealen zu überfordern.

Strategieminister sind sehr verantwortungsbewusste Eltern. Sie sollten sich jedoch immer wieder verdeutlichen, dass Erziehung nicht nur Ernst, sondern auch Spaß bedeutet. Ebenso wie ihre Kinder eine konsequente Förderung brauchen, sehnen sie sich auch danach, mit ihren Eltern unbeschwert und ausgelassen zu sein. Wenn IADOs diese Balance gelingt, sind sie – im positiven Sinne – die sprichwörtlichen Löwen-Eltern.

Probleme und Entwicklungsmöglichkeiten

IADOs sind die geborenen Strategen: Wenn eine ihrer Ideen ausgereift ist, sind sie kaum davon abzuhalten, diese zielstrebig umzusetzen. Einerseits ist dies eine große Begabung, mit der IADOs auch scheinbar Unmögliches möglich machen. Andererseits liegen darin verschiedene Stolperfallen, die schlimmstenfalls die ganze Idee zum Scheitern bringen können.

Manchmal verrennen sich Strategieminister in ihre Ideen. Wenn sie sich entschieden haben, können sie recht starrsinnig an ihrem Vorhaben festhalten. Verbohrt sehen sie dann auch über offensichtliche Hindernisse hinweg. Hier wäre es sehr hilfreich, wenn Strategieminister ein bisschen mehr Flexibilität aufbringen könnten. Hierzu könnte ihnen eine etwas offenere Einstellung verhelfen, indem sie sich bewusst machen, dass viele Wege nach Rom führen. Sie bräuchten nur auf eine ihrer Stärken zurückgreifen, indem sie ihren ganzheitlichen Blick wieder auf »Weitwinkel« stellten.

Strategieministern fehlt der Blick für die Schwierigkeiten der praktischen Umsetzung ihrer Entwürfe. Hier könnte es helfen, zu einem möglichst frühen Zeitpunkt andere in ihre Ideen einzuweihen und mögliche Einwände ernst zu nehmen. Als Ratgeber eignen sich bevorzugt die konkreten Typen (K), die Probleme sehr viel pragmatischer angehen. Die konkret-dingliche Wahrnehmung ist bei den Strategieministern nämlich schlecht ausgeprägt, was viele von ihnen auch wissen. Manche IADOs zwingen sich deshalb, hierauf besonders zu achten. Diese selbst auferlegte Detailwahrnehmung erschwert dann jedoch ihr ganzheitlich-analytisches Denken. Unter starkem Stress können sich Strategieminister in Details verzetteln, was ansonsten gar nicht ihrer Natur entspricht. Unter Stress geraten sie, wenn sie von zu vielen in ihren Augen unwichtigen Details überschwemmt werden und zu viele Eindrücke auf sie einprasseln. Wie viele introvertierte Typen reagieren sie empfindlich auf Lärm, zu viele Menschen, Geschäftigkeit und häufige Unterbrechungen. Sie brauchen dann Zeit für sich allein und inneren wie äußeren Rückzug. Alle Reizquellen sollten ausgeschaltet werden, am besten, indem sie schlafen oder sich einer entspannenden Tätigkeit wie zum Beispiel Gärtnern, Sport oder Kochen zuwenden.

Strategieminister könnten sich das Leben leichter machen, wenn sie FühlEntscheidungen (F) ein wenig trainieren würden. Dadurch hätten sie bessere Chancen, ihre Ideen an den Mann oder an die Frau zu bringen. Wenn IADOs die Bedürfnisse anderer mehr einkalkulierten, könnten sie auch mit mehr Unterstützung rechnen. IADOs schließen fälschlicherweise von sich auf andere, wenn sie davon ausgehen, dass diese ebenso begeistert von ihrer Idee sein werden wie sie selbst. Deshalb lohnt es sich durchaus, auch ein wenig darüber nachzudenken, wie sie anderen ihren Plan schmackhaft machen können, zumindest, wenn sie auf deren Unterstützung angewiesen sind. FühlEntscheider sind für sie gute Berater in allen zwischenmenschlichen Fragen. Diese können den Strategieministern im Privaten wie im Arbeitsleben dabei helfen, die Bedürfnisse und Gefühle ihrer Mitmenschen besser zu verstehen. Die Gefühle seines Gegenübers erscheinen dem rationalen Strategieminister nämlich häufig unlogisch – falls er sie überhaupt registriert. Dies würde auch ihre Partnerschaft harmonischer gestalten. Wie gesagt, drückt sich die Zuneigung des IADOs vor allem auf der Handlungsebene aus, was für Partner, die gern mehr verbale Zuwendungen hätten, frustrierend sein kann. Manchmal übersehen die Partner auch ungerechterweise, wie viel der IADO auf seine Weise für die Partnerschaft tut. Wenn es dem IADO tatsächlich so schwerfällt, Worte der Liebe zu formulieren, so würden sich die Partner schon freuen, wenn er/sie durch liebevolle Gesten und Blicke emotionale Verbundenheit signalisiert.

Davon abgesehen sollten sie, wie alle ADs, mehr auf ihre eigenen Gefühle achten und diesen mehr Raum geben. Je besser nämlich ihr Draht zu ihren eigenen Gefühlen wird, desto leichter können sie sich auch in ihr Gegenüber einfühlen. Ihre Beziehungen könnten hierdurch harmonischer und einfacher werden. Gleiches gilt, wenn sich Strategieminister zu Projekten anderer äußern. Häufig kritisieren sie in bester Absicht, allerdings sehr unverblümt. Sie wundern sich dann, wenn die Betroffenen gekränkt reagieren und sie mit ihren gut gemeinten Verbesserungsvorschlägen verärgert abblitzen lassen. IADOs würden auf offenere Ohren stoßen, wenn sie ihrer Kritik ein paar anerkennende Worte vorausschicken würden. Auch wenn es aus ihrer Sicht vielleicht überflüssig ist, werden sie feststellen, dass ihre Meinung anschließend um einiges bereitwilliger angenommen wird.

Strategieminister sind so erfolgreich, weil sie unermüdlich nach Verbesserungsmöglichkeiten suchen. Dieser ehrgeizige Anspruch kann für andere jedoch ziemlich stressig sein, weil sie dem IADO nichts wirklich recht machen können. Insbesondere in engen Beziehungen sollten IADOs aufpassen, ihre Partner nicht zu sehr zu frustrieren oder unter Druck zu setzen. Auch sie selbst könnten sich entspannter zurücklehnen, wenn sie auch mal fünfe gerade sein ließen. Ihnen entgehen oft die Freuden des Augenblicks, weil sie so sehr auf die Zukunft gerichtet sind.

Wie alle introvertiert/abstrakten DenkEntscheider (IAD) können sie dazu neigen, sich sozial zu isolieren, insbesondere, wenn sie einige Verletzungen aus der Kindheit und/oder aus dem Erwachsenenleben in sich tragen. Sie können zwar gut allein sein, aber in diesem Fall artet es in Einsamkeit aus. Hier kann ihnen ihr Verstand helfen, ihre Erlebnisse zu reflektieren. Wichtig ist, dass sie ihr Gefühlsleben besser verstehen lernen. Für diese Selbstreflexion können ihnen, auch wenn das ansonsten nicht ihre Lieblingsliteratur ist, psychologische Ratgeber helfen.

Persönliche Gebrauchsanweisung

- Bitte nimm Anteil an meinen Visionen! Kritisiere sie nicht gleich, sondern hör erst einmal zu. Details sind für mich nicht so wichtig, deshalb zerrede meine Ideen bitte nicht, weil irgendwelche Kleinigkeiten nicht funktionieren könnten. Mir kommt es auf die übergeordnete Idee an!
- Bitte bleib offen dafür, Neues auszuprobieren. Schmettere meine Vorschläge nicht schon deshalb ab, weil sie etwas ungewöhnlich sind.
- Ich brauche Zeit für mich allein, besonders, wenn ich einen stressigen Tag hinter mir habe. Dann versenke ich mich am liebsten in meine Hobbys, weil ich so am besten abschalten kann. Gib mir bitte diesen Freiraum, ohne dich zurückgesetzt zu fühlen. Danach bin ich wieder voll für dich da!
- Ich freue mich sehr, wenn du an meinen Interessen Anteil nimmst. Ich werde nie müde, mich weiterzuentwickeln und wäre froh, wenn wir dies gemeinsam tun könnten.
- Erwarte nicht zu viele Worte der Liebe. Diese kommen sehr selten, aber wenn, dann aus tiefer Reflexion und Überzeugung. Nimm sie in Gedanken in deine Schatzkiste, die du dann immer bei dir tragen kannst. Bitte erkenne auch meine hohe Loyalität an, mit der ich zu dir stehe.
- Bitte unterstütze oder respektiere mein berufliches Engagement und meine Karrierepläne. Meine Arbeit ist für mich sehr wichtig.
- Wenn wir miteinander diskutieren, lass mir bitte Zeit, meine Antworten reiflich zu überlegen, auch wenn es länger dauert als bei dir. Wenn du mich zu sehr drängst, schalte ich leicht auf stur oder sage Dinge, die ich vielleicht gar nicht so meine.

Vor allem wenn du mit mir über Gefühle sprechen möchtest, brauche ich Zeit und Geduld, denn das ist nicht meine große Stärke. Nimm meine Kritik bitte nicht persönlich. Eigentlich meine ich es gut und möchte dir nur weiterhelfen, auch wenn ich das nicht immer so ausdrücken kann.

- Sag mir bitte offen, wenn dich etwas stört oder ich dich verletzt habe. Nur wenn ich weiß, was du von mir erwartest, kann ich auf dich eingehen.
- Bitte überfordere mich nicht mit zu viel Spontaneität. Ich liebe und brauche einen klaren Zeitplan, vor allem wenn ich gestresst bin. Bitte kündige rechtzeitig an, wenn du ein Versprechen nicht einhalten kannst oder deine Pläne sich geändert haben. Ich muss mich darauf einstellen. Ich probiere zwar gern Neues aus, allerdings am liebsten geplant!
- Schleppe mich bitte nicht auf zu viele Veranstaltungen, das strengt mich an. In Maßen bin ich gern bereit, dich zu begleiten, aber ich brauche auch Zeit für mich. Ich habe dann auch nichts dagegen, wenn du allein ausgehen möchtest.
- Bitte wertschätze meinen Einsatz, den ich für die Gesellschaft leiste, sei bitte nicht eifersüchtig, wenn dafür viel Zeit draufgeht. Du könntest auch stolz auf mich sein.

EADO: die Kompetenzminister

E = extravertiert
A = abstrakt
D = DenkEntscheider
O = organisiert

EADO
Kompetenzminister

Kompetenzminister sind selbstbewusste und tatkräftige Menschen. Sie wissen, was sie wollen und arbeiten zielstrebig darauf hin. Leben heißt für sie Herausforderung, sie sind fast schon gelangweilt, wenn ihnen etwas in den Schoß fällt. Kompetenzminister sind wissensdurstig, sie lieben es zu diskutieren und möglichst komplexe Probleme von immer neuen Seiten zu betrachten. Sie sind die geborenen Analytiker, die eine Situation sehr schnell erfassen und ihre Ideen dann energisch und kompetent umsetzen.

In ihrem Persönlichkeitsprofil ist die rationale Beurteilung (D) zentral, die sie extravertiert nach außen richten. Das heißt, sie betrachten ihre Umgebung aus einer kritischen Distanz und analysieren, was um sie herum passiert. Mit ihrem prüfenden Blick werden sie schnell auf Fehler und Widersprüche aufmerksam. Nach extravertierter Art kritisieren sie spontan und offen, wodurch die Betroffenen sich leicht auf die Füße getreten fühlen. Insbesondere männliche Kompetenzminister machen sich über die (gefühlsmäßige) Wirkung ihrer Worte wenig Gedanken (D), für sie steht die Sache im Mittelpunkt. EADOs genießen es, unterschiedliche Standpunkte zu diskutieren, lassen sich intellektuell gern herausfordern und haben Spaß daran, sich argumentativ mit anderen zu messen. Sie sind nicht so leicht zu überzeugen, weil sie sehr klare Standpunkte vertreten; wenn dies dem Gegenüber jedoch gelingt, zieht der EADO den Hut. Am meisten sind sie durch Kompetenz und Schlagfertigkeit zu beeindrucken.

Weiterhin kennzeichnend für die Persönlichkeit des EADO ist seine abstrakte Wahrnehmung (A). Er hat einen guten Blick für das

Übergeordnete, für komplexe Muster und Systeme. Er setzt sich gern mit Theorien und abstrakten Konzepten auseinander. Sein innerer Blick ist auf Möglichkeiten und Veränderungen gerichtet. Ihn interessiert weniger, was war oder was ist, als das, was sein könnte. EADOs sind stark zukunftsorientiert.

Durch ihr Typenprofil bringen Kompetenzminister die besten Voraussetzungen mit, ihre Ideen tatsächlich zu verwirklichen: Sie haben den Drang, Dinge zum Abschluss zu bringen, vor allem, wenn es ihre eigenen Ideen sind, die ihnen etwas bedeuten. Wie alle abstrakten Typen befassen sie sich nicht gern mit Detailkram und Routineaufgaben, sind jedoch diszipliniert genug, um sie hinter sich zu bringen, wenn es sein muss. Sie sind DenkEntscheider, das heißt, sie unterziehen ihre Ideen einer kritischen Analyse und überprüfen sie auf logische Fehler. Wenn sie sich entschieden haben, gehen sie rational an die ganze Sache heran: Sie wählen einen möglichst effizienten Weg, um ihr Ziel zu erreichen. Umwege, nur um es anderen recht zu machen, schlagen sie nicht ein. Als Extravertierte sind sie kommunikationsfreudig und haben die Fähigkeit, andere für ihre Idee zu begeistern, was wiederum die Wahrscheinlichkeit erhöht, dass diese tatsächlich realisiert werden kann.

Genau diese Kombination von Eigenschaften macht die Kompetenzminister zu den geborenen Anführern. Man sagt ihnen nach, dass sie nicht nicht führen können. Durch ihr bestimmendes Wesen (E/O) und das klare Ziel (A/D), das sie verfolgen und unbedingt erreichen wollen (O), fangen sie automatisch an, alles und jeden um sie herum so zu organisieren, dass es ihrer Zielerreichung nützt. Man muss sich schon ziemlich deutlich wehren, wenn man nicht im Dienst der EADO-Sache verplant werden will.

Durch ihr extravertiertes Wesen können Kompetenzminister sehr unterhaltsame und lustige Gesellen sein. Viele von ihnen sind mitreißende Erzähler, ihr Witz speist sich nicht zuletzt aus dem kritischen Blick, den sie auf ihre Mitmenschen und die Umwelt werfen. Diese Unbeschwertheit ist jedoch nur ein kleiner, eher oberflächlicher Teil ihrer Persönlichkeit. In ihrem Kern sind Kompetenzminister zumeist sehr ehrgeizig und stellen hohe Ansprüche an sich. Ihnen schwebt immer noch etwas Besseres vor. Nichts bereitet ihnen mehr Vergnügen, als ihre Ziele noch zu überbieten. Ein »Nein« zu akzeptieren fällt ihnen ebenso schwer, wie ein Hindernis als unüberwindbar anzuerkennen: Ein EADO gibt nicht auf. EADOs entwickeln häufig sehr früh klare Lebensziele, die sie dann höchst konsequent verfolgen und zumeist auch realisieren können. Es fällt ihnen schwer, einfach mal alle viere von sich zu strecken oder sich einer Beschäftigung zu widmen, die nicht im Dienst eines übergeordneten Ziels steht. Zeit mit vergnüglichen Ablenkungen zu vergeuden, ist normalerweise nicht ihre Sache.

Arbeit

Kompetenzminister brauchen eine Arbeit, die sie intellektuell herausfordert. Es liegt ihnen, komplexe Probleme zu analysieren, einen Lösungsansatz zu entwickeln und die Umsetzung möglichst effizient zu organisieren. Sie arbeiten hart, ehrgeizig und sehr motiviert, wenn sie ein Ziel vor Augen haben, mit dem sie sich identifizieren können. In ihrem Vorgehen sind sie zielstrebig und strukturiert. EADOs sind am ehesten in technischen oder wirtschaftlichen Berufen, bevorzugt im Management, zu finden. Wenn sie im sozialen Bereich arbeiten, steht für sie weniger der »Dienst am Menschen« im Vordergrund als eine gut strukturierte Organisation und Problemlösung.

Kompetenzminister arbeiten sehr aufgabenorientiert, für sie ist die Sache wichtig. Sie erwarten nicht, dass die Zusammenarbeit harmonisch, sondern effizient ist. Die gleiche Disziplin, mit der sie an Aufgaben herangehen, erwarten sie auch von anderen. Sie können schnell ungeduldig werden, wenn andere ihre Ideen nicht gleich verstehen oder einen, aus ihrer Sicht, dummen Fehler machen, der das Erreichen des Ziels verzögert.

EADOs arbeiten nicht gern allein in ihrem stillen Kämmerlein, sondern umgeben sich lieber mit Menschen. Dennoch ist die Zusammenarbeit mit ihnen nicht immer einfach. Sie sind in der Regel überzeugt, am besten zu wissen, wie ein Problem angepackt werden muss. Und sie scheuen keine Konfrontation, um ihren Standpunkt durchzusetzen, auch nicht mit ihren Vorgesetzten. Allerdings haben viele von ihnen durch ihre witzige und extravertierte Art auch einen hohen Sympathiewert, was ihre Konfrontationsfreudigkeit erträglicher macht. Ein EADO beugt sich nur dann Regeln, wenn diese ihm sinnvoll erscheinen. Ansonsten wird er alles daransetzen, sie zu verändern oder zu umgehen. EADOs sind nonkonformistisch und offen für alles Neue und Originelle.

Kompetenzminister brauchen eine Arbeit, bei der sie möglichst unabhängig sind und ihre Ideen und Konzepte umsetzen können. Sie lassen sich diese nicht gern durch Bedenkenträger zerreden. Sie sind selbstbewusst genug, um eigenständige Entscheidungen zu treffen. In Führungspositionen laufen EADOs deswegen zur Hochform auf. Hier haben sie die Freiheit, ihre Ideen nach ihren Vorstellungen umzusetzen. Dabei haben sie den Anspruch, nicht nur ihre eigenen Fähigkeiten, sondern auch die ihrer Mitarbeiter möglichst gewinnbringend einzusetzen. Sie haben zumeist einen guten Blick dafür, wo die Stärken und Schwächen ihrer Mitarbeiter liegen. Sie sind Meister darin, ihre Mitarbeiter so einzusetzen, dass jeder sein Bestes zur Zielerreichung beitragen kann. Nicht selten treffen sie Personalentscheidungen, die Entrüstung und Widerstand hervorrufen, weil für sie nicht die menschlichen Belange im Mittelpunkt stehen, sondern effizientes Arbeiten. Kompetenzminister sind als Chefs nicht unbedingt beliebt, aber unter ihrer Führung wird sehr gute Arbeit geleistet.

Liebe und Freundschaft

Kompetenzminister pflegen einen großen und bunten Freundeskreis. Sie sind gesellig, unternehmungslustig und vielseitig interessiert. Freundschaft bedeutet für sie mehr, als gemeinsam Spaß zu haben. Sie wollen sich im Austausch mit ihren Freunden weiterentwickeln und dazulernen. Sie lieben es, sich in Diskussionen gegenseitig herauszufordern und ein Thema von immer neuen Seiten zu beleuchten. EADOs erwarten von ihren Freunden, dass sie ihnen ihre direkte Art nicht krummnehmen, sondern Kritik vertragen können. Animositäten strengen sie zu sehr an.

Was die Partnerschaft angeht, haben Kompetenzminister sehr früh sehr klare Vorstellungen. Sie wissen genau, was sie von ihrem Partner erwarten und sind wenig kompromissbereit. Sie können sich durchaus spontan und heftig verlieben, jedoch gewinnt ihr Verstand immer wieder schnell die Oberhand. Sie wägen rational ab, wie gut die Beziehung in ihr übergeordnetes Lebenskonzept passt. Sie suchen sich Partner, die ihre Ziele teilen oder zumindest unterstützen. Wie alle abstrakten Typen haben auch sie ihre »Vision« einer Beziehung vor Augen. Diese bezieht sich zwar auch auf die emotionale Verbundenheit zu ihrem Partner, aber im Vordergrund steht, wie man sich gemeinsam weiterentwickeln kann. Damit stellen sie nicht nur an sich selbst, sondern auch an ihren Partner hohe Ansprüche. Die Partner sollten eine starke Persönlichkeit, mannigfaltige Interessen und ein hohes Maß an Eigenständigkeit besitzen – zumindest, wenn sie mit einem weiblichen EADO zusammen sind. Männliche EADOs bevorzugen manchmal auch sehr angepasste Partnerinnen, die das hohe berufliche Engagement und damit einhergehend auch die häufige häusliche Abwesenheit des EADO möglichst klaglos akzeptieren.

Obwohl sie extravertiert sind, fällt es Kompetenzministern schwer, ihre Gefühle auszudrücken. Sie sind geübter darin, sachliche Argumente zu finden, als darüber zu sprechen, was sie bewegt.

Dies ist dem Umstand geschuldet, dass sie sehr rationale Typen sind, die der Umgang mit Gefühlen – zumindest in Liebesbeziehungen – etwas befangen macht.

EADOs sind Einzelkämpfer. Sie haben ein starkes Unabhängigkeitsbedürfnis und gehen ungern Kompromisse ein. In ihren Beziehungen löst das immer wieder Konflikte aus, weil der Partner sich übergangen und nicht ernst genommen fühlt. Kompetenzminister sind innerlich hin- und hergerissen zwischen ihrem Wunsch nach Beziehung und ihrem Bedürfnis nach Unabhängigkeit. Am wohlsten fühlen sie sich mit einem ebenfalls unabhängigen Partner, der ihnen genügend Freiraum lässt. Umgekehrt sind sie auch selbst so tolerant, ihrem Partner seine Unabhängigkeit zuzugestehen. Das heißt nicht, dass Kompetenzminister ihren Partner aus allen Lebensbereichen ausgrenzen möchten. Gern erzählen und diskutieren sie über ihre Erfahrungen, allerdings sind sie nicht bereit, sich reinreden zu lassen oder sich zeitlich einzuschränken. Für viele EADOs steht an erster Stelle ihre Arbeit, in die sie viel Zeit und Energie investieren. Von ihrem Partner erwarten sie, dass er ihr Engagement unterstützt oder zumindest toleriert.

Elternschaft

EADO-Eltern haben auch für ihre Kinder klare Pläne und Ziele vor Augen. Sie sind sehr engagiert, wenn es darum geht, ihre Kinder zu fördern und ihnen die bestmöglichen Entwicklungsbedingungen zu schaffen. Sie leben ihren Kindern Zielstrebigkeit, Geradlinigkeit und Konsequenz vor, weil dies für sie selbst zentrale Werte sind. Ihre Erziehung ist geprägt durch deutliche Regeln und ebenso klare Konsequenzen, wenn diese Regeln übertreten werden.

EADO-Eltern müssen ein bisschen aufpassen, ihre Kinder nicht zu überfordern. Auch wenn die Ziele, die sie für ihre Kinder vor Augen haben, durchaus erstrebenswert sind, dürfen sie nicht außer Acht lassen, dass ihre Kinder vielleicht etwas ganz anderes wollen –

oder können. Da aus Sicht des Kompetenzministers (fast) alles möglich ist, wenn man nur hart genug dafür arbeitet, fällt es ihnen schwer zu akzeptieren, wenn ihre Kinder vielleicht nicht die nötige Begabung mitbringen, die sie bräuchten, um die oft ehrgeizigen Ziele ihrer Eltern zu erreichen.

Vor allem männliche EADOs können in ihrer Erziehung zu autoritär sein. Bei weiblichen EADOs ist der rationale DenkEntscheider-Faktor per se durch die weiblichen Gene etwas abgemildert – ihnen gelingt es oft besser, ihren Kindern genügend Freiraum zuzugestehen. Männliche wie weibliche Kompetenzminister sollten auf keinen Fall vergessen, ihre Kinder auch zu loben, wenn sie etwas gut gemacht haben.

EADOs sind ihren Kindern sehr zugetan, auch wenn es ihnen manchmal schwerfällt, diese tiefe Zuneigung zu zeigen. Ein weiterer Pluspunkt von EADO-Eltern ist, dass es in der Familie munter und lebendig zugeht. EADOs haben von Natur aus einen großen Schwung und Tatendrang, das lässt selten Langeweile aufkommen.

Probleme und Entwicklungsmöglichkeiten

Die größte Stärke der Kompetenzminister, ihre Entschlossenheit und ihre Strukturiertheit, mit der sie um die Umsetzung ihrer Ideen kämpfen, kann ihnen ebenso zum Nachteil gereichen. Das fängt bereits bei der Auswahl ihrer Ideen an: Zwar unterziehen EADOs ihre Ideen einer logischen Analyse, jedoch kommen sie manchmal zu schnell zu einer Entscheidung. Das heißt, dass sie nicht lange genug Informationen sammeln, um zu der richtigen Entscheidung zu kommen. EADOs sind getrieben, die Dinge schnell abzuschließen, und hierin liegt eine ihrer potenziellen Fehlerquellen: Es täte ihnen gut, eine Entscheidung so lange offenzuhalten, bis sie genügend Informationen gesammelt haben, dass sie auch wirklich auf sicheren Füßen steht. Dies gilt vor allem für Bereiche, die nicht zu ihren Kernkompetenzen zählen.

Eine weitere potenzielle Fehlerquelle ist – wie bei allen abstrakten Typen – ihre Abneigung, sich mit »Detailkram« zu befassen. Das heißt, dass ihre glänzenden Ideen manchmal an der praktischen Umsetzung scheitern können. Dies ist vor allem dann ein Problem, wenn EADOs mit geradezu sturer Entschlossenheit an ihren Ideen festhalten. Kompetenzminister könnten es sich leichter machen, wenn sie Ratschläge von anderen einholten und diese ernst nähmen. Vor allem Menschen, die über eine konkrete Wahrnehmung (K) verfügen, haben einen guten Blick für die praktischen Probleme, die sich bei der Umsetzung eines Plans auftun können. Diese praktischen Probleme muss man erkennen, um sich rechtzeitig von Ideen zu verabschieden, die zwar höchst kreativ, aber leider nicht realisierbar sind.

Eine weitere Stolperfalle für den EADO kann sein, dass er den »Faktor Mensch« unterschätzt. Durch seine sehr geradlinige Art kann er seinen Mitarbeitern auf die Füße treten, die dann weniger motiviert sind oder sich sogar durch kleine Sabotageakte rächen. Hier könnten EADOs von der Beratung von FühlEntscheidern profitieren. Diese haben in der Regel eine gute Einschätzung, was die Bedürfnisse und Wünsche ihrer Mitmenschen anbelangt. Diese zu berücksichtigen, kann sich regelrecht »auszahlen«, weil das Arbeitsklima hierdurch harmonischer und kooperativer wird. Wenn ihr DenkEntscheider-Faktor jedoch nicht allzu stark ausgeprägt ist, was bei vielen weiblichen EADOs der Fall ist, dann können sie hervorragende und auch sehr beliebte Chefs beziehungsweise Chefinnen sein. Sie sind dann sehr klar und transparent in ihrer Vorgehensweise, gleichzeitig aber auch wertschätzend. Im Übrigen punkten männliche und weibliche EADOs bei ihren Mitarbeitern durch ihren Witz und ihre Schlagfertigkeit.

Wie alle DenkEntscheider könnten auch EADOs davon profitieren, sich stärker mit ihrem eigenen Gefühlsleben zu befassen. Je mehr Draht sie zu ihren Gefühlen finden, desto leichter fällt es ihnen, sich in ihre Mitmenschen einzufühlen. Hierfür würde es reichen, wenn sie ganz bewusst öfter mal den Blick nach innen richteten und sich fragten: Was fühle ich gerade? Vor allem Gefühle wie Trauer, Hilflosigkeit oder Angst sollten sie ruhig ein wenig mehr Raum geben, als es ihrer Gewohnheit entspricht. Sie könnten sich dann besser selbst reflektieren und etwas weicher werden. Dies hätte einen sehr positiven Effekt auf ihr Einfühlungsvermögen. Ihre zwischenmenschlichen Beziehungen könnten hierdurch harmonischer und liebevoller werden. Ein weiterer Grund, der dafür spricht, sich stärker mit den »schwachen« Gefühlen zu befassen, ist, dass sich diese manchmal in Wut transformieren. Dies ist zum Beispiel dann der Fall, wenn ein EADO eine Kränkung hinunterschluckt und, anstatt darüber zu reden, gereizt und zickig reagiert, was seine Beziehungen unnötig strapaziert. Es täte seiner inneren Balance gut, wenn er sich mehr schwache Gefühle erlaubte und sich auch darin übte, über diese mit nahen Bezugspersonen zu reden.

Der EADO ist kaum gefährdet, zu früh aufzugeben. Viel wahrscheinlicher ist es, dass er sich in eine Idee verrennt und deren Scheitern nicht wahrhaben will. Besonders, wenn ihr O (organisiert) sehr ausgeprägt ist, fällt es EADOs schwer, sich von ihren Ideen zu verabschieden. Sie sind ausgesprochene Kämpfernaturen. In manchen Fällen ist jedoch Loslassen die bessere Lösung. Deswegen sollte der EADO immer einen kritischen Abstand einnehmen, was die Erfolgsaussichten seiner Projekte betrifft und, ganz wichtig, ein Aufgeben nicht als persönliches Versagen bewerten. Für den EADO gilt ganz besonders der schöne Aphorismus zur Gelassenheit: »Lieber Gott, gib mir die Gelassenheit, Dinge hinzunehmen, die ich nicht ändern kann, den Mut, Dinge zu ändern, die ich ändern kann, und die Weisheit, das eine vom anderen zu unterscheiden.«

Manchmal ist aber auch ein Aufgeben seines Plans gar nicht nötig, sondern es würde schon genügen, wieder ein paar Schritte zurückzugehen, neue Informationen zu sammeln und einen alternativen Lösungsweg auszuprobieren. Aber selbst dazu sind Kompetenzminister manchmal zu verbissen.

Wenn eine Idee scheitert, trifft sein hartes Urteil den EADO selbst, und er erlebt seinen Misserfolg als persönliches Versagen. Gerade weil er so sehr auf seinen Beruf und seine Karriere fixiert ist, zieht ihn das besonders herunter. Grundsätzlich täte es dem EADO gut, wenn er sich mehr in Gelassenheit üben würde. Hierfür könnte es ihm helfen, wenn er sich etwas weniger auf seine Karriere und ein wenig mehr auf Lebens- und Genussfreude fokussieren würde. Die Arbeit kann nämlich zu seinem zentralen Lebensinhalt werden. Er kann schon gar nicht mehr richtig entspannen und das Leben einfach mal genießen. Es würde sich lohnen, wenn die EADOs ihr visionäres Denken stärker für den Freizeit- und Beziehungsbereich nutzen würden.

Persönliche Gebrauchsanweisung

- Bitte hör mir zu und lass mich reden, diskutieren, laut denken und neue Ideen entwickeln! Ich brauche den Austausch mit anderen.
- Bitte ermutige und begleite mich in meinem Bestreben nach Wachstum und Entwicklung. Hab Verständnis dafür, dass ich die Herausforderung brauche und immer weiterkommen will.
- Hör meinen Ideen und Visionen bitte zu und beteilige dich an meinen Überlegungen. Versuche erst mal, die übergeordnete Idee zu verstehen. Stell nicht sofort tausend Nachfragen zu irgendwelchen Details. Das macht mich ungeduldig, weil es für mich erst mal nicht so wichtig ist.
- Bitte vertraue meinen Ideen und meiner Kompetenz! Stelle mich bitte niemals vor anderen in Frage.
- Unterstütze oder akzeptiere zumindest meine beruflichen Karrierepläne, und dass ich viel Zeit und Energie in meine Arbeit stecke. Es ist mir wichtig voranzukommen.
- Nimm meine Kritik bitte nicht persönlich! Ich will mit dir Argumente austauschen und vielleicht sogar einen neuen Stand-

punkt gewinnen. Ich möchte dich nicht kränken oder überheblich sein.

- Du beeindruckst mich, wenn du mit mir in die Konfrontation gehst und mich am Ende vielleicht sogar mit deinen Argumenten überzeugen kannst. Bitte weich der Auseinandersetzung nicht aus!
- Sag mir bitte offen, was dich stört oder verletzt! Kehre nicht um der Harmonie willen alles unter den Teppich. Nur wenn du mit mir sprichst, kann ich etwas verändern.
- Sei bitte pünktlich und halte ein, was du versprichst. Nichts nervt mich mehr als lauter angefangene, halbfertige Projekte. Wenn du schon zu spät kommst oder deine Pläne über den Haufen wirfst, dann sag mir bitte rechtzeitig Bescheid und, wenn irgendwie möglich, erkläre mir den Grund dafür!
- Respektiere mein Bedürfnis nach Routine und Struktur auch im Alltag. Ich fühle mich einfach wohler, wenn ich weiß, was mich erwartet.
- Geh mit mir aus und unter Leute. Ich brauche den Austausch mit anderen. Akzeptiere bitte, dass ich auch alleine gehe, wenn du keine Lust hast, mich zu begleiten.

IAFL: die Tugendminister

I = introvertiert
A = abstrakt
F = FühlEntscheider
L = locker

IAFL
Tugendminister

Tugendminister sind sympathische und bescheidene Menschen. Sie sind flexibel und anpassungsfähig. Wenn man sie jedoch nicht so gut kennt, können sie in ihrem Auftreten eine kühle Reserviertheit an den Tag legen, dabei sind sie alles andere als kühl. Wie für viele introvertierte Typen gilt auch für die IAFLs: »Stille Wasser sind tief.« Richtig kennen lernt man sie zumeist erst auf den dritten oder vierten Blick, denn sie geben nicht so schnell ihr Innerstes preis. überhaupt macht der Tugendminister wenig Aufhebens von seiner Person.

Kennzeichnend für IAFLs ist ihre starke gefühlsmäßige Beurteilung (F). Sie haben ein sehr ausgeprägtes inneres Wertesystem, dessen Herzstück soziale und zwischenmenschliche Werte bilden. Alles, was sie tun und alles, was um sie herum geschieht, wird durch dieses Wertesystem gefiltert. Tugendminister streben nach Integrität, das heißt, sie möchten in Übereinstimmung mit ihren Werten leben und sie im Umgang mit ihren Mitmenschen umsetzen. Sie sind zugewandt, interessiert, aufmerksam, hilfsbereit, großzügig, verlässlich und loyal. Sie sind sozusagen die Helden im Märchen, die tapferen Prinzen und Prinzessinnen, die Verteidiger des Glaubens und die Hüter der Moral und Gerechtigkeit. Sie haben einen ausgeprägten Sinn für Ehrenhaftigkeit und Anstand. Für ihre Werte sind sie auch bereit, auf die Barrikaden zu gehen. Andere sind manchmal überrascht, wie der sonst so verträgliche Tugendminister aus der Haut fahren kann, wenn seine Werte verletzt werden. Dies umso mehr, weil er in introvertierter Manier vorher nicht viel über seine Werte geredet hat.

Ihren Blick richten die Tugendminister auf zukünftige Möglichkeiten und übergeordnete Zusammenhänge. Sie sind immer auf der Suche nach Ideen, um die Welt zu verbessern. Sie gehören nicht nur zu den Ersten, die an der Front einer Revolution kämpfen, sondern sie sind auch in ihrem alltäglichen Daseinsvollzug bestrebt, es immer »noch ein bisschen besser zu machen.« Recht streng überwachen sie ihr eigenes Tun und arbeiten an ihrer geistigen und seelischen Integrität. Weiterentwicklung bedeutet für sie Selbsterkenntnis und Beseitigung, zumindest aber Linderung charakterlicher Mängel. Sie verlieren ihre humanistische Vision nie aus dem Auge und wollen ihre Ideale im täglichen Leben verwirklichen. Wenn sie zu verbissen mit sich selbst umgehen, laufen sie Gefahr, auch mit anderen zu hart ins Gericht zu gehen. Ihre eigentlich guten Absichten können sich dann in eine engstirnige Intoleranz gegen alle, die – in ihren Augen – einen zu oberflächlichen Lebensstil pflegen, verkehren. Manche von ihnen neigen zum »radikalen Fundamentalismus«, wenn es um soziale und/oder Umweltfragen geht.

Weiterhin kennzeichnend für IAFLs ist ihre abstrakte Wahrnehmung (A). Wie alle Abstrakten richten sie ihren Blick auf übergeordnete Zusammenhänge, Möglichkeiten und Zukünftiges.

Tugendminister wollen mit sich und der Welt im Einklang leben. Sie unterstützen gern andere dabei, dass sie ihren Weg finden, ihre Fähigkeiten entdecken und ihre Talente entfalten.

Weil sie sich sehr stark auf Mögliches und auf die Potenziale ihrer Mitmenschen ausrichten, fehlt ihnen manchmal der Blick fürs Praktische. In alltäglichen Dingen sind IAFLs teilweise ein wenig umständlich und unbeholfen. Alltägliche Notwendigkeiten bleiben häufig unerledigt, sie werden übersehen und vergessen. Manche IAFLs sind die typischen zerstreuten Professoren, die so sehr in ihrer Gedankenwelt versinken, dass sie lebenspraktische Belange, wie beispielsweise den Einkauf, vergessen, bis sie der Hunger plagt und sie vor ihrem leeren Kühlschrank stehen.

In ihrem Zuhause und in ihrer Arbeitsumgebung kann es ziemlich unübersichtlich und etwas chaotisch aussehen. Zum einen fällt es Tugendministern schwer, sich von Dingen zu trennen, die emotional bedeutsam für sie sind, zum anderen haben sie meist mehrere Projekte gleichzeitig in Arbeit, was zumindest äußerlich für Unordnung sorgt. Innerlich haben Tugendminister meist einen guten Überblick über das, was ansteht. Allerdings verführt sie ihr L-Faktor (locker) dazu, mehr Dinge anzufangen, als zu Ende zu bringen.

Wird allerdings ihr soziales Wertesystem alarmiert, dann sind Tugendminister eher konfliktscheu. Sie sind auf Harmonie und Ausgleich bedacht und stellen sich gern in den Hintergrund. Unzufriedenheit und Ärger schlucken sie oft hinunter, was ihrer seelischen und manchmal auch physischen Gesundheit nicht unbedingt guttut. Auch Wettstreit und Geltungsbedürfnis sind ihnen recht fremd. Sie sind die uneitlen Diener einer guten Sache. Dennoch sind sie hin und wieder enttäuscht, wenn ihr Beitrag nicht genügend gewürdigt wird.

Wie alle abstrakten FühlEntscheider-Typen (AF) streben auch die IAFLs nach Integrität und Selbsterkenntnis. Immer wieder hinterfragen sie sich und ihren Lebensstil. Weil sie hohe Maßstäbe haben, sind sie sehr selbstkritisch, denn die Vollkommenheit, die sie anstreben, können sie nie erreichen. Ihr L-Faktor lässt sie immer wieder nach alternativen Möglichkeiten suchen, ihr Leben zu gestalten, sodass sie in diesem Prozess der Selbsterkenntnis und Selbsthinterfragung nie zu einem abschließenden Ergebnis kommen. Sie sind immer für neue Erkenntnisse offen. Gegenüber anderen Lebensformen sind Tugendminister sehr tolerant. Allerdings sind die Grenzen ihrer Toleranz durch ihre sozialen Werte klar abgesteckt.

Arbeit

Tugendminister brauchen eine Arbeit, die mit ihrem inneren Wertesystem übereinstimmt, sonst fühlen sie sich schnell erschöpft und ausgebrannt. Eine wertvolle Arbeit zu tun, die für sie persönlich bedeutsam ist, ist ihnen wichtiger als Geldverdienen. Gern und gut arbeiten IAFLs in sozialen Berufen, in jenen Tätigkeiten, bei denen sie einen humanen Beitrag leisten können: als Psychologe, Berater, Lehrer, Entwicklungshelfer, Sozialarbeiter, Krankenpfleger.

Auch wenn sie introvertiert sind, arbeiten IAFLs gern im Team, besonders dann, wenn die anderen die gleichen Wertvorstellungen haben und man gemeinsam an einer »guten Sache« arbeitet. Sie sind zwar selten die Wortführer, dennoch tragen sie durch ihre engagierte und verbindliche Art dazu bei, ein konstruktives und effektives Arbeitsklima zu schaffen. Allerdings können sie auch gern und gut allein arbeiten – flexibel und in ihrem eigenen Tempo.

IAFLs arbeiten am effektivsten, wenn sie ein mittleres Maß an Eigenständigkeit und Freiheit haben. Dann können sie ihre Kreativität entfalten und Dinge auf ihre Weise angehen. Sie mögen keine Routinearbeiten und probieren gern neue Wege aus, um ein Problem zu lösen. Wenn es sich jedoch nicht vermeiden lässt, sind IAFLs introvertiert genug, um die Disziplin aufzubringen, Details auszuarbeiten und Routinetätigkeiten zu erledigen. Allerdings sollte der Freiraum auch nicht allzu groß sein, weil sie dann dazu neigen, den Abschluss einer Arbeit zu lange hinauszuzögern. Dies nicht etwa, weil sie faul oder unmotiviert wären; eher im Gegenteil: IAFLs haben eine Idealvorstellung vor Augen und kommen nicht eher zur Ruhe, als bis sie diese zumindest annähernd erreicht haben. Und das kann dauern! Deswegen ist es gut, wenn sie sich an einen klaren Zeitplan halten müssen, weil sie dann gezwungen sind, ihren Perfektionismus zu zügeln. Auch wenn sie selbst nicht unbedingt mit dem Ergebnis zufrieden sind, haben sie dann, objektiv betrachtet, zumeist sehr gute Arbeit geleistet.

Tugendminister fühlen sich am wohlsten in einer harmonischen Arbeitsumgebung. Sie schätzen eine kollegiale und hilfsbereite Zusammenarbeit, Konkurrenz und Wettstreit ist ihnen zuwider. Ihre Einstellung ist eher beziehungs- als aufgabenorientiert, das heißt, an erster Stelle steht für sie eine gute betriebliche Atmosphäre. Wenn die stimmt, geht ihnen auch die Arbeit leicht von der Hand. Selten reißen sich Tugendminister um Führungspositionen, was verschiedene Gründe hat: Zum einen stehen sie ungern im Mittelpunkt, sie erledigen ihre Aufgaben lieber unbeobachtet. Es widerstrebt ihnen außerdem, ihre Kompetenz ständig unter Beweis stellen zu müssen. Zum anderen fällt es ihnen schwer, sich durchzusetzen und Kritik anzubringen, auch wenn diese gerechtfertigt ist. Ihr ausgesprochenes Harmoniebedürfnis lässt sie häufig Ärger und Unzufriedenheit hinunterschlucken. In Führungspositionen können sie immer wieder in unangenehme Situationen kommen, insbesondere wenn ihre Mitarbeiter gegensätzliche Interessen und Meinungen an sie herantragen, die nicht einvernehmlich zu lösen sind. Dabei haben IAFLs durchaus Führungsqualitäten. Sie können ihre Mitarbeiter gut motivieren, weil sie auf deren Stärken blicken und gern ein Lob aussprechen. Durch ihre freundliche und verbindliche Art vermitteln sie ihren Mitarbeitern Vertrauen, das diese im Gegenzug nicht enttäuschen wollen. Zudem lassen sie ihren Untergebenen möglichst viel Handlungsspielraum bei ihrer Arbeit. Damit fördern sie die Eigenverantwortlichkeit jedes Einzelnen und somit auch Kreativität und Motivation. Tugendminister haben einen freundlichen, aber hartnäckigen Führungsstil. Häufig energetisieren sie ihre Mitarbeiter durch ihr eigenes Engagement.

Liebe und Freundschaft

Tugendminister pflegen einen kleinen und auserwählten Freundeskreis. Klein, weil sie introvertiert sind und deswegen ihr Bedürfnis nach Kontakt und persönlichem Austausch bereits durch wenige nahestehende Personen erfüllt wird. Auserwählt, weil es ihnen wichtig ist, mit engen Freunden die gleichen Wertvorstellungen zu teilen. Deshalb scheiden viele Menschen bereits von vornherein für Freundschaften aus. Es ist aber nicht so, dass IAFLs quasi nur zu ihresgleichen Kontakt suchen. Im Gegenteil, sie diskutieren gern und setzen sich auch mit Andersdenkenden über Wertfragen auseinander. Jedoch schließen sie auf dieser Basis keine Freundschaften, weil eine wesentliche Gemeinsamkeit nicht erfüllt ist.

Sehr wichtig ist für Tugendminister der persönliche Austausch, sie hinterfragen sich und andere. Wie alle AFs reflektieren sie gern sich selbst und ihre Beziehungen. Und genau darüber möchten sie mit ihren Freunden reden können. Es langweilt sie, wenn das Gespräch ohne Tiefgang bleibt und auf einer oberflächlichen Ebene dahinplätschert. Deshalb tummeln sich in ihrem Freundeskreis viele andere AFs, die auch auf der Suche nach Lebenssinn und Bedeutung sind. Weitläufigere und oberflächliche Bekanntschaften pflegen Tugendminister kaum, denn solche Kontakte strengen sie an. Stattdessen verbringen sie lieber Zeit für sich, die sie benötigen, um Kraft zu schöpfen.

Liebe und Partnerschaft sind für Tugendminister eine tiefe Verpflichtung. Partnerschaft bedeutet für sie, sich gemeinsam weiterzuentwickeln und gemeinsame Werte und Visionen zu teilen. Weil sie ein hohes Beziehungsideal haben, verlieben sich IAFLs nur selten und noch seltener spontan. Bevor sie glauben, den Partner fürs Leben gefunden zu haben, wird dieser eingehend geprüft. Unter den hohen Ansprüchen, die sie an die Beziehung stellen, leiden manchmal nicht nur ihre Partner, sondern auch die Tugendminister selbst. Hinter ihren strengen Maßstäben kann sich aber auch eine unterschwellige Verlustangst verbergen. IAFLs hängen sehr an ihren nächsten Bezugspersonen und tragen schwer an einem Verlust. Auch dies ist ein Grund, warum sie manchmal zögern, bevor sie sich enger binden. Ihre tiefer sitzende Verlustangst versteckt sich dann hinter Zweifeln am Partner und rund um das Thema Partnerschaft. Sie selbst meinen jedoch, sie hätten noch nicht den oder die Richtige gefunden. Tugendministern, die sich durch die letzten Zeilen angesprochen fühlen, sei geraten, sich mit dem Thema »Bindungsangst« näher zu beschäftigen.

Weil sie introvertiert sind, fällt es ihnen teilweise schwer, ihre Gedanken und Gefühle mitzuteilen, obwohl sie genau diesen Anspruch an eine Beziehung haben: ein intensiver Gedankenaustausch und ein tiefes wechselseitiges Verständnis. Hierbei kann sich beim Partner leicht das Empfinden einstellen, einfach nicht tiefgründig genug zu sein. Er gerät dann unter Druck, so viel wie möglich aus sich herausholen zu müssen, um seinen IAFL-Partner nicht zu enttäuschen. Wenn die Beziehungsgestaltung jedoch gelingt, ist die Partnerschaft sehr intensiv, vertrauensvoll und tragfähig.

Elternschaft

Tugendminister wollen ihren Kindern in Wort und Tat soziale Werte vermitteln. Sie können sich zumeist sehr gut in ihre Kinder einfühlen und versuchen, ihnen Verbote und Erfordernisse so zu vermitteln, dass sie diese einsehen. Ihr Erziehungsstil ist partnerschaftlich und wenig autoritär. Häufig sind sie ihren Kindern nicht nur Eltern, sondern auch Freunde und Vertraute. IAFL-Eltern sind äußerst liebevoll und warmherzig. Sie legen sehr viel Wert darauf, dass ihre Kinder ihr individuelles Potenzial voll entfalten können. Sie ermutigen und unterstützen sie, ihren eigenen Weg zu finden. Dabei sind sie ziemlich tolerant und gewährend, sofern ihre Wertvorstellungen nicht angetastet werden. Wenn das allerdings passiert, lassen sie keine Kompromisse gelten. Bei anderen kleineren Regelüberschreitungen drücken sie gern mal ein Auge zu. Letzteres kann auch zum Schwachpunkt der IAFL-Erziehung werden: Wenn ihr L (locker) sehr ausgeprägt ist, vermitteln sie ihren Kindern manchmal zu wenig äußere Struktur und Regelmäßigkeit. Dies kann ihre Kinder verunsichern.

Probleme und Entwicklungsmöglichkeiten

Tugendminister richten ihr Leben nach hohen Idealen aus. Das ist einerseits ihre große Stärke, zumal sie durch ihre Hartnäckigkeit tatsächlich auch manche Träume verwirklichen. Es kann ihnen jedoch auch zum Nachteil gereichen: Manchmal verbohren sich IAFLs in ihre Überzeugungen und übersehen, dass es auch noch andere (berechtigte) Standpunkte gibt. Wenn man sie kritisiert oder aufhalten will, können sie sehr starrsinnig und ungehalten reagieren. Sie sind dann nur schwer davon zu überzeugen, dass sie sich verrennen und die Kritik gut gemeint ist. Ebenso kann es passieren, dass Tugendminister es versäumen, ihre abstrakten Ideen und Vorstellungen mit der Realität abzugleichen. Wie alle Abstrakten konzentrieren sie sich auf die große, übergeordnete Idee und verwenden nicht viel Zeit und Mühe, sich mit den Details der Umsetzung zu beschäftigen. Das kann zu großen Enttäuschungen führen, wenn sie zu spät merken, dass ihre Ideen an der Wirklichkeit scheitern. Hier könnte ein möglichst früher Realitätscheck helfen. Diesen müssen Tugendminister nicht unbedingt selbst machen, sondern sie können einen KD (konkreten DenkEntscheider) zu Rate ziehen, der in der Regel einen sehr viel besseren Blick für die Probleme der praktischen Umsetzung hat. Doch dafür müssten sich IAFLs überwinden, anderen ihre Überlegungen zu einem recht frühen Zeitpunkt mitzuteilen. Weil sie introvertiert sind, sprechen sie allerdings nicht gern über Unausgegorenes, obwohl sie das vor einigen Pannen bewahren könnte.

Ihre hochgesteckten Ideale und ihr Perfektionsstreben motivieren Tugendminister und lassen sie bei der Verfolgung ihrer Ziele konsequent bleiben. Sie erbringen oft Höchstleistungen, sind aber selbst unzufrieden, weil das Ergebnis in ihren Augen unvollkommen ist. Das kann in zweifacher Hinsicht problematisch werden. Zum einen verhindert es, dass IAFLs eine Arbeit zum Abschluss bringen, weil man sie ja immer noch verbessern könnte. Zum anderen führt es dazu, dass IAFLs selten mit sich zufrieden sind. Tugendminister sollten sich in ihrer Selbstkritik mäßigen, weil ihre selbstkritische Haltung in permanente Selbstzweifel ausarten könnte, die sie lähmen und resignieren lassen. Wenn sie zu sehr in Stress geraten, kann sich ein geradezu düsterer Pessimismus in ihnen breitmachen. Die normalerweise so friedliebenden Tugendminister werden dann streit- und angriffslustig. Ansonsten sehr einfühlsam, nehmen sie dann auf die Gefühle der anderen keine Rücksicht mehr. Um ihren Stress in den Griff zu bekommen, neigen sie zu ziellosem Aktionismus. Dabei sollten sie genau das Gegenteil tun: Um sich aus ihrer negativen Gedankenspirale zu befreien, sollten sie einen Break einlegen und sich mit angenehmen Dingen beschäftigen, die ihre volle Aufmerksamkeit fordern, wie zum Beispiel ein Instrument spielen, malen, handwerken oder basteln. Aber auch sportliche Aktivitäten können ihnen gut dabei helfen, in einen anderen inneren Zustand zu kommen. Sie müssen alles daransetzen, ihre Stimmung zu heben, damit sie wieder einen klaren Blick bekommen.

IAFLs sollten ihren Blick nicht nur auf die Ziele, die sie erreichen möchten, richten, sondern auch auf die Gegenwart, und registrieren, was sie bereits erreicht haben. Eigentlich müssten IAFLs nur ihre wohlwollende und unterstützende Haltung, mit der sie anderen begegnen, auch sich selbst entgegenbringen. Aber so leicht ihnen das bei anderen fällt, so schwer fällt es ihnen manchmal bei sich selbst. Sie machen sich das Leben oft zu schwer und neigen zu depressiven Verstimmungen. Dies ist sowohl ihrer übermäßigen Selbstkritik und ihrer Schwarzmalerei geschuldet, als auch ihrer Konfliktscheu. So schlucken sie ihren Ärger oft zu lange hinunter, anstatt das klärende Gespräch zu suchen. Andere schließen aus diesem Verhalten, dass der Tugendminister einverstanden ist, und sind sich keiner Schuld bewusst. Umso erstaunter und verärgerter sind sie dann, wenn der IAFL später einen Rückzieher macht oder seine angestaute Wut bei einem vergleichsweise nichtigen Anlass aus ihm herausbricht. IAFLs sollten sich ein Herz fassen und Konflikte zu einem frühen Zeitpunkt ansprechen. Dadurch entlasten sie nicht nur sich selbst, sondern erhöhen auch die Chancen, dass sich ein sinnvoller Kompromiss finden lässt, mit dem beide Seiten leben können. Wenn sie Aussprachen zu lange vor sich herschieben, werden sie immer mehr zu der Überzeugung gelangen, dass eine Auseinandersetzung ohnehin zu nichts führt. Dabei liegt der Fehler eigentlich nur darin, zu lange gewartet und eine offene Aussprache vermieden zu haben.

Grundsätzlich sollten Tugendminister ihr Selbstwertgefühl stabilisieren, um sich besser vor Stress zu schützen. Wenn Tugendminister lernen, ihre Stärken anzuerkennen, dann können sie auch gelassener mit ihren Schwächen umgehen. Sie nehmen dann eine berechtigte Kritik als einen Verbesserungsvorschlag hin, anstatt in überflüssige Selbstzweifel zu verfallen.

Persönliche Gebrauchsanweisung

- Geh bitte geduldig, freundlich und unterstützend mit mir um. Akzeptiere, dass ich ein bisschen Zeit brauche, um mich zu öffnen und über das zu sprechen, was mich beschäftigt.
- Bitte versuche, mich zu verstehen und werte meine Gefühle nicht als übertrieben ab, auch wenn du nicht genauso empfindest wie ich.
- Bitte akzeptiere (besser noch teile) meine sozialen Werte! Sie sind sehr wichtig für mich und die Basis jeder engen Beziehung, die ich eingehe.
- Erzähl mir bitte auch, was in dir vorgeht. Mich interessiert, wie es in dir aussieht, und ich möchte an deinen Gedanken, Gefühlen und Überlegungen teilhaben.
- Sprich mit mir bitte nicht nur über Sachthemen! Mich interessiert vielmehr, was du fühlst, was dich bewegt und welche Visionen und Ziele du verfolgst.

- Respektiere bitte, dass ich häufiger Zeit für mich allein brauche. Das hat nichts mit dir zu tun. Ich brauche einfach das Alleinsein, um meinen Gedanken nachzuhängen. Danach bin ich umso präsenter und gerne wieder mit dir zusammen.
- Bitte erwarte nicht, dass ich dich auf alle Feiern, Treffen und Veranstaltungen begleite. Es strengt mich schnell an, unter zu vielen und vor allem unter fremden Menschen zu sein. Geh lieber gelegentlich alleine hin und erzähle mir hinterher, was du erlebt hast.
- Sei bitte offen für Neues! Beharre nicht einfach auf dem Alten, nur weil es immer so war.
- Ich möchte mich persönlich weiterentwickeln, und das am liebsten mit dir zusammen! Sei offen zu dir selbst, offen dafür, mehr von dir zu erfahren und über dich selbst nachzudenken.
- Zwinge mich bitte nicht, stur einen Plan einzuhalten. Versuche, spontan zu sein und wirf auch mal Pläne über den Haufen, wenn sich etwas Besseres ergibt.
- Kritisiere mich bitte nicht gleich, wenn ich etwas sage oder mache! Wertschätze erst mal mein Bemühen. Wenn du das getan hast, verletzt mich deine Kritik viel weniger und ich kann sie besser annehmen.
- Meckere bitte nicht über mein Chaos! Ich brauche die Vielfalt um mich herum und es stört mich nicht, wenn es ein bisschen unordentlich ist.
- Ich brauche Zeit, bis ich mich für etwas entscheiden kann. Mir ist es wichtig, auch noch für andere Möglichkeiten offen zu sein. Es stresst mich, wenn ich Dinge schon weit im Voraus fest planen soll.

EAFL: die Ideenminister

E = extravertiert
A = abstrakt
F = FühlEntscheider
L = locker

EAFL

Ideenminister sind begeisterungsfähig, kreativ und energiegeladen. Sie sind Visionäre und Nonkonformisten, die ihr Augenmerk auf die Zukunft und deren Möglichkeiten lenken. Sie bringen Lebendigkeit und Vergnügen in alle Aspekte des Lebens. EAFLs stecken voller Tatendrang, sind jedoch am besten in der Anfangsphase eines Projektes oder einer Beziehung – Durchhaltevermögen gehört nicht zu ihren Stärken.

Sie interessieren sich für die Muster und Beziehungen hinter dem Offensichtlichen. EAFLs erforschen in Situationen, bei Menschen und Dingen lieber die inneren Zusammenhänge als die sichtbaren Fakten. Das, was ist, interessiert sie weniger als das, was sein könnte. Sie haben ein extrem gutes Gespür für Erfolg versprechende Projekte und einen sehr guten Blick für die Potenziale ihrer Mitmenschen. Da sie enthusiastisch und begeisterungsfähig sind, können sie andere mühelos mitreißen und motivieren. Für sie gibt es eigentlich keine Probleme, die sich nicht lösen lassen, und oft finden sie unkonventionelle und originelle Problemlösungen. Überhaupt liegt ihre größte Fähigkeit im unkonventionellen Denken, deshalb sind sie auch häufig in kreativen Berufen zu finden und/oder in Berufen, die viel Raum für neue Lösungen und Ideen bieten. Sie sind optimistisch und risikobereit. Ihr Vertrauen, das sie in Menschen und die Dinge im Allgemeinen setzen, ist oft berechtigt.

Ihre Extraversion (E) in Verbindung mit ihrer gefühlsmäßigen Beurteilung (F) lässt sie gern mit Menschen zusammen sein, und sie sind zumeist beliebt, weil sie Spaß und Lebendigkeit versprühen. Die meisten Ideenminister verfügen über ausgedehnte und tragfähige soziale Netzwerke. Allerdings können sie auch recht impulsiv sein, und manchmal müssen dann andere einspringen, um die Situation zu retten. Ihre Neigung, direkt und geradeheraus ihre Meinung zu äußern, lässt sie allerdings kaum nachtragend sein (das sind dann eher mal die Betroffenen). Im Widerspruch zu ihrem impulsiven Temperament steht ihre Konfliktscheu. Es fällt ihnen schwer, ein »heißes Eisen« in Ruhe und mit angemessenen Worten anzusprechen.

EAFLs verfügen über ein gewisses Charisma und sind häufig von Anhängern umgeben, die sich von ihnen Lenkung und Inspiration erhoffen. Dies kann für sie jedoch eine Belastung darstellen, weil sie hierdurch einen gewissen Erwartungsdruck verspüren, der ihrem spontanen und autonomen Wesen widerstrebt.

Ideenminister haben einen Hang zum »Drama« – das Leben ist für sie eine Bühne intensiver Erfahrungen. Sie sind immer auf der Suche nach tiefen emotionalen Erlebnissen. Wenn diese ihnen jedoch widerfahren, lösen sie häufig ein gewisses Unbehagen aus. Dies hängt mit einem inneren Grundkonflikt der EAFLs zusammen: Einerseits streben sie nach Authentizität und Unabhängigkeit, andererseits wollen sie gern gefallen und legen Wert auf ein harmonisches Miteinander und auf Anerkennung. Dies kann zu einer gewissen Instabilität führen, die sie zwischen ihren eigenen Gefühlen und den Bedürfnissen anderer hin- und herreißt.

Ideenminister beschäftigen sich gern mit mehreren Dingen gleichzeitig. Ihre Wahrnehmung ist auf Dauerempfang geschaltet und hält sie stets wach und offen für neue Eindrücke. Sie sind hervorragende Beobachter. Sie vermögen es, ihre Aufmerksamkeit unmittelbar und direkt auf ihr Gegenüber zu richten und gleichzeitig die Umgebung im Auge zu behalten. Sie verabscheuen es zwar, kontrolliert zu werden, üben jedoch selbst, in Form von Beobachtung, eine wache Kontrolle über ihre Umgebung aus. Dies lässt sie teilweise innerlich angespannter sein, als ihnen äußerlich anzumerken ist. Man sagt sogar, dass Ideenminister aufgrund dieser Eigenschaft besonders zu Nackenverspannungen neigen.

Wie die meisten abstrakten FühlEntscheider (AF) sind auch die Ideenminister sehr sprachbegabt. In Kombination mit ihrer guten Beobachtungsgabe macht sie das oft zu ausgesprochen witzigen und amüsanten Unterhaltern.

Auf den ersten zehn Metern eines Projektes oder einer Beziehung sind EAFLs kaum zu schlagen. Unglücklicherweise legen sie jedoch mehr Starts als Finale hin. Dies hängt sowohl mit ihrer tief sitzenden Abneigung zusammen, sich mit Details zu befassen (A), als auch mit ihrer Neigung, sich nicht gern festzulegen (L). Sie sind Meister des Neuentwurfs, aber es gruselt sie, diesen dann auf Detailebene auszufeilen und umzusetzen. Nicht selten verlieren sie sogar das Interesse an ihren eigenen Projekten, wenn die ersten Herausforderungen bewältigt sind und das Neue seinen Reiz verloren hat. Die meisten EAFLs haben jedoch gelernt, dieser Neigung zu widerstehen oder sind durch Sachzwänge schlichtweg dazu gezwungen und halten durch. Mit ihrer lockeren Art (L) hängt auch zusammen, dass Organisation und Pünktlichkeit nicht zu ihren Stärken gehören. Sie verspäten sich häufig mit zahlreichen Entschuldigungen. Ein Grund für ihre Unpünktlichkeit ist, dass sie sich gern von Gesprächen mit Mitmenschen aufhalten lassen. Dafür sind sie spontan, flexibel und Meister in der Improvisation.

Arbeit

Ideenminister verfolgen nicht selten einen unkonventionellen Berufsweg. Man findet bei ihnen am häufigsten Jobwechsel, weil ihnen ihre alte Beschäftigung zu viel Routine abverlangte oder zu viele institutionelle Zwänge bescherte. Sie beschließen dann, sich neue Herausforderungen zu suchen. Wie bereits erwähnt, findet man sie häufig in Berufen, die abstraktes Denken, Vielseitigkeit und Flexibilität erfordern. Sie haben einen sehr guten Riecher für Zukünftiges und Erfolgversprechendes. Ihr Freiheitsdrang und ihr Autonomiebedürfnis verlangen Arbeitsumgebungen, in denen sie sich möglichst frei entfalten können, deshalb sind unter ihnen auch überdurchschnittlich viele Selbstständige zu finden. Sie hassen es, in Organisationen zu arbeiten, in denen sie sich stark kontrolliert fühlen und in denen starre Hierarchien herrschen. Sie versuchen dann, wo es geht, die Regeln zu verändern oder zu umgehen. Ebenso schauerlich ist für sie die Beschäftigung mit Details und stumpfsinnigen Routinearbeiten. Am besten sind sie an Arbeitsplätzen, die neue Ideen und Konzepte verlangen und an denen andere es dann übernehmen können, diese im Detail auszuarbeiten.

Ideenminister sind sowohl gute Teamarbeiter als auch fähige Führungskräfte. Sie lassen sich von Menschen inspirieren und energetisieren und können umgekehrt auch andere für ihre Projekte begeistern. EAFLs verbreiten zumeist gute Laune und Optimismus. Sie lieben ein kollegiales und freundliches Arbeitsklima und setzen sich hierfür auch ein, unabhängig davon, ob sie als Vorgesetzte oder als Kollegen tätig sind. Ihre Begeisterungsfähigkeit, ihr innovatives Denken und ihr sehr gutes Gespür für die Fähigkeiten ihrer Mitarbeiter verschaffen ihnen hervorragende Führungsqualitäten. Allerdings darf nicht zu viel Planung und Zeitmanagement von ihnen erwartet werden, beides gehört nicht zu ihren Stärken. EAFLs tun sich nämlich aufgrund ihrer Vielseitigkeit und ihrer Aufgeschlossenheit für Neues schwer, sich festzulegen. Sie halten sich Entscheidungen auch gern bis zum allerletzten Moment offen, um bloß keine Option zu verpassen. Es liegt ihnen weitaus mehr, flexibel auf Unerwartetes zu reagieren, als Aufgaben langfristig zu planen. Ihre unmittelbare Arbeitsumgebung, zum Beispiel ihr Schreibtisch, ist entsprechend dieser Neigung zumeist von einem chaotischen Durcheinander gekennzeichnet.

Ideenminister können in ihren jeweiligen Projekten vollkommen aufgehen. Sie arbeiten dann unermüdlich, oft weit über ihre physischen und psychischen Grenzen hinaus, sodass sie bei Vollendung des Projekts kurz vor dem Zusammenbruch stehen – oder zusammenbrechen. Diese Gefahr wird zusätzlich geschürt durch ihren Hang, Arbeit und Freizeit kaum voneinander zu trennen, zumal ihre Berufe häufig ihrer »Berufung« entsprechen. Einem EAFL muss die Arbeit vor allem Spaß machen, dieser Wert ist ihm fast heilig. Außerdem muss seine Arbeit im weitesten Sinne im Dienst der Menschheit stehen. Ideenminister wollen ihre humanitären Werte einbringen, am schieren Geldverdienen zeigen sie wenig Interesse.

Da sich ihre abstrakte Wahrnehmung (A) mit der gefühlsmäßigen Beurteilung (F) und Extraversion (E) verbindet, arbeiten sie gern an Projekten, die sich auf Menschen ausrichten. Außer in kreativen Berufen sind sie auch häufig als Lehrer, Berater und allgemein in dienstleistungsorientierten Jobs zu finden. EAFLs müssen aufpassen, dass ihr visionäres Denken nicht mit ihnen durchgeht. Ihre Schwachstelle ist die konkrete Wahrnehmung (K), auch die DenkEntscheidung (D) zählt nicht zu ihren Stärken. Deshalb können sich Ideenminister sowohl in der Auswahl ihrer Projekte als auch in ihrer Einschätzung von Menschen täuschen, wenn sie die objektive Faktenebene zu wenig beachten. Dann verpufft ihr Ideenreichtum in den falschen Unternehmungen, und sie fangen vieles an, ohne es je zum Abschluss zu bringen. Deshalb sollten sie sich – trotz ihres Enthusiasmus – zwingen, ihre Ideen gründlich auf ihre praktische Umsetzbarkeit hin zu überprüfen. »Minister«, die ihnen dabei helfen können, sind alle konkreten DenkEntscheider (KD), also: Freiheitsminister, Krisenminister, Präzisionsminister und Planungsminister.

Liebe und Freundschaft

Ideenminister sind leidenschaftliche, romantische und liebevolle Partner, mit denen das Leben spannend und abwechslungsreich ist. Leider sind sie aber auch in ihren Liebesbeziehungen nicht die

Durchhaltestärksten. Wie in allen Aspekten ihres Lebens sind EAFLs häufig in der Anfangsphase am besten und sie neigen – auch in Paarbeziehungen – dazu, schnell das Interesse zu verlieren, wenn der oder die Geliebte hinreichend erforscht wurde und nichts »Neues« mehr zu entdecken ist, oder wenn die Beziehung ihnen zu festgelegt erscheint. Da sie bis dahin weder in Wort noch Tat mit Beweisen der Zuneigung gespart haben, kann es für den Partner ein schlimmer Schock sein, wenn er plötzlich und unerwartet verlassen wird.

Wenn sich Ideenminister jedoch dauerhaft festlegen, sind sie sehr liebevolle und treue Gefährten, die ihren Partnern sehr viel Unterstützung in ihrer persönlichen Weiterentwicklung zukommen lassen. Wie alle AFs lieben sie den persönlichen Austausch, und es fällt ihnen leicht, über ihre Gefühle zu sprechen. Männlichen EAFLs fällt dies leichter als den meisten anderen männlichen Ministertypen, was ihre Partnerinnen begeistert. EAFL-Frauen wie -Männer sind einfühlsam und können sich sehr gut auf ihr Gegenüber einstellen. Sie suchen nach derselben »Wellenlänge« und »Seelenverwandtschaft« bei ihren Partnern. Wie alle AF-Typen sind sie romantisch und idealistisch. Was ihre Partner allerdings stressen kann, ist ihr mangelnder Ordnungssinn und ihr schlechtes Zeitmanagement – hier kann es, vor allem mit organisierten Typen (O), immer wieder zu Auseinandersetzungen kommen.

Im Allgemeinen tun Ideenminister gut daran, wichtige Lebensentscheidungen wie eine Heirat nicht zu früh zu treffen. Ihr grundlegendes Unbehagen, sich festzulegen, zeigt sich nämlich auch bei der Partnersuche: Es könnte ja noch etwas »Besseres« kommen! EAFLs neigen dazu, ihre Partner zu idealisieren. In der anfänglichen Verliebtheit prüfen sie ihren Schwarm nicht besonders genau und – typisch für EAFLs –sind jedes Mal überzeugt, diesmal den Richtigen gefunden zu haben. Wenn die Beziehung dann läuft, verdrängen sie die Schwächen des Partners so lange es geht, was nicht zuletzt mit ihrer Konfliktscheu zu tun hat. Hindern sie nicht gute Gründe, wie beispielsweise Kinder, die Beziehung zu beenden, wenden sie sich ab. Anders als die EAFOs sind sie nicht geneigt, lange um ihre Beziehung zu kämpfen. Für sie gilt eher: »Neues Spiel, neues Glück!« Für manche Ideenminister ist Verliebtheit auch eine Art Dauerzustand, sie sind »verliebt in die Liebe« und brauchen immer wieder »den Kick« des Neuanfangs. Dies treibt sie rastlos von Beziehung zu Beziehung, von Affäre zu Affäre. Dieser Typ ist also anfällig – wie alle L-Typen – für Bindungsangst. Anders als die introvertierten L-Typen, die, sofern sie bindungsängstlich sind, Beziehungen auf Distanz halten, stürzen sich die extravertierten L-Typen immer wieder in Affären und Beziehungsanfänge. Bindungsangst kann man jedoch auflösen, sofern man dies möchte. Hierfür sollte man sich mit der entsprechenden Ratgeberliteratur auseinandersetzen und gegebenenfalls eine Beratung aufsuchen. Ein erster Rat an die Betroffenen sei, dass sie einmal tief in sich gehen sollten, welche Gefühle sich bei ihnen einstellen, wenn sie sich vorstellen, sich dauerhaft auf einen Partner festzulegen. Sie benötigen einen Draht zu ihren tiefer sitzenden Ängsten und Nöten. Ihre Rastlosigkeit in Beziehungsdingen verhindert dies oft. Aber erst wenn sie das Muster hinter dem Muster verstehen, können sie es auch verändern.

Ideenminister sind liebenswerte, zugewandte und hilfsbereite Freunde. Ihre Fähigkeit, Abwechslung und Farbe ins Leben zu bringen, zieht andere Menschen an und macht sie zu begehrten Zeitgenossen. Ihre Geselligkeit und Unterhaltsamkeit wird ebenso geschätzt wie ihre zumeist ausgeprägte Fähigkeit, es sich gut gehen zu lassen – in ihrer Gesellschaft fühlt man sich wohl. Zumeist sind sie außerdem sehr großzügige Gastgeber mit einem Sinn für Originelles und Ungewöhnliches. Ihre Freundschaften sind häufig beständiger als ihre Partnerschaften.

Elternschaft

Ideenminister sind sehr liebevolle und zugewandte Eltern. Sie bieten ihren Kindern einen großen Entwicklungsfreiraum und legen viel Wert darauf, ihre Talente zu fördern. Ihre Lebendigkeit und ihr Einfallsreichtum bringen sie auch in ihre Beziehung zu ihren Kindern ein. Ihre Neigung zu Impulsivität und ihre hohen Idealvorstellungen lassen sie jedoch manchmal auch unvermittelt aus der Haut fahren und sehr kritisch sein – was ihnen jedoch nach so einem »Ausbruch« zumeist sehr leidtut. Ihre spontanen Drohungen setzen sie selten in die Tat um – das überlassen sie lieber ihrem Partner. Ein weiteres Problem, das EAFL-Eltern manchmal aufweisen, sind ihre zahlreichen Interessen, die ihre Aufmerksamkeit so stark absorbieren können, dass, obwohl sie eigentlich sehr pflichtbewusst sind, ihre Kinder phasenweise etwas aus dem Blickfeld geraten können.

Die häusliche Umgebung von Ideenministern ist weniger durch Ordnung als durch sehr viel Lebendigkeit und »Farbe« gekennzeichnet. EAFL-Haushalte sind oft Treffpunkte der Geselligkeit und Vergnügungen. Auch hier kommt das Talent der EAFLs zum spontanen Improvisieren zum Tragen: Sie sind Meister darin, aus dem Stegreif ein »Event« zu zaubern und jedem geplanten oder auch ungeplanten Beisammensein Glanz zu verleihen.

Probleme und Entwicklungsmöglichkeiten

Das größte Problem der Ideenminister heißt: durchhalten. Ihre Neigung, sich schnell für etwas zu begeistern, versickert allzu oft, wenn ein Projekt oder eine Beziehung in die »Realitätsphase« übergeht und ermüdende Detailarbeit verlangt oder zu viel Routine eingekehrt ist. Hier besteht auch eine große Gefahr, andere mitzureißen: Ein EAFL kann sehr enthusiastisch ein Projekt anstoßen und dann verschwinden, weil er schon wieder das Interesse verloren hat oder andere Aufgaben ihn zu sehr beanspruchen. Diese Gefahr besteht vor allem, wenn ein Ideenminister als Vorgesetzter fungiert. Seine Neigung, Ideen und Impulse »sofort« umzusetzen, führt nicht selten dazu, einen oder mehrere Mitarbeiter voller Schwung mit einer Aufgabe zu betrauen. Diese, vom EAFL mitgerissen, legen los und bemühen sich, den Auftrag bestens zu erfüllen. Wenn sie dann die Resultate präsentieren, müssen sie manchmal enttäuscht feststellen, dass ihnen bestenfalls noch zerstreute Aufmerksamkeit gewidmet wird.

Festlegung, langfristige Planung und Zeitmanagement sind die »Problemzonen« der EAFLs. Sofern sie es nicht bereits (widerwillig) tun – ein ultimativer Ratschlag: Erledigungslisten führen! Außerdem sollten sie ihren Impulsen mehr widerstehen lernen und nicht gleich loslegen, ohne sich vorher einen Plan gemacht zu haben. EAFLs sollten sich zwingen, Dinge bis zu Ende zu denken und sich eine realistische Zeitplanung zurechtlegen. Hierfür kann es nützlich sein, Personen mit K (konkret) und O (organisiert) im Profil zu Rate zu ziehen. Sie sollten auch üben, Prioritätenlisten zu erstellen. Ihre Offenheit und Neugier für neue Eindrücke macht sie leicht ablenkbar. Deshalb geraten sie auch immer wieder unter Zeitdruck. Wenn sie geneigt sind, sich einer Aufgabe oder Ablenkung hinzugeben, sollten sie sich vorher kurz der Frage widmen, ob dies wirklich jetzt sein muss.

Ein weiterer Schwachpunkt der EAFLs ist ihr Widerwille, sich mit Fakten und Details zu befassen. Dadurch kann ihnen der objektive Blick etwas verloren gehen, und sie vergeuden dann ihren Einfallsreichtum bei den falschen Projekten und Menschen. Sie tun gut daran, ihre rationalen Fähigkeiten (D) und ihre konkrete Wahrnehmung (K) bewusst zu trainieren, indem sie sich – auch wenn es ihnen widerstrebt – mit Details und Fakten beschäftigen.

Auch der Umgang mit Geld ist häufig ein Problem für Ideenminister, die in ihrem Wesen zu Großzügigkeit, sogar Verschwendung, neigen. Dies führt im Gegenzug zu Zeiten extremer Sparsamkeit. Es fällt ihnen schwer, eine richtige Balance zu finden. Ein EAFL-

Haushalt ist nicht selten mit überflüssigem Luxus ausgestattet, wobei es an notwendigen Gebrauchsgegenständen fehlt. Auch hier ist eine am besten schriftliche Planung und Einteilung des Budgets empfehlenswert.

Das ausgeprägte Gefühlsleben der EAFLs, das normalerweise ihre Lebendigkeit und Vitalität ausmacht, kann sich im negativen Fall übersteigern, sodass der EAFL starken Stimmungsschwankungen ausgesetzt ist. Dies ist der Fall, wenn er unter psychischen Belastungen leidet, zu denen auch eine schwierige Kindheit zählt. Anders als der introvertierte DenkEntscheider (ID), dessen emotionale Temperatur eher zu niedrig ist und der sich unter Stress zurückzieht, laufen die Gefühle des EAFL eher zu heiß unter Stress und er richtet sie gegen die Außenwelt. In diesem Fall kann sich seine Impulsivität zu Aggressivität und Hysterie steigern. Je nach Tagesform und Anlass kann er aber auch in depressive Löcher stürzen und/oder in Euphorie verfallen. Diese starken Stimmungsschwankungen belasten nicht nur ihn selbst, sondern auch seine Beziehungen, was ihn wiederum noch mehr runterzieht. Gestresste EAFLs müssen lernen, ihre starken Gefühle besser zu regulieren. Dies kann ihnen gelingen, wenn sie – sobald sich ein negatives Gefühl, wie zum Beispiel Wut, anbahnt – einen kleinen, rationalen Abstand zu diesem einlegen, indem sie von der Feldperspektive auf die Beobachterperspektive umschalten. (Dies kann natürlich nur gelingen, wenn man die Wut am Anfang erwischt, und nicht, wenn der Blutrausch schon angefangen hat.) Wenn man in der Feldperspektive gefangen ist, glaubt man alles, was man fühlt und denkt. Aus der Beobachterperspektive hingegen nimmt man sich selbst und die anderen Personen von außen wahr und hat somit etwas Abstand zu dem Geschehen. Dies kann umso leichter gelingen, wenn der EAFL vorher seine neuralgischen Punkte einmal in Ruhe analysiert hat. Er sollte sich bewusst machen, dass er (wie alle anderen Menschen auch) nicht auf die Ereignisse an sich, sondern auf seine Interpretation der Ereignisse reagiert. Vor allem – vermeintliche – persönliche Kränkungen sind häufige Auslöser für starke Gefühle. Hier sollte der EAFL sich wachsam im Auge behalten und nicht gleich jedem Gefühl Raum geben, sondern sich ganz bewusst vornehmen, sich zu zügeln und seine Interpretationen des Geschehens kritisch zu hinterfragen. Am besten legt er sich in einem ruhigen Moment ein paar Verhaltensstrategien zu, die er anwenden kann, wenn er in eine schwierige Situation gerät. Zu diesen könnte beispielsweise zählen, nicht sofort zu reagieren, sondern das Gegenüber um eine kleine Auszeit oder Bedenkzeit zu bitten.

Persönliche Gebrauchsanweisung

- Bitte nimm an meinen Ideen und Visionen teil, ohne sie gleich zu kritisieren oder als unrealistisch abzutun.
- Wertschätze bitte, wie viel Farbe und Lebendigkeit ich in unsere Beziehung einbringe.
- Sprich bitte auch über deine Gefühle und nicht nur über Fakten und Sachthemen.
- Bitte kritisiere nicht ständig meine Unordnung und mein Durcheinander.
- Sei bitte nicht so pingelig, wenn es um Details und Kleinigkeiten geht.
- Akzeptiere bitte mein Bedürfnis, gern unter Freunden und in Gesellschaft zu sein.
- Bitte zwinge mich nicht in allzu feste Pläne und Strukturen.
- Sei offen für spontane Unternehmungen und nimm es nicht persönlich, wenn ich kurzfristig mal einen Plan ändere.
- Lobe mich bitte für meine kreativen Ideen und Einsichten.
- Bitte verstehe meinen Drang nach Freiheit und Autonomie. Je weniger ich mich gezwungen und genötigt fühle, desto verbindlicher bin ich – vertrau mir!
- Bleib bitte gelassen bei Kleinigkeiten, wenn ich mich zum Beispiel ein bisschen verspäte oder etwas vergesse.

- Bitte nimm meine Impulsivität nicht zu persönlich. Sobald ich wieder einen klaren Kopf habe, tut es mir leid und ich bin dann auch bereit, mich bei dir zu entschuldigen.
- Ich bin unternehmungslustig und genussfreudig, und es bereitet mir großes Vergnügen, wenn du dabei bist.

EAFO : die Beziehungsminister

E = extravertiert
A = abstrakt
F = FühlEntscheider
O = organisiert

EAFO
Beziehungsminister

Beziehungsminister sind warmherzig, freundlich und sympathisch. Ihre gefühlsmäßige Entscheidung (F) in Kombination mit Extraversion (E) bewirkt, dass sie sich gern Menschen zuwenden und harmoniebedürftig sind. EAFOs werden von tiefen zwischenmenschlichen Werten geleitet, die sie leben und umsetzen möchten. Loyalität und Verbindlichkeit sowie Wertschätzung und Akzeptanz des Gegenübers sind ihnen sehr wichtig. Ihre Lieblingswerte sind Selbsterkenntnis und die Auseinandersetzung mit menschlichen Beziehungen (worüber sie auch stundenlang reden können). Wie alle AFs sind sie reflektiert und stets um ihre persönliche Weiterentwicklung bemüht. Sie sind Idealisten mit einem Hang zu philosophischen Überlegungen – sie möchten ergründen, wie die Dinge und Menschen in Beziehung zueinanderstehen.

EAFOs können sich mühelos in ihr Gegenüber einfühlen, sie sind hervorragende Menschenkenner. Deswegen sind sie in allen Beziehungsfragen gute Problemlöser, und ihr Rat ist häufig gefragt. Ihre abstrakte Wahrnehmung (A) lässt sie ein sehr gutes Gespür für das Potenzial ihrer Mitmenschen entwickeln, und wenn sich die Möglichkeit bietet, machen sie es sich zur Aufgabe, dieses zu fördern. Grundsätzlich sind sie eher geneigt, das Positive als das Negative im Menschen wahrzunehmen. Mit ihrem Fingerspitzengefühl können sie oft das Beste aus anderen herausholen. Sie lieben es, Menschen zusammenzubringen und Verbindungen zu stiften.

Neben ihrer Menschenfreundlichkeit kennzeichnet die Beziehungsminister eine große Sprachbegabung, sie sind die geborenen Kommunikatoren. EAFOs können überzeugen und begeistern, manche verfügen über eine geradezu charismatische Ausstrahlung. Aufgrund ihrer Extraversion sprechen sie jedoch lieber – auch gern vor Gruppen –, als zu schreiben. Sie sind die geborenen Führungspersönlichkeiten, weil sie tatkräftig, einfühlsam, durchsetzungsfähig und gut organisiert sind.

Zumeist sind sie amüsante Unterhalter und oft mitreißende Geschichtenerzähler, nicht zuletzt, weil es ihnen leichtfällt, ihr Inneres zu offenbaren. Dadurch werden ihre Erzählungen sehr lebendig.

EAFOs sind sehr strukturiert und verfügen über eine gute Zeiteinteilung. Sie sind zuverlässig und verbindlich. Allerdings können sie leicht gekränkt sein, wenn ihre Verbindlichkeit nicht entsprechend beantwortet wird. Ebenso kränkt es sie, wenn sie sich in ihrem Bemühen, Gutes zu tun und sich für Mitmenschen zu engagieren, nicht gesehen fühlen oder noch schlimmer: wenn man ihnen gar schlechte Absichten unterstellt. Gerade, weil sie so sehr nach hohen Idealen wie Gerechtigkeit und Nächstenliebe streben, trifft sie dies besonders tief.

EAFOs legen in der Regel viel Wert auf die Meinung anderer und möchten einen guten Eindruck machen. Es ist ihnen sehr peinlich, wenn sie selbst oder einer ihrer Nächsten sich in irgendeiner Form danebenbenimmt. Schlecht aushalten können sie auch Disharmonie und Konflikte unter ihren nächsten Mitarbeitern, der Familie oder Freunden. Sie sind dann außerordentlich bemüht, alles wieder ins Lot zu bringen.

EAFOs streben zwar nach Harmonie und mögen keine Konflikte, sie sind aber durchaus durchsetzungsfähig und vertreten gern klare Standpunkte, vor allem, wenn es um den zwischenmenschlichen Bereich geht. Für reine Sachthemen erwärmen sich insbesondere die weiblichen EAFOs nicht so leicht. Entsprechend schwerer fällt es ihnen bei Sachthemen, zu einer klaren Beurteilung zu kommen. Obwohl sie warmherzig sind, können sie durch ihre Kombination von Extraversion und Organisation (O) recht bestimmend, manchmal sogar streng auftreten. Zudem gehört Geduld nicht gerade zu ihren

Stärken. Einige – nicht alle – Beziehungsminister können recht impulsiv sein. Von anderen werden die energischen EAFOs manchmal als dominant wahrgenommen. Dabei sind die meisten EAFOs stets verhandlungs- und kompromissbereit – notwendige Voraussetzung ist jedoch, dass man seinen Mund aufmacht.

Aufgrund ihrer sehr gefühlsbezogenen und idealistischen Einstellung neigen sie dazu, ihre persönlichen Beziehungen zu überschätzen. So sehen sie manchmal mehr das Potenzial der Beziehung als das, was diese tatsächlich ausmacht. Dies bietet Raum für Enttäuschungen. Da EAFOs jedoch gern aus ihren Fehlern lernen, eignen sich viele im Laufe ihres Lebens eine kritischere Haltung an.

Das brennende Interesse der Beziehungsminister für Menschen zeigt sich auch in ihrer Freude an Romanen und Filmen. Sie lieben es, über diese Medien mehr darüber zu erfahren, wie menschliche Beziehungen funktionieren und wie unterschiedliche Menschen ticken.

Arbeit

Beziehungsminister sind produktiv und gut organisiert. Sie mögen Pläne und klare Projekte (O), am liebsten in Kooperation mit anderen und für andere (F). Sie sind Organisationstalente, vor allem im zwischenmenschlichen Bereich, beispielsweise für Feste und Veranstaltungen. Sie legen Wert auf Zuverlässigkeit und halten Termine und Zusagen ein. Aufgrund ihres Organisationstalents können sie zwar Struktur ins Chaos bringen, sie mögen jedoch eigentlich keine chaotischen Arbeitsplätze, die ständig Flexibilität verlangen.

Ihre Menschenbezogenheit, ihr Sprachtalent und ihre planerischen Fähigkeiten machen sie zu hervorragenden Führungspersönlichkeiten. Sie können gut motivieren und finden für jeden einen Platz in der Gruppe, der seinen Fähigkeiten entspricht. Sie legen sehr viel Wert auf ein gutes soziales Klima, sorgen für harmonische Arbeitsbeziehungen und lösen Konflikte. Allerdings ist ihre stärkste Seite, nämlich für ein gutes Miteinander zu sorgen, auch ihr wundester Punkt: Ein EAFO fühlt sich kläglich und fürchterlich unverstanden, wenn er sich persönlich nicht wertgeschätzt fühlt, wenn ihm Ablehnung oder gar unterschwellige Feindseligkeit entgegengebracht wird. Empfindlich reagieren Beziehungsminister auch auf Kritik, dies hängt mit einem ihrer besonderen Wesensmerkmale zusammen: EAFOs haben in der Regel eine grausam genaue Vorstellung davon, was richtig und was falsch ist. Deshalb reagieren sie äußerst irritiert, zum Teil auch verletzt, wenn andere ihre Auffassung nicht teilen. Aufgrund ihrer guten Überzeugungsfähigkeiten passiert ihnen das allerdings nicht so oft.

Beziehungsminister übernehmen gern Verantwortung, manchmal auch zu viel. Diese Neigung hängt mit ihrem Idealismus und ihrem (übertriebenen) Glauben an den Bestand zwischenmenschlicher Beziehungen zusammen. Sie denken immer, dass noch etwas möglich wäre, und verpassen deshalb manchmal den richtigen Zeitpunkt, um loszulassen und einen Menschen so zu akzeptieren, wie er ist, und daraus Konsequenzen zu ziehen.

Beziehungsminister findet man zumeist in Berufen, in denen sie ihre persönlichen Werte und ihre kommunikativen Fähigkeiten einbringen können und die es ihnen erlauben, sich in den Dienst anderer zu stellen. Am wenigsten liegen ihnen Aufgaben, die sie allein ausüben müssen und die viel Detailarbeit erfordern. Am besten sind sie im Entwurf von Konzepten und Ideen – weniger gut in der genauen Ausarbeitung –, »Kleinkram« ermüdet sie schnell. Hier liegt auch eine potenzielle Fehlerquelle: Sie übersehen oft das »Kleingedruckte« und treffen deswegen – vor allem auf der Sachebene – manchmal die falsche Entscheidung. Am wohlsten fühlen sie sich, wenn sie Detail- und Routinearbeiten delegieren können.

Liebe und Freundschaft

Wenn schon einmal jemand für die Liebe gestorben ist, dann ist es ein EAFO. Sie verlieben sich heftig und zumeist Hals über Kopf. Beziehungsminister sind romantisch und haben eine idealisierende Vorstellung davon, wie sich die Beziehung gestalten wird. Sie träumen von der perfekten Partnerschaft, ein Merkmal, das zwar alle AFs aufweisen, das jedoch bei den EAFOs besonders ausgeprägt ist. Sie neigen dazu, die Beziehung zu idealisieren, und möchten sie am liebsten ein ganzes Leben lang so erhalten, wie sie in der verliebten Anfangszeit war. Sie schwärmen von einer tiefen Verbindung und »Seelenverwandtschaft«. Sie lieben es, mit ihrem Partner über die tiefen inneren Werte der Beziehung zu sprechen. Ebenso wichtig ist ihnen, dass ihr Partner ihre philosophische und spirituelle Natur versteht.

EAFOs sind beständige und treue Weggefährten, die sich sehr für die Partnerschaft und Familie engagieren, zumal sie sich, ihrer Natur entsprechend, für ein harmonisches Miteinander verantwortlich fühlen. Sie sind gewillt, viel Energie, Zeit und auch Geld zu investieren. Da sie jedoch so genau zu wissen glauben, was richtig und was falsch ist, können sie auch recht bestimmend sein. Sie kritisieren dann zu viel an ihrem Partner herum, mit dem Ziel, diesen nach ihrem Idealbild zu formen.

EAFOs sind lebendig, unternehmungslustig und gesprächig, es wird selten langweilig mit ihnen. Sie können sehr viel Nähe herstellen und benötigen diese auch. EAFOs wollen fühlen und hören, dass sie geliebt werden. Ihr Nähewunsch kann Partner überfordern, die von Natur aus distanzierter sind, wie zum Beispiel die introvertierten DenkEntscheider.

Da EAFOs ihre Beziehungen idealisieren und unermüdlich an ein Happy End glauben, neigen sie dazu, zu lange an Beziehungen festzuhalten, die ihnen nicht guttun. Sie tun sich sehr schwer loszulassen. Dies ist auch dem Umstand geschuldet, dass sie Kämpfernaturen sind und ihre eigenen Einflussmöglichkeiten überschätzen. EAFOs sind ständig um Reflexion und Weiterentwicklung bemüht. Wenn sie an einen Partner geraten, der weitaus weniger reflektiert ist, können sie manchmal an ihren Bemühungen verzweifeln, diesen zur Einsicht zu bringen. Sie können schlecht akzeptieren, dass ihre Überzeugungskraft Grenzen hat – und sie gehen höchst ungern mit einer Niederlage vom Platz. Erschwerend kommt hinzu, dass sie sehr an ihren Partnern hängen. Oft gelingt ihnen der Absprung auch nur dann, wenn ein Dritter auftaucht. Ein Leben ohne Partnerschaft fällt ihnen schwerer als vielen anderen. EAFOs tun sich besonders schwer mit dem Alleinsein – am wohlsten fühlen sie sich, wenn alle ihre Lieben um sie herum sind.

Als Freunde sind Beziehungsminister treu und zuverlässig, hundertprozentig loyal und gute Helfer in der psychischen Not. Wenn man einen EAFO als Freund gewonnen hat, muss man schon sehr viel anstellen, um es sich mit ihm zu verscherzen. Da der Beziehungsminister auch Freundschaften zum Teil idealisiert, besteht allerdings die Gefahr, dass er sich im Charakter eines vermeintlichen Freundes irrt. Wie auch in der Liebe geben EAFOs dem vermeintlichen Freund immer wieder eine Chance, bis sie irgendwann enttäuscht feststellen, dass es sich wirklich nicht lohnt, an der Freundschaft festzuhalten. Da sie bis dahin sehr viel Verständnis und Zeit investiert haben, dauert es eine Weile, bis sie sich von dieser Enttäuschung erholt haben. Allerdings lernen die meisten EAFOs über die Lebensspanne hinzu und werden in den mittleren Jahren etwas kritischer und distanzierter. Eine wichtige Rolle spielt hierbei, dass sich ihre ohnehin gute Menschenkenntnis mit zunehmender Lebenserfahrung verbessert. Sie gucken dann genauer hin, mit welchen Menschen sie sich umgeben möchten und sind auch – aus Erfahrung klug geworden – schneller bereit, sich von falschen Freunden zu verabschieden.

Elternschaft

EAFO-Eltern sind sehr liebevoll und zugewandt. Ihre konkreten Wertvorstellungen vermitteln sie auch ihren Kindern. Diese sollen sich nicht »einfach so« entwickeln, sondern bekommen sehr klare Richtlinien von »richtig und falsch« und »gut und böse« mit auf den Weg. Die EAFO-Eltern wollen ihren Kindern vor allem soziale Werte vermitteln und leben diese auch vor. In diesem Zusammenhang ist es ihnen auch sehr wichtig, dass ihre Kinder lernen, über Probleme und Gefühle zu sprechen. EAFOs sind sehr einfühlsam und reflektiert – ihre Kinder fühlen sich von ihnen häufig richtig verstanden und geliebt. Es besteht ein enges Band der Vertrautheit und Zuneigung.

Im Allgemeinen ist Beziehungsministern sehr viel daran gelegen, einen guten Eindruck zu machen – das Gleiche erwarten sie auch von ihren Kindern. EAFOs ist es besonders peinlich, wenn ihr Kind sich danebenbenimmt oder unmöglich angezogen ist. Da EAFOs jedoch recht reflektiert sind und sich selbst ziemlich gut kennen, sind sie normalerweise bemüht, sich dieser Neigung entgegenzustemmen und ihre Kinder nicht mit zu vielen Kleidervorschriften und Benimmregeln zu gängeln. Überhaupt sind sie bemüht, ihnen genügend Raum für ihre eigene Entwicklung zu lassen – sie machen sich in der Regel viele Gedanken über ihre Erziehung und hinterfragen ihr erzieherisches Handeln immer wieder kritisch.

Problematischer wird es, wenn ihr Kind grundlegendere Probleme hat, weil sie mehr als andere Typen dazu neigen, dies als persönliches Erziehungsversagen zu empfinden. Sie laufen dann Gefahr, dem Kind ihre Schuldgefühle zu stark zu vermitteln, sodass sich dieses dann im Gegenzug schuldig fühlt, seine Eltern enttäuscht zu haben.

Probleme und Entwicklungsmöglichkeiten

Durch die Kombination von abstrakter Wahrnehmung und gefühlsmäßiger Entscheidung fehlt den Beziehungsministern ein wenig der Blick fürs Objektive. Vor allem bei Sachentscheidungen, wie zum Beispiel bei finanziellen Angelegenheiten, sollten sie deshalb das tun, was ihnen am wenigsten liegt: rational Fakten und Details prüfen oder sich von einem Freund, der ein K (konkrete Wahrnehmung) und D (DenkEntscheidung) im Profil hat, beraten lassen. Auch im zwischenmenschlichen Bereich sollte ein EAFO an seiner Neigung arbeiten, sich zu schnell und unkritisch für eine Person zu begeistern. Dies kann leicht zu Enttäuschungen führen. Es ist nicht untypisch für einen EAFO, der ja eigentlich über eine sehr gute Menschenkenntnis verfügt, dass er sich im Nachhinein vorwerfen muss, mal wieder die Schwächen einer Person unterschätzt zu haben. Oder er hat in seinem unverdrossenen Glauben an das Gute im Menschen seine eigenen Einflussmöglichkeiten überschätzt. EAFOs sind Kämpfernaturen, es fällt ihnen schwer zu akzeptieren, dass sie auf manche Menschen keinen Einfluss haben. Weil EAFOs selbst sehr reflektiert sind und stets um ihre persönliche Entwicklung bemüht, können sie es schlecht hinnehmen, wenn ihr Gegenüber sich der persönlichen Selbsterkenntnis verschließt und quasi beratungsresistent ist. Hier täte ihnen eine gelassenere Haltung und die Einsicht gut, dass Loslassen in manchen Fällen die beste Lösung ist.

EAFOs gefallen gern und legen sehr viel Wert auf den Eindruck, den sie hinterlassen. Deshalb sind sie durch Kritik besonders verwundbar. Sie sollten daran arbeiten, sich unabhängiger von äußeren Urteilen zu machen. Dies kann gelingen, wenn sie sich bewusst machen, dass sie es sowieso nie allen recht machen können und dass es – egal wie sie sich bemühen – immer Menschen geben wird, die ihren Einsatz nicht zu würdigen wissen. Insofern können sie auch hier mehr loslassen und sich denken: Am A... vorbei geht auch ein Weg!

Ganz allgemein besteht für EAFOs Trainingsbedarf auf der Ebene der konkreten Wahrnehmung und DenkEntscheidung. Eine Übung wäre, eine Situation oder Person nur nach den objektiven Fakten zu analysieren (am besten schriftlich). EAFOs entscheiden sich oft schnell (O) und aus dem Bauch heraus (F) – das ist eine ihrer Stärken und Schwächen zugleich. So liegen sie zum einen oft richtig, zum anderen fallen sie aber auch manchmal auf die Nase. Also: immer wieder ganz genau hingucken und einen kritischen Abstand einnehmen und nicht alles nach Gefühl entscheiden. Sie könnten auch manchen Entscheidungen etwas mehr Zeit lassen – weil sie organisiert (O) und extravertiert sind, neigen sie nämlich zu übereilten Entschlüssen. Es täte ihnen manchmal gut, Entwicklungen mehr Raum zu geben und abzuwarten, der Situation und den beteiligten Personen mehr zu vertrauen und ihrem Impuls zu widerstehen, alles selbst in die Hand zu nehmen.

Wie bei allen extravertierten FühlEntscheidern (EF) kann ihr starkes Gefühlsleben, das ihnen normalerweise Lebendigkeit und Charisma verleiht, auch zur Last werden. Wenn sie Stress haben oder psychisch durch eine schwierige Kindheit vorbelastet sind, können sie emotional Achterbahn fahren. Sie können ganz furchtbar traurig sein, vor allem, wenn nahe Beziehungen scheitern oder wenn sie bei einer Aufgabe versagt haben. Ebenso neigen sie zur Euphorie, wenn etwas gut läuft oder sie einfach ein Stimmungshoch erleben. Euphorie ist an sich ja kein schlechter Zustand, er blockiert jedoch – wie alle starken Gefühle – das rationale Lösungswissen und kann deshalb zu falschen Handlungen und Entscheidungen verleiten. Nicht ganz weit weg von der Euphorie als emotionalem Ausnahmezustand liegt auch die Hysterie – eine Gemütsverfassung, die vielen EAFOs nicht völlig fremd ist. Vor allem dann, wenn sie die Kontrolle über eine Situation verlieren. So zum Beispiel, wenn sie im Stau zu einem ganz wichtigen Termin stehen. In stressigen Situationen sind EAFOs alles andere als cool. Sie verlieren schnell die Nerven. Hier könnte es ihnen helfen, wenn sie sich mit ihren starken Gefühlen nicht völlig identifizieren würden, sich also bewusst zwingen, innerlich einen kleinen Abstand zu ihren Gefühlen einzulegen und diese bereits zu dämpfen, wenn sie im Anmarsch sind (sehr starke Gefühlsausbrüche lassen sich nämlich kaum regulieren). Gefühle kann man tatsächlich mit der bewussten Entscheidung kontrollieren, sich nicht weiter in sie hineinzusteigern. Hier kann auch Ablenkung helfen: Anstatt dem Gefühl viel Raum zu geben, sollte sich der EAFO zwingen, seine Aufmerksamkeit auf andere Dinge zu lenken und sei es nur ein banales Computerspiel, das Konzentration erfordert. Allgemein tut es EAFOs gut, wenn sie ihr Gefühlsleben überwachen, indem sie eine kleine Warnstimme einbauen, die sich meldet, wenn ein Gefühl zu stark zu werden droht – dies gilt vor allem für Situationen, in denen es zum Streit kommt oder sie sich stark kritisiert fühlen. Sie sollten nicht sofort reagieren, sondern einen emotionalen Abstand einnehmen, um möglichst besonnen zu handeln.

Persönliche Gebrauchsanweisung

- Sprich bitte nicht nur über Sachthemen, sondern teile mir auch deine Gefühle und persönlichen Gedanken mit.
- Nimm bitte meine Gefühle ernst und tu sie nicht als übertrieben ab.
- Erkenne und wertschätze bitte meine Loyalität und mein Engagement für uns.
- Respektiere bitte mein Bedürfnis nach sozialen Kontakten.
- Nimm an meinen Visionen und Ideen teil, auch wenn ich sie nicht immer in die Tat umsetze.
- Wenn ich dir von meinen tieferen Einsichten erzähle, kritisiere sie bitte nicht sofort hart und sachlich.
- Halte dich bitte an Absprachen und Verabredungen und erwarte nicht von mir, dass ich ständig flexibel bin.
- Wenn du mir etwas erzählst, quäle mich bitte nicht mit langatmigen, unpersönlichen Detailschilderungen.

- Wenn dir etwas nicht gefällt, sag es mir bitte freundlich und direkt und lass mich nicht im Ungewissen.
- Wenn du Kritik anbringst, erwähne bitte auch das Positive.
- Sag mir bitte, was dir an mir gefällt, ich will hören, dass du mich magst.
- Respektiere bitte mein Bedürfnis nach Ordnung und schöner Umgebung.
- Wenn ich emotional in einen zu starken Zustand gerate, fang bitte nicht an, mit mir zu streiten, dann eskaliert alles. Bleib ruhig und vertraue darauf, dass ich bald wieder »runterkomme«.
- Erkenne bitte an, wie viel Lebendigkeit und Wärme ich in unsere Beziehung einbringe.

IAFO: die Erkenntnisminister

I = introvertiert
A = abstrakt
F = FühlEntscheider
O = organisiert

IAFO
Erkenntnisminister

Erkenntnisminister sind liebenswert, zurückhaltend und tiefgründig. Es ist schwer, einen IAFO richtig kennenzulernen – weil er so vielschichtig und unergründlich ist, überrascht er immer wieder mit neuen Seiten.

IAFOs bevorzugen die abstrakte Wahrnehmung. Weil sie introvertiert sind, richten sie diese nach innen. Konkret bedeutet dies, dass sie gern in sich versinken und nachdenken. Ihre Gedanken und Einsichten behalten sie häufig für sich, es sei denn, sie sind gerade in Redelaune oder werden konkret danach gefragt. Sie sinnieren gern über die »großen Fragen des Lebens« und interessieren sich für die Zusammenhänge und Beziehungen zwischen den Dingen und zwischen den Menschen, die nicht auf den ersten Blick zu erfassen sind. Wie alle AFs streben sie nach persönlicher Weiterentwicklung, innerem Wachstum und tiefen Einsichten.

Weil IAFOs gefühlsmäßig entscheiden (F), denken sie lieber über andere Menschen und zwischenmenschliche Beziehungen nach als über Sachthemen. Dies trifft noch mehr auf die weiblichen als auf die männlichen IAFOs zu. Letztere können sich auch lange und intensiv mit reinen Sachthemen beschäftigen. Weibliche wie männliche IAFOs streben in den Gebieten, die sie interessieren, nach tiefer Erkenntnis.

Die meisten Erkenntnisminister entwickeln eine sehr gute Menschenkenntnis. Manche haben geradezu ein »unheimliches« Gespür für ihre Mitmenschen: Sie erfassen oft schneller als die betroffene Person selbst, was in dieser vorgeht. Intuitiv spüren sie die Stärken und Schwächen ihrer Mitmenschen auf. Was die Stärken eines Menschen betrifft, sind die meisten IAFOs gut darin, diese zum Vorschein zu bringen, sofern diese Person ihnen beruflich oder privat nahesteht. Hierbei hilft ihnen auch ihre ausgeprägte Fähigkeit, sich in andere Menschen hineinzuversetzen.

Neben ihrer Menschenkenntnis haben IAFOs häufig treffsichere Visionen und Ahnungen, was gesellschaftlichen Wandel und Veränderungen anbelangt. Sie sind gute Problemlöser, die oft mit neuen und ungewöhnlichen Ansatzpunkten aufwarten.

Erkenntnisminister leben ihr Leben intensiv und sind teilweise etwas ernst: Sie wollen sich selbst und andere verstehen. Sie streben nach Bedeutung und Sinn. Wie alle Intros gehen sie mit Vorsicht und Besonnenheit durchs Leben. Manche IAFOs sorgen sich zu viel und plagen sich mit übertriebenen Ängsten. Ihnen fehlt es an Gott- und auch an Selbstvertrauen, dass die Dinge sich schon regeln werden.

IAFOs haben meist das notwendige Durchhaltevermögen, um an der Umsetzung ihrer Ideale festzuhalten. Wenn ihr Gedankenprozess abgeschlossen und ihre innere Vision klar ist, setzen sie alles daran, ihr Ziel zu realisieren. Aufgrund ihrer introvertierten Neigung fällt es ihnen jedoch manchmal schwer, anderen ihre komplexen und vielschichtigen Überlegungen mitzuteilen – oft haben sie auch gar nicht das Bedürfnis danach. Andere sind deshalb häufig überrascht, wenn sich ein sonst so harmoniebedürftiger IAFO plötzlich mit (sturem!) Eifer für seine Interessen einsetzt.

Weil sie sehr tief in ihre inneren Welten und ihre Projekte versinken können, fehlt ihnen manchmal der Blick für die alltäglichen Notwendigkeiten, für die sie sich auch nicht besonders interessieren. So verpassen sie beispielsweise, dass ihr Auto mal wieder in die Inspektion müsste oder dass das Brot ausgegangen ist. Überhaupt nehmen sie die dingliche Welt etwas verschwommen wahr. Themen, die sich auf diese beziehen, wie der Kauf eines Autos oder die Beschäftigung mit Haus und Garten, interessieren sie meistens wenig. Sie sind aber strukturiert genug, um sie hinter sich zu bringen, wenn es nötig ist.

IAFOs lieben es, sich mit den Möglichkeiten und Bedeutungen zu befassen, die sich hinter den eigentlichen Fakten und der offensichtlichen Realität verbergen. Lesen ist für IAFOs besonders faszinierend, weil es eine Zeit der Zurückgezogenheit bedeutet, in der sie in Ruhe nachdenken können und diese zugleich ihre Fantasie anregt. Außerdem verlassen sie sich eher auf das geschriebene als das gesprochene Wort, da es in der Regel besser strukturiert ist und sich leichter in einen fertigen Zusammenhang einfügen lässt.

Erkenntnisminister sprechen und kommunizieren gut, weil sie ihre Ideen klar und verständlich rüberbringen wollen. Ihnen ist daran gelegen, ihre Ideale auch anderen zu vermitteln. Dabei nehmen sie sehr viel Rücksicht auf ihr Gegenüber. Wenn sie ihre Wertvorstellungen verteidigen müssen, tun sie dies enthusiastisch und leidenschaftlich. Geschätzt werden sie aber auch, weil sie konzentrierte und ausdauernde Zuhörer sind.

Arbeit

Viele Erkenntnisminister sind beruflich sehr engagiert und erfolgreich: Durch ihre intuitive Veranlagung sind ihnen eine quasi unersättliche Neugier und ein nie endendes Bestreben mitgegeben, den Dingen auf den Grund zu gehen. Ihre gute soziale Kompetenz ebenso wie ihr oft außerordentliches Gespür für andere Menschen ebnen ihnen zusätzlich den Weg zu beruflichem Erfolg.

Weil sie das Abstrakte und Theoretische mögen, findet man IAFOs häufig in wissenschaftlichen Berufen. Andere Arbeitsfelder, die sie anziehen, haben im weitesten Sinne oft geistige, philosophische oder psychologische Inhalte. Wegen ihrer guten Menschenkenntnis liegen den IAFOs auch Berufe, in denen sie direkt mit Menschen zu tun haben. Viele Erkenntnisminister sind sehr sprachbegabt und lieben (auch als Hobby) schriftstellerische Tätigkeiten.

IAFOs wollen und brauchen eine Arbeit, mit der sie einen übergeordneten Sinn verbinden können, eine Arbeit, die mit ihren inneren Einsichten und Werten im Einklang steht. Sie entwerfen gern neue Konzepte und Problemlösungen. Sie sind gut strukturiert und organisiert. Aufgrund ihrer Introversion liegt es ihnen am meisten, sich in aller Ruhe in eine oder wenige Aufgaben zu vertiefen, anstatt vieles nur oberflächlich zu machen. Das heißt jedoch nicht, dass sie Wert darauf legen, alles bis ins letzte Detail auszuarbeiten. Detail- und auch Routinearbeit langweilt sie schnell. Sie können sich jedoch recht gut disziplinieren und, wenn nötig, auch solche Arbeiten zum Abschluss bringen.

Erkenntnisminister lieben ein ruhiges und gut organisiertes Arbeitsumfeld, in dem sie sich möglichst wenig bei ihrer Lieblingsbeschäftigung – dem Nachdenken – gestört fühlen. Oberflächlich sorgen sie meist für eine klare Ordnung, in der alles seinen Platz hat (O). Unter der Oberfläche tummelt sich jedoch mitunter ein Sammelsurium an möglichen Projekten, Ideen und Visionen, die alle in Angriff genommen werden könnten (A). Insgesamt ist den IAFOs ihre innere Ordnung, also ein klarer Plan, wichtiger als eine pingelige äußere Ordnung. Ihre Konzentration auf ihr jeweiliges Projekt lässt ihnen manchmal wenig Aufmerksamkeit für ihre Umgebung.

Erkenntnisminister streben Führungspositionen vor allem deshalb an, weil sie ihnen die besten Möglichkeiten verschaffen, ihre Ziele und Visionen in die Tat umzusetzen. Der Führungsstil der IAFOs ist ideenorientiert. Durch ihre – wenngleich auch recht stille – Begeisterung und ihren Enthusiasmus vermögen sie es, andere zu inspirieren und für sich zu gewinnen. Sie überzeugen und motivieren mehr durch ihr eigenes Engagement für die Sache als durch Autorität. Ihr Führungsstil ist häufig auch deshalb sehr erfolgreich, weil sie die jeweiligen Stärken und Talente ihrer Mitarbeiter gut erkennen und für jeden den richtigen Platz in der Gruppe finden. Ein IAFO-geführtes Team zeichnet sich zumeist durch harmonische Arbeitsbeziehungen und eine hohe Mitarbeiterzufriedenheit aus.

Weniger gekonnt reagieren viele Erkenntnisminister hingegen, wenn sie mit Konflikten konfrontiert werden. Durch ihre F-Neigung sind sie sehr auf ein harmonisches Miteinander bedacht und gehen einer offenen Auseinandersetzung gern aus dem Weg. Dadurch können sie den richtigen Zeitpunkt für eine rechtzeitige Klärung verpassen. Wenn ein IAFO sich jedoch überwindet, einen Konflikt anzusprechen, tut er dies mit sehr viel Fingerspitzengefühl. Je nach Art der Mitarbeiter entstehen hierdurch sehr gute Konfliktlösungen – oder gar keine. Letzteres ist der Fall, wenn die Mitarbeiter nicht genügend »Antennen« haben, um die (versteckten) kritischen Worte des IAFO zu hören. Es wäre manchmal günstiger, wenn der IAFO das täte, was ihm am wenigsten liegt: ein klares Machtwort zu sprechen.

Liebe und Freundschaft

Wie alle AFs haben auch die IAFOs ein sehr hohes Ideal von Liebe und Beziehung. Aufgrund ihrer introvertiert-zurückhaltenden Art verlieben sie sich jedoch kaum Hals über Kopf, sondern lassen sich nur dann auf eine Beziehung ein, wenn für sie eine längerfristige Perspektive erkennbar ist. Sie suchen nach einer tiefen und dauerhaften Partnerschaft und fühlen sich kaum zu ständig wechselnden Affären hingezogen. Liebe bedeutet für sie tiefe Verbundenheit, intensiver Austausch, Treue und Loyalität. Sie sind sehr zärtliche und bezogene Partner, die ihren Lebensgefährten viel Raum für ihre persönliche Entwicklung zubilligen. Sie unterstützen ihre Partner, wo sie können. Wenn es ihrem Partner schlecht geht, bringen sie unheimlich viel Geduld und Mühe auf, ihm aus seiner Krise zu verhelfen.

IAFOs sind wenig geneigt, an ihren Partnern herumzunörgeln. Sie bringen viel Toleranz, auch für deren Schwächen, auf. Die Partner von IAFOs fühlen sich deswegen sehr angenommen und geliebt, was wiederum den positiven Effekt haben kann, dass sie die Großzügigkeit des IAFOs mit einer ebensolchen vergelten. Falls der IAFO sich jedoch an jemanden gebunden hat, der seinerseits schwierig und kompliziert ist, kann es passieren, dass der IAFO zu viel erduldet und sich zu wenig wehrt. IAFOs lieben es, über ihre gemeinsamen Werte und ihre Beziehung zu sprechen. Überhaupt verbringen sie gern Zeit mit ihren Partnern und tauschen sich über »Gott und die Welt« aus. IAFOs müssen dann aufpassen, sich nicht selbst zu verlieren, indem sie ihre eigenen Bedürfnisse und Interessen zu weit wegschieben und andere Lebensbereiche zu stark vernachlässigen. Überhaupt sind sie geneigt, sich den Wünschen und Bedürfnissen ihrer Partner anzupassen. Für die Beziehungspflege ist es jedoch ganz wichtig, dass sie selbst nicht zu kurz kommen, weil sie ansonsten irgendwann ausbrennen und die Partnerschaft zur Last werden kann. Ihre Konfliktscheu können sie überwinden, indem sie sich klarmachen, dass es viel fairer ist, klar zu sagen, was man will und was man nicht will. Denn nur so hat der Partner eine Chance zu reagieren und hierdurch bleibt die Beziehung auch offen und lebendig.

Manche Erkenntnisminister tun sich jedoch schwer, sich fest an einen Partner zu binden. Zum einen können sie gut allein sein, sodass sie manchmal – in ihren Bücher- und Filmwelten versunken – zu wenige Gelegenheiten aufsuchen, jemand kennenzulernen. Zum anderen nehmen sie Liebe und Partnerschaft sehr ernst, und bevor sie nicht einen Partner finden, der ihren hohen Idealen entspricht, verzichten sie lieber auf eine Beziehung. IAFOs hängen sehr an ihren nächsten Bezugspersonen – ein Verlust wiegt für sie sehr schwer. Auch dies ist ein Grund, warum sich manche von ihnen nur zögerlich binden, ganz nach dem Motto: Was ich nicht habe, kann ich auch nicht verlieren.

Erkenntnisminister sind sehr loyale, verständnisvolle und treue Freunde. Wie die meisten Intros pflegen sie einen eher kleinen, dafür jedoch sehr engen und beständigen Freundeskreis. Mitunter kann es für neue Bekanntschaften schwer sein, in diesen Kreis der sehr engen und vertrauten Verbundenheit vorzudringen. Um eine tiefe Freundschaft aufrechterhalten zu können, sind IAFOs nicht unbedingt auf sehr häufige und regelmäßige Kontakte angewiesen, auch bei seltenen Treffen knüpfen sie schnell an die alte Vertrautheit an.

Erkenntnisminister werden als Ratgeber bei persönlichen Problemen sehr geschätzt. Ihr tiefes Einfühlungsvermögen bewirkt eine vertrauensvolle und wertschätzende Gesprächsatmosphäre. Ihren intuitiven Eingebungen folgend, entwickeln sie häufig sehr gute Problemlösungen.

Elternschaft

Erkenntnisminister sind sehr liebevolle und fürsorgliche Eltern, die ihren Kindern tief verbunden sind. Sie unterstützen diese sehr bei der Entfaltung ihrer Fähigkeiten und verpassen kaum eine Gelegenheit, ihre Talente zu fördern. Hierbei sind sie recht tolerant, was die Richtung der kindlichen Entwicklung angeht. Sie haben lediglich den Anspruch, das Potenzial ihrer Kinder bestmöglich zu fördern. Der Vorteil dieser Einstellung liegt auf der Hand: Kinder von IAFO-Eltern wachsen in einem sehr anregenden Umfeld auf, ohne in eine bestimmte Richtung gedrängt zu werden.

Auch bei der Kindererziehung sind IAFOs mit der Tatsache konfrontiert, dass ihre Ideale nicht immer mit der Realität in Einklang zu bringen sind. Da IAFOs eine sehr enge und einfühlsame Beziehung zu ihren Kindern haben, besteht manchmal auch die Gefahr einer gewissen Überbindung. Es fällt ihnen dann schwer, ihre Kinder loszulassen und diese ihre eigenen, manchmal eben auch unglücklichen, Erfahrungen machen zu lassen. Weil sie so konfliktscheu und harmonieliebend sind, kann es auch passieren, dass sie ihren Kindern zu wenig Grenzen setzen. Diese fühlen sich dann später schuldig, ihrem armen IAFO-Elternteil zu viel auf der Nase herumgetanzt zu haben.

Probleme und Entwicklungsmöglichkeiten

Da Erkenntnisminister ihren Blick auf Zukünftiges und Mögliches richten, können sie zu einer recht idealisierten Einschätzung der Situation und auch ihrer Mitmenschen neigen. Manchmal verdrängen sie kritische Fakten und Details aus ihrer Wahrnehmung, insbesondere, wenn sie nicht so recht zu ihren Zielvorstellungen passen. Dies kann zu Enttäuschung und Frustration führen. Die konkrete Wahrnehmung (K), das heißt die detaillierte, faktische und realitätsgenaue Aufnahme von Informationen, ist die am wenigsten entwickelte Funktion der IAFOs, da sie sehr stark durch die ganzheitlich-abstrakte Wahrnehmung überlagert wird (A). Wenn IAFOs ihre konkrete Wahrnehmung etwas trainierten, indem sie sich zwingen würden, ihre Visionen und Ideale frühzeitig mit der harten Realität zu konfrontieren, dann könnte ihnen manche Enttäuschung erspart bleiben. Hierfür müssten sie sich mit handfesten Fakten und konkreten Details der Umsetzung beschäftigen oder Berater hinzuziehen, die hierfür einen besseren Blick haben. Das sind alle Typen, die ein K (Konkret) und ein D (DenkEntscheider) im Profil haben. Dies gilt auch für reine Sachentscheidungen wie beispielsweise Geldanlagen oder einen Autokauf. Auch hier könnten sie sich entlasten, indem sie Berater hinzuziehen, die sich für diese Metiers mehr als sie selbst erwärmen können.

Zu einem weiteren Problem kann die Neigung der IAFOs werden, ihre Beziehung und ihren Partner zu idealisieren. Deswegen laufen sie Gefahr, problematische Seiten ihrer Beziehung auszublenden und trotz immer wiederkehrender Enttäuschungen und Kränkungen an der Beziehung festzuhalten, auch wenn diese dem IAFO wesentlich mehr Leid als Freud beschert. Diese Idealisierung resultiert nicht zuletzt aus ihrer Konfliktscheu. Wie alle konfliktscheuen Menschen meiden sie nicht nur Auseinandersetzungen, sondern verdrängen bereits im Vorfeld einen potenziellen Konflikt aus ihrem Bewusstsein. Hier könnte es helfen, die Situation einmal rational und mit Abstand zu analysieren. Als Erstes sollten sie sich die Frage stellen, ob ihre eigene Konfliktscheu zu der schwierigen Situation beiträgt. Falls dies der Fall ist, dann sollten sie das Gespräch mit ihrem Partner suchen, dieser muss schließlich über die Wünsche und Bedürfnisse des IAFOs informiert sein, um auf sie eingehen zu können. Mut für ein offenes Wort könnten sie aus der Überlegung schöpfen, dass es letztlich viel fairer ist, wenn der Partner weiß, woran er mit ihnen ist und er nur hierdurch eine Chance bekommt, die Beziehung zu verbessern und zu erhalten.

Wenn sie jedoch zu dem Ergebnis kommen, dass es eigentlich nicht so sehr an ihnen, sondern eher am Partner liegt, dass so wenig Harmonie herrscht, dann sollten sie sich ihrer Stärke bewusst werden, nämlich, dass sie auch gut allein klarkommen, und eine Trennung ins Auge fassen.

IAFOs sind alles andere als leichtlebig. Im Gegenteil: Wenn sich ein Problem auftut, vor allem, wenn es ihre Nächsten betrifft, können sie in ihren gedanklichen Angst- und Katastrophenszenarien versacken. Dies ist auch dem Umstand geschuldet, dass sie aufgrund ihrer Introversion kaum das Gespräch suchen und deswegen wenig Relativierung von einem objektiven Gegenüber erfahren. In solchen Situationen wäre es für sie sehr entlastend, wenn sie offensiv das Gespräch mit Vertrauten suchten. Zusätzlich sollten sie sich darin trainieren, ihr Problem ganz rational aus der Beobachterperspektive zu analysieren. Aus dieser Perspektive sieht man sich und die Situation von außen und steigt hierfür auch bewusst aus seinem Gefühlsleben aus. Hierdurch kann man zu objektiveren Ergebnissen kommen. Am besten sollte der IAFO schriftlich alle rationalen Argumente fixieren, die seinem Angstszenario widersprechen.

IAFOs weisen in ihrem Persönlichkeitsprofil drei Eigenschaften auf, die sie bei ungünstiger Ausprägung daran hindern können, ihre Visionen auch in die Tat umzusetzen: Wenn ihre Introversion sehr stark ist, fällt es ihnen schwer, ihre Ideale und Ziele zu kommunizieren, und sie laufen Gefahr, zu sehr in ihrer inneren Welt zu versinken. Bei einem sehr ausgeprägten O (organisiert) kann es sein, dass alltägliche Pflichten und vor allem deren exakte Organisation immer dringlicher scheinen, als den eigenen Inspirationen zu folgen und dafür auch einmal von vertrauten Wegen abzuweichen. Ist ihre DenkEntscheidung (D) zu schwach entwickelt, neigen IAFOs zu starker Konfliktvermeidung und scheuen sich, eigene Interessen und damit auch die Umsetzung ihrer Ideale und Ziele durchzusetzen, insbesondere, wenn diese umstritten sind. Bei einer angemessenen Ausprägung der drei genannten Eigenschaften können diese jedoch für die Umsetzung ihrer Visionen sehr förderlich sein: So steuert die Introversion die nötige Konsequenz und das unverzichtbare Durchhaltevermögen bei, sich intensiv einer Sache zu widmen. Die strukturierte, planende Art (O) sorgt für den nötigen Biss, ein Projekt zu organisieren und es auch zum Abschluss zu bringen. Durch ihre starke gefühlsmäßige Beurteilung (F) haben IAFOs ein einnehmendes Wesen, mit dem sie andere recht leicht für ihre Sache gewinnen können.

Persönliche Gebrauchsanweisung

- Lass mir Zeit, meine Gedanken zu Ende zu denken. Meine Ideen müssen erst in mir wachsen und mich selbst überzeugen. Erst dann kann ich andere daran teilhaben lassen.
- Bitte wertschätze meine Treue und tiefe Loyalität.
- Wenn ich manchmal etwas abwesend wirke und Dinge lange für mich behalte, hat das nichts mit dir zu tun. Es bedeutet nicht, dass ich dich nicht mag oder dir nicht vertraue. Es ist einfach meine Art, Dinge zuerst mit mir auszumachen. Es setzt mich unter Druck, über etwas zu sprechen, wenn ich meine Gedanken dazu noch nicht richtig sortiert habe.
- Wenn ich dir von meinen Ideen und Träumen erzähle, hör mir bitte aufmerksam zu und zeige mir, dass es dich interessiert, zum Beispiel indem du nachfragst!

- Versuche, dich auf meine Überlegungen einzulassen, und werde bitte nicht ungeduldig, auch wenn ich vieles in aller Ausführlichkeit und Tiefe diskutieren will.
- Sei bitte nicht zu hart mit deiner Kritik! Bitte erwähne auch das Positive.
- Bitte erzähl mir, was in dir vorgeht! Mich interessiert, was du denkst und fühlst, was dich beschäftigt, was dich glücklich oder traurig macht.
- Bitte erkenne meinen Tiefgang an und sei gnädig, wenn mir manche Dinge im Haushalt nicht auffallen.
- Versuche zu verstehen, dass ich immer wieder auch Zeit ganz für mich allein brauche!
- Bitte sei zuverlässig und pünktlich! Wenn du einen Termin nicht einhalten kannst oder deine Pläne ändern musst, sag mir bitte rechtzeitig Bescheid, damit ich mich darauf einstellen kann.
- Respektiere mein Bedürfnis nach Harmonie! Auch wenn dich etwas stört oder du dich geärgert hast, sag es mir bitte auf eine nette Art. Ich bin sicher, es lässt sich beinahe alles lösen.
- Würdige bitte, was ich alles für unsere Beziehung tue! Lass mich hören und spüren, dass du das zu schätzen weißt und du dich auch um unsere Beziehung und um mich bemühst!

IKFO: die Harmonieminister

I = introvertiert
K = konkret
F = FühlEntscheider
O = organisiert

IKFO
Harmonieminister

Harmonieminister sind freundlich, hilfsbereit und sehr zuverlässig. Ihre Introversion lässt sie eher im Hintergrund wirken, sie sind bescheiden und zurückhaltend. Im Mittelpunkt der Aufmerksamkeit oder gar Bewunderung zu stehen, ist ihnen unangenehm, eher stellen sie ihr eigenes Licht unter den Scheffel. Was sie so alles leisten, fällt oft erst dann richtig auf, wenn sie plötzlich ausfallen. IKFOs sind angepasst und harmoniebedürftig. Schon als Kinder sind sie gewissenhaft und eifrig und bereiten ihren Eltern und Lehrern kaum Probleme. IKFOs erfüllen gern die Erwartungen ihrer Mitmenschen – solange sie ihrem Wertesystem entsprechen. Sie sind von Natur aus sehr fürsorglich und zugewandt und sind bekannt für ihre Hilfsbereitschaft. Sie lieben Tätigkeiten, bei denen sie sich auf eine pragmatische Weise in den Dienst von Menschen stellen können.

Typisch für die meisten IKFOs ist ihre konkrete Wahrnehmung (K). Sie haben eine enorme Menge an praktischen Erfahrungen und konkreten Informationen gespeichert. Permanent wird dieser innere Speicher durch neue Daten ergänzt. Er ist ihre wichtigste Orientierungshilfe in neuen Situationen, in denen sie am liebsten auf bewährte Erfahrungen zurückgreifen. Gänzlich Neuem und Unbekanntem stehen sie hingegen vorsichtig, manchmal sogar ängstlich gegenüber: Es verunsichert sie, wenn sie nicht auf Erfahrungen bauen können. Deswegen planen sie am liebsten alles möglichst sorgfältig und lange im Voraus. Sie halten an dem Bewährten und Vertrauten fest. Nur ungern überlassen sie etwas dem Zufall und wagen nur selten den Sprung ins Ungewisse. Sie sind die Hüter der Traditionen, sie lieben Ordnung und eine gewisse Routine. Das gibt ihnen Sicherheit.

Die Harmonieminister vereinigen in sich ein Höchstmaß an Stabilität und Zuverlässigkeit: Sie sind gründliche, gewissenhafte und realistische Informationssammler (K), die gern vorausschauend und langfristig planen und sich festlegen (O). Bevor sie etwas in die Tat umsetzen, legen sie eine Pause ein und gehen nochmals in sich (I). Wenn sie sich dann entschieden haben, verfolgen sie ihr Ziel konsequent und hartnäckig. Wenn IKFOs eine Zusage machen, werden sie alles Menschenmögliche tun, um sie einzuhalten.

IKFOs haben einen scharfen Blick fürs Notwendige – sie sehen den Handlungsbedarf, ohne dass sie jemand darauf aufmerksam machen müsste, und packen an. Sie mögen auch Hobbys, die ihrer praktischen Ader entsprechen, wie Kochen, Gärtnern, Handwerken, Fotografieren. Sie sind geschickt und geduldig. Theorien und Konzepte, die für sie keine praktische Relevanz haben, interessieren sie hingegen wenig.

Weiter kennzeichnend für Harmonieminister ist ihre fühlorientierte Entscheidung (F). Sie sind rücksichtsvoll und überlegen sich immer, wie sich ihr Handeln wohl auf andere auswirkt. Sie haben ein ausgezeichnetes Gespür für die praktischen und alltäglichen Bedürfnisse ihrer Mitmenschen und streben danach, diese zu erfüllen. In ihrem Gedächtnis verwalten sie eine umfangreiche Datenbank über die Vorlieben und Bedürfnisse jener Menschen, die ihnen nahestehen. Sind IKFOs Gastgeber, wissen sie genau, was ihre Gäste am liebsten essen, welche Getränke und welche Musik sie bevorzugen. Nicht nur als Gastgeber, sondern eigentlich in fast allen Lebenslagen sind IKFOs in hohem Maße geneigt, ihre eigenen Bedürfnisse zugunsten anderer zurückzustellen. Sie tun dies für ihre Mitmenschen und weil sie Harmonie und Frieden sehr schätzen und brauchen.

IKFOs sehen manchmal Probleme, wo eigentlich keine sind, und nehmen sich echte Probleme schwer zu Herzen. Ihre vorsichtige und besonnene Art übersteigert sich leicht zu Schwarzseherei bis hin zu depressiven Verstimmungen. Meistens behalten sie diese schwermütige Seite jedoch für sich und funktionieren nach außen hin weiter. Aufgrund ihrer Konfliktscheu sind sie außerordentlich geduldig im Ertragen von schlechten Zuständen. Es würde ihnen sehr guttun, wenn sie ihre fürsorgliche Art mehr auf sich selbst richten und besser für sich sorgen würden. Ihr Pflichtbewusstsein und ihre Bescheidenheit boykottieren zu oft ihre Lebensfreude.

Durch ihre Introversion sind IKFOs nicht gerade Quasselstrippen. Auch in Gesprächen lassen sie anderen gern den Vortritt, wobei sie sehr aufmerksame Zuhörer sind. Man muss sie schon recht gut kennen, bevor sie wirklich persönliche Gedanken und Gefühle mitteilen. Aufgrund ihrer sehr freundlichen und sozial kompetenten Art sind IKFOs überall gern gesehen und beliebt, was ihnen selbst häufig jedoch gar nicht so bewusst ist. Gleichwohl kann es ihnen passieren, dass sie andere durch eine spontane Kritik verletzen. Ihre sehr gute Beobachtungsgabe kann sie in der Beurteilung anderer manchmal recht streng sein lassen.

Je nachdem, wie erschöpft sie von ihrer Fleißarbeit sind, können sie völlig in sich versinken. Sie sind dann froh, wenn sie allein sein dürfen und kein Gesprächspartner ihre Aufmerksamkeit fordert.

Arbeit

Wie in allen Dingen, so sind Harmonieminister auch im Berufsleben sehr gewissenhaft und verlässlich. Eine Arbeitsroutine, die es ihnen erlaubt, auf ihr Wissen und ihre Erfahrungen zurückzugreifen, ist ihnen wesentlich lieber, als ständig mit neuen Entwürfen aufzuwarten. IKFOs neigen zum Perfektionismus. Sie können in endloser Geduld eine Arbeit bis ins kleinste Detail ausfeilen. Dies liegt ihnen jedenfalls weitaus mehr, als viele Aufgaben gleichzeitig auf Kosten der Sorgfalt zu erledigen. Ausdauer und Akribie zählen zu ihren größten Stärken – Flexibilität und Spontaneität hingegen nicht.

Ihrem Unternehmen sind sie sehr loyal verbunden – es sei denn, es gibt handfeste Gründe, die ihrer Loyalität entgegenstehen. Wie alle KOs (konkret und organisiert) haben sie kein Problem damit, sich in eine Hierarchie einzufügen, und akzeptieren Autoritäten – nicht aus Obrigkeitsrespekt, den sie zwar auch aufbringen, sondern weil sie der Überzeugung sind, dass es ohne klare Strukturen und Regeln nicht geht.

Am liebsten sind ihnen Arbeiten, die inhaltlich klar strukturiert sind und die zu einem greifbaren Ergebnis und Abschluss führen. Inhaltlich bevorzugen sie Tätigkeiten, die ihrer Neigung entgegenkommen, anderen praktische Unterstützung zukommen zu lassen. Aufgrund ihrer scharfen Beobachtungsgabe und ihrer Genauigkeit sind sie häufig der gute Geist von Menschen, denen Detail- und Routinearbeiten nicht liegen, also jenen, die ein A (abstrakt) im Profil haben. IKFOs glänzen als Chefsekretäre, Krankenpfleger, Mediziner, Buchhalter, Techniker oder Lehrer. Sie sind nicht besonders risikobereit und bevorzugen deshalb eine Festanstellung gegenüber der Selbstständigkeit.

Harmonieminister können aufgrund ihrer introvertierten Neigung gut allein arbeiten, eignen sich jedoch auch für Teamarbeit, weil sie anpassungsfähig und sozial kompetent sind (F). Allerdings ist ihnen Gruppenarbeit nur so lange lieb, wie die Gruppe motiviert ist und einstimmig arbeitet. Langatmige Diskussionen ermüden IKFOs schnell, weil sie zumeist eine klare Vorstellung davon haben, wie ein Problem gelöst werden sollte (K), und sie die Arbeit zum Abschluss bringen wollen (O).

Bei ihren Vorgesetzten werden IKFOs wegen ihres ausgeprägten Pflichtbewusstseins sehr geschätzt. Man kann sich darauf verlassen, dass Harmonieminister mindestens das machen, was von ihnen erwartet wird, meistens noch mehr. Der Spruch: »Erst die Arbeit, dann das Vergnügen!« ist ihnen quasi auf die Stirn geschrieben.

Um Führungspositionen reißen sich IKFOs selten: Das, was sie leisten, ist für sie selbstverständlich, eher neigen sie dazu, sich zu unterschätzen. Landen sie dennoch in einer Vorgesetztenposition, stellen sie die Bedürfnisse ihrer Mitarbeiter in den Vordergrund, weil sie sehr auf eine harmonische und kooperative Zusammenarbeit bedacht sind (F). Unter Druck geraten sie, wenn dennoch einmal Missstimmung in ihrem Team aufkommt und sie ein Machtwort sprechen müssen. Es widerstrebt ihnen, eine Anweisung gegen den Willen ihrer Untergebenen durchzusetzen. Sie halten es schwer aus, wenn sie deren Ärger auf sich ziehen. Aufgrund ihres Perfektionsstrebens können sie schlecht Verantwortung delegieren. Wegen ihrer Konfliktscheu und ihres Perfektionismus laufen sie Gefahr, vieles selbst in die Hand zu nehmen und bis an den Rand des Zusammenbruchs zu arbeiten.

Liebe und Freundschaft

Harmonieminister verlieben sich selten – und noch seltener Hals über Kopf. Dazu sind sie zu solide und haben zu festgelegte Vorstellungen, was sie von einem Partner erwarten. Das schützt sie vor der rosaroten Brille – zumindest ist ihre Brille höchstens hellrosa und lässt sie somit die Realität noch ganz gut erkennen. Ehe und Familie sind Werte, die die traditionsbewussten IKFOs sehr hochhalten. Deswegen locken sie kaum Liebesabenteuer, sie suchen vielmehr den Partner fürs Leben. Wenn sie glauben, den Richtigen gefunden zu haben, tun sie sehr viel für ein glückliches Miteinander.

Liebe bedeutet für Harmonieminister Sicherheit, gegenseitiges Vertrauen und Stabilität. Sie sind treu und fürsorglich und verschönern ihrem Partner den Alltag mit vielen kleinen Aufmerksamkeiten. So offenbaren sie, mehr als durch Worte, ihre tiefe Zuneigung und Verbundenheit.

IKFOs fühlen sich sehr für das Gelingen der Beziehung verantwortlich. Für Harmonie und Frieden verlieren sie schnell ihre eigenen Bedürfnisse aus den Augen. Sollten sie an den Falschen geraten sein, ist ihre Leidensbereitschaft hoch: Für den Erhalt der Beziehung ertragen sie viele Verletzungen und Enttäuschungen, bevor sie gewillt sind, einen Schlussstrich zu ziehen. Es fällt ihnen sehr schwer, etwas Vertrautes – auch wenn es sie unglücklich macht – zugunsten einer ungewissen Zukunft aufzugeben. Dass sie trotz ihres Realitätssinns an den Falschen geraten können, hängt mit einem inneren Konflikt zusammen, den viele Harmonieminister bewusst oder unbewusst mit sich austragen: Durch ihr Pflichtbewusstsein und ihre hohe Disziplin fühlen sie sich zu Menschen hingezogen, die sehr sinnenfreudig und leichtlebig sind. Menschen, die sozusagen jene Seite ausleben, die sich IKFOs selbst verbieten. Deswegen können sie an verantwortungsscheue Lebemenschen geraten und diese hingebungsvoll lieben, aber auch an ihnen verzweifeln.

Als Freunde sind Harmonieminister ebenfalls sehr treue und zuverlässige Gefährten. Sie pflegen wenige, aber sehr stabile Freundschaften. Auch hier sind sie gefährdet, sich ausnutzen zu lassen. Sie bringen es nur schwer übers Herz, eine Bitte abzuschlagen. Wird ihr aufmerksames und loyales Beziehungsangebot jedoch erwidert, sind es Freundschaften fürs Leben.

Elternschaft

Familie und Kinder sind für die meisten Harmonieminister ein wichtiges Lebensziel. Als Eltern sind sie überaus fürsorglich, liebevoll und geduldig. Für ihre Kinder ist ihnen kein Opfer zu groß. IKFOs sind häuslich, sie legen Wert auf ein behagliches, liebevolles und ordentliches Zuhause. Wie alle KOs sind sie eher konservativ eingestellt und wollen ihre Kinder in erster Linie zu verantwortungsvollen Bürgern erziehen. Sie vermitteln ihnen klare Normen und Regeln des sozialen Miteinanders. Auch ihr Erziehungsstil ist durch klare Regeln bestimmt. Ihre Gutmütigkeit lässt sie jedoch nicht immer konsequent sein.

Weil Harmonieminister selbst ein wenig ängstlich sind, wollen sie auch ihre Kinder möglichst vor allen Gefahren bewahren. Sie sind geneigt, ihre Kinder so sehr zu behüten, dass deren Selbstvertrauen und Selbstständigkeit geschwächt werden. Es bleibt für IKFO-Eltern immer eine Herausforderung, ihre Kinder loszulassen und mit anzusehen, wie diese ihre eigenen, mitunter schmerzhaften Erfahrungen machen müssen. Harmonieminister bleiben ihr ganzes Leben lang mit Leib und Seele Eltern. Auch ihre erwachsenen Kinder wissen ganz genau, dass ihnen ihre IKFO-Eltern immer zur Seite stehen, wenn sie Hilfe brauchen.

Probleme und Entwicklungsmöglichkeiten

Stabilität und Zuverlässigkeit gehören zu den größten Stärken der Harmonieminister. Bei extremer Ausprägung ihres Profils werden sie jedoch rigide, starrsinnig und geradezu borniert. In diesem Fall halten sie zu konservativ an ihren Erfahrungen und Überzeugungen fest und verschließen sich allen alternativen Überlegungen. Wohl gemeinte und sinnvolle Ratschläge werden in den Wind geschlagen. IKFOs verfolgen dann zwanghaft ihre festgelegten Routinen und Rituale und weigern sich störrisch, auch nur einen Fuß auf Neuland zu setzen. Hier könnte ihnen die Überlegung helfen: Was könnte im schlimmsten Fall passieren, wenn sie sich für Veränderung öffnen würden? Es wäre wichtig, dass sie ihre unterschwelligen Ängste, zu versagen und unter die Räder zu kommen, einmal von einer ganz rationalen und nüchternen Seite betrachteten. Wenn es um ihre übertriebenen Ängste geht, versagt nämlich häufig der ansonsten gut ausgeprägte Realitätssinn der IKFOs.

Harmonieminister sind sehr sorgfältig. Ihre unterschwellige Angst zu versagen, lässt sie nach Perfektion streben. Schwarzmalerei und Pessimismus gehen mit ihrer Versagensangst einher. Zu ihrem Perfektionsstreben gesellt sich noch ihr übertriebenes Pflichtbewusstsein, sodass manche IKFOs kaum noch abschalten und entspannen können. Ihr Pessimismus schützt Harmonieminister (unbewusst) vor möglichen Enttäuschungen. Weil sie sich auf das Schlimmste einstellen und möglichst wenig erwarten, kann sie eigentlich nichts mehr schocken. Damit berauben sie sich jedoch der Vorfreude und aufregenden Spannung, die mit neuen Erfahrungen häufig verbunden sind. Ihr Pessimismus mündet nicht selten in einen Teufelskreis: Wenn sie zuversichtlicher wären, was den Erfolg ihres Tuns anbelangt, dann würden sie sich mehr zutrauen und könnten es oft weit bringen. Weil sie jedoch auf Scheitern eingestellt sind, fühlen sie sich bestätigt, wenn die ersten Hindernisse auftauchen und geben dann schnell auf. Auch was ihren Pessimismus angeht, sind IKFOs angstgesteuert. Es könnte ihnen helfen, eine Bestandsaufnahme zu machen, wie oft ihre Angststimme sie im Leben schon falsch beraten hat, und sich zu notieren, was sie alles schon erreicht haben, obwohl ihre Angststimme ihnen zuvor Versagen und Blamage eingeflüstert hat. Wahrscheinlich würden sie dann einsehen, dass ihre Angststimme schon sehr viele Fehlprognosen abgegeben hat und schon längst gefeuert wäre, wenn sie als Berater in einer Firma fungierte. IKFOs sollten sich eisern darin trainieren, einen mentalen Abstand zu ihrer Angststimme einzulegen. Sie sollten sich immer wieder vor Augen halten, dass die Prognosen der Angststimme nicht auf rationalen Argumenten und Fakten basieren, sondern ausschließlich auf Versagens- und Verlustängsten. Diese entspringen den Katakomben ihrer Katastrophenfantasien und sind in keiner Weise objektivierbar. Hier würde es den IKFOs auch helfen, wenn sie ihre Introversion überwinden würden und mal die objektivere Einschätzung von Freunden und Kollegen suchten.

Auf vielen Harmonieministern lastet eine bleischwere Verantwortung, die sie selten abschütteln können. Um ein bisschen unbekümmerter und leichtfüßiger zu leben, sollten sie sich dazu »verpflichten«, mehr Spaß und Freude am Leben zu haben. Den Spaßfaktor können sie genauso in ihren Terminkalender eintragen wie ihre Verpflichtungen. Das heißt, sie sollten sich tatsächlich Freizeit und schöne Tätigkeiten in einem Tages- und Wochenplan genau notieren und sich fest vornehmen, sich auch hieran zu halten. Es ist wichtig, dass sie aktiv und eigenverantwortlich dafür sorgen, dass ihre Stimmung möglichst gut ist und sie bei Kräften bleiben.

Dabei könnte ihnen die Überlegung helfen, dass sie sich in einer guten Stimmung dann auch wieder intensiv anderen Menschen und ihrer Arbeit zuwenden können. Ein Burnout, für den sie gefährdet sind, hilft hingegen keinem. Um diesen zu verhindern, dürfen IKFOs ein wenig mehr in den Tag hinein leben und unbekümmert den Moment genießen. Sie sollten ihr »Gottvertrauen« stärken – vieles kommt ohnehin anders als geplant und nicht selten besser als erwartet!

Letztlich ist auch ihre Konfliktscheu eine Ursache für manche Probleme in ihrem Leben. IKFOs können sich schlecht gegen die Erwartungen ihrer Umwelt abgrenzen. Es fällt ihnen schwer, Nein zu sagen. Hierdurch belasten sie sich nicht nur selbst, sondern auch ihre Beziehungen. Denn der Unmut, der sich innerlich aufstaut, wenn man öfter »gegen seinen eigentlichen Willen« handelt, bricht dann auf Umwegen aus. Statt laut und deutlich zu sagen, was er will und was nicht, kann es passieren, dass der Harmonieminister, wenn es ihm zu viel wird, einfach die Mauern hochzieht und die Schotten dicht macht. Sein Interaktionspartner rennt dann gegen eine Wand. Dasselbe kann passieren, wenn ein IKFO sich gekränkt fühlt. Anstatt hierüber mit der Person zu sprechen, zieht er sich in sein Schneckenhaus zurück. Um ihre Konfliktscheu zu überwinden, kann IAFOs die Überlegung helfen, dass es fairer wäre und ihre Beziehungen entlasten würde, wenn sie öfter ein klares Wort sprächen. Denn nur so hat ihr Gegenüber überhaupt eine Chance, angemessen zu reagieren – schließlich kann niemand Gedanken lesen. Harmonieminister sollten sich vor Augen führen, dass ihre Gefühle für die andere Person langfristig erstarren und erkalten können, wenn sie ihren Ärger immer wieder hinunterschlucken. Würden sie hingegen rechtzeitig den Mund aufmachen, verhandeln und diskutieren, hätte ihre Beziehung eine Chance, lebendig und wirklich harmonisch zu bleiben.

Persönliche Gebrauchsanweisung

- Bitte anerkenne und wertschätze, wie treu und loyal ich an deiner Seite stehe.
- Bitte respektiere meine Privatsphäre! Ich brauche Zeit, um mich zurückzuziehen. Wenn ich mich allein und ohne Gewissensbisse meinen Interessen hingeben kann, tanke ich Energie auf. Danach bin ich umso präsenter und gerne wieder mit dir zusammen.
- Hab bitte Geduld mit mir, wenn wir uns unterhalten! Ich brauche manchmal einen langen inneren Anlauf, um mich mitzuteilen. Am leichtesten machst du es mir, wenn du mir interessiert und wertschätzend zuhörst. Stelle ein paar vorsichtige Nachfragen, aber bohre bitte nicht nach und versuche nicht, mich auszufragen, sonst mache ich schnell »dicht«.
- Bitte packe mit an, unterstütze mich im Haushalt und in der Familie. Nimm es nicht als selbstverständlich hin, dass ich so viel Verantwortung trage.
- Lass dich bitte nicht verunsichern, wenn ich mal wenig oder gar nichts sage. Ich bin oft so in mich gekehrt, dass mir einfach nichts einfällt, was ich erzählen könnte. Dann bin ich umso dankbarer, wenn du ein bisschen von dir erzählst und ich an deinen Erlebnissen teilnehmen kann.
- Erwarte bitte nicht, dass ich dich zu allen Einladungen und Feiern begleite. Oft ist es mir zu viel, mich mit anderen Leuten zu treffen, und es strengt mich mehr an, als dass es mir Freude bereitet. Akzeptiere bitte, dass ich dann lieber zu Hause bleibe. Für mich ist es kein Problem, wenn du allein losziehst.
- Bitte kritisiere mich nicht zu barsch! Hör mir erst mal bis zum Ende zu und versuche zumindest, mich zu verstehen. Wenn

ich mich wertgeschätzt fühle, kann ich auch deine Kritik viel besser annehmen.

- Bring mir bitte nicht alles durcheinander! Ich brauche meine äußere Ordnung ebenso wie meine Routine. Wenn ich weiß, was mich erwartet, fühle ich mich beruhigt und sicher.
- Bitte brich nicht mit meinen Traditionen! Ich bin ein Familienmensch und ich liebe gemeinsame Feste zu allen möglichen Gelegenheiten. Denk an wichtige Jahrestage, besonders, wenn sie mit unserer Beziehung zu tun haben. Damit kannst du mir zeigen, wie sehr du mich magst.
- Bitte halte deine Versprechungen ein! Mir ist es extrem wichtig, dass ich mich auf dich verlassen kann. Wenn sich deine Pläne ändern sollten, sag mir bitte rechtzeitig Bescheid und erkläre mir, warum. Ich brauche Zeit, um mich auf Veränderungen einzustellen.
- Würdige bitte, was ich alles für dich und unsere Beziehung tue! Vieles ist für mich selbstverständlich und ich engagiere mich wirklich gern. Trotzdem tut es mir sehr gut, wenn du mich lobst.
- Ich bin dir dankbar, wenn du Vergnügen und Abwechslung in mein Leben bringst, weil ich diese Faktoren schnell vernachlässige.

EKFO: die Sozialminister

E = extravertiert
K = konkret
F = FühlEntscheider
O = organisiert

EKFO
Sozialminister

Sozialminister fallen durch ihre herzliche, aufmerksame und hilfsbereite Art auf. Sie haben stets ein offenes Ohr für die Sorgen und Nöte ihrer Mitmenschen und sagen selten einmal Nein, wenn man sie um Hilfe bittet. Sie sind gesellig und unternehmungslustig. Andere schätzen ihre Gesellschaft, weil sie auf ihre nette, Anteil nehmende Art für eine gute Atmosphäre sorgen.

EKFOs sind ausgeprägte FühlEntscheider (F). Wenn sie eine Entscheidung treffen müssen, ist es ihnen sehr wichtig, die Folgen dieser Entscheidung für ihre Mitmenschen zu bedenken. Sie möchten möglichst niemanden verärgern oder verletzen. Beziehungen sind für Sozialminister der Mittelpunkt ihres Lebens. Sie fühlen sich am wohlsten in Gesellschaft und ziehen eine nette Verabredung fast immer dem Alleinsein vor. Es strengt sie überhaupt nicht an, unter Menschen zu sein. Im Gegenteil, bei einem anregenden Gespräch können sie am besten entspannen und Kraft schöpfen. Weil ihnen Beziehungen so wichtig sind, tun sie viel für ein harmonisches Miteinander. Es ist ihnen ein tiefes Bedürfnis, auf andere einzugehen und zu helfen. Viel schwerer fällt es ihnen, sich abzugrenzen und eigene Interessen durchzusetzen.

Sozialminister beurteilen schnell, ob sie jemanden sympathisch finden oder nicht. Sie neigen dazu, Menschen, die sie mögen, zu idealisieren. Wenn sie jemanden nicht mögen, kann ihre Kritik auch recht hart ausfallen. Allerdings sind EKFOs grundsätzlich eher wohlwollend gegenüber Menschen eingestellt. Verständnis und soziale Kompetenz zählen zu ihren besten Fähigkeiten. EKFOs sind loyal und verbindlich. Man kann sich darauf verlassen, dass sie zu dem stehen, was sie versprochen haben.

Durch ihre konkrete Wahrnehmung (K) haben EKFOs einen guten Blick für die praktischen Bedürfnisse und Nöte ihrer Mitmenschen. Sie helfen, indem sie tatkräftig anpacken oder konkrete Ratschläge geben. Sie sind pragmatisch und handlungsorientiert. Ehe sie lange über verschiedene Möglichkeiten nachdenken oder reden, erledigen sie einfach das, was ansteht. Meistens haben sie eine sehr genaue Vorstellung davon, was zu tun ist. Auch wenn Sozialminister viel Verständnis aufbringen, sind sie nicht unbedingt die Geduldigsten. Ihr O treibt sie zur Tat: Sie wollen schnelle Veränderungen und schnelle Lösungen.

EKFOs geraten nicht gern in Abhängigkeit, gerade weil sie sich eigentlich abhängig von sozialen Beziehungen und engen Bindungen erleben. Sie haben – wie alle KOs (konkret/organisiert) – das Gefühl, sich ihre Anerkennung verdienen zu müssen. Deswegen geben sie lieber, als dass sie nehmen. Innerlich führen sie Strichlisten, was sie nehmen und was sie geben. Am wohlsten fühlen sie sich in einer Beziehung, wenn sie auf der Geben-Seite mehr Striche als auf der Nehmen-Seite haben. Umgekehrt fällt es ihnen schwer, Hilfe anzunehmen – schnell haben sie das Gefühl in der Schuld zu sein. EKFOs machen sich nützlich, egal wo sie gerade sind – ob bei der Arbeit, im Verein oder auf einer Party – sie möchten ihren Beitrag leisten.

Sozialminister sind wie die Harmonieminister die gute Seele einer jeden Organisation und/oder der Familie, wobei die Sozialminister durch ihre extravertierte Art gern an der vorderen Front mitmischen, während die Harmonieminister sich gern im Hintergrund halten. Beiden ist gemein, dass sie kein Problem damit haben, sich in soziale Gefüge und Strukturen einzufügen. Sie erkennen Autoritäten an und fühlen sich in Systemen wohl, in denen klare Anforderungen an sie gestellt werden, und sie wissen, was von ihnen erwartet wird. Sie lieben es, gebraucht zu werden.

Der Wunsch der EKFOs, die Erwartungen anderer zu erfüllen, entspringt ihrem tiefen Bedürfnis nach Zugehörigkeit und macht sich schon im Kindesalter bemerkbar: EKFO-Kinder sind angepasst und bestrebt, alles richtig zu machen. Es kann leicht passieren, dass sie zu wenig Lob von ihren Eltern erfahren, weil ihre guten Leistungen und ihr liebes Wesen so selbstverständlich erscheinen. Im Erwachsenenalter kann sich dieses Schicksal fortsetzen – nicht selten wird aus ihrer Hilfsbereitschaft ein Gewohnheitsrecht abgeleitet.

EKFOs sind sehr auf Menschen bezogen und kommen mit anderen schnell ins Gespräch. Sie lieben es, über andere Menschen und zwischenmenschliche Beziehungen zu reden. Sie unterhalten sich aber auch gern über ihre Hobbys und alle Themen, die einen konkreten Bezug zur Wirklichkeit haben. Wenn das Gespräch sich jedoch länger um philosophische oder wissenschaftlich-abstrakte Inhalte dreht, schalten sie innerlich schnell ab.

Sozialminister lieben eine schöne Umgebung und haben einen unmittelbaren Bezug zu materiellen Dingen. Ihre häusliche Umgebung ist geschmackvoll und sehr gepflegt. Viele EKFOs gärtnern auch gerne. überhaupt pflegen und hegen sie ihren Besitz und neigen diesbezüglich zu Pingeligkeit. Sie sind zwar bereit, für schöne Dinge, Reisen oder Gäste Geld auszugeben, achten aber auch sorgsam darauf, dass das Preis-Leistungs-Verhältnis stimmt. Sie benötigen eine hohe finanzielle Sicherheit.

EKFOs greifen in Problemsituationen möglichst auf bewährte Erfahrungen zurück, von denen sie wissen, dass sie funktionieren. Ihr O lässt sie entsprechend zielstrebig und organisiert vorgehen, mit dem inneren Drang, die Sache zum Abschluss zu bringen. Man kann sich hundertprozentig auf Sozialminister verlassen: Was sie anpacken, bringen sie auch zu Ende. Erst nach getaner Arbeit können sie sich ruhigen Gewissens ihrer Freizeit widmen.

EKFOs verfügen über einen enormen inneren Wissensspeicher, in dem sie vielfältige Informationen über die Bedürfnisse und Vorlieben ihrer Mitmenschen angelegt haben. Sie wissen, womit sie anderen eine Freude machen können, und haben zumeist eine treffsichere Geschenkidee parat. Sehr gern sind sie Gastgeber. Zum einen lieben sie es, sich mit Freunden zu umgeben (E), zum anderen macht es ihnen Spaß, ihre Gäste zu verwöhnen. Dies tun sie gern und ausgiebig (F). Es ist ihnen die größte Freude, wenn ihre Gäste sich wohlfühlen.

Arbeit

Sozialminister bevorzugen Tätigkeiten, bei denen sie viel Kontakt zu Menschen haben. Stark vertreten sind sie in Dienstleistungsberufen, im sozialen Bereich, bei pflegerischen Tätigkeiten und im Schuldienst. Ihr Beruf ist ihre Berufung. Es macht ihnen Spaß, sich um andere zu kümmern und zu helfen. Wenn sie spüren, dass ihre Mühen fruchten und anerkannt werden, arbeiten sie umso engagierter, oft weit über das geforderte Maß hinaus.

EKFOs sind sehr gut organisiert. Sie lieben klare, strukturierte Abläufe und arbeiten am liebsten eine Sache nach der anderen ab. Sie mögen zwar Abwechslung, aber bitte nacheinander und nicht alles gleichzeitig. Sie werden schnell unruhig, wenn sie unterbrochen werden oder neue Projekte auf sie warten, bevor sie das letzte abgeschlossen haben. Gegen routinierte Abläufe haben sie nichts einzuwenden, solange ihnen genügend Freiraum bleibt, um diese noch weiter auszufeilen und zu verbessern. Sozialminister arbeiten gewissenhaft, zuverlässig und effizient. Sie können gut organisieren, insbesondere, wenn es darum geht, mehrere Personen miteinander zu koordinieren. Wenn man einen EKFO mit einer Aufgabe betraut, kann man sich darauf verlassen, dass diese sorgfältig und termingerecht erledigt wird. EKFOs neigen zu Perfektionismus. Durch ihr K können sie sich in Details verlieren und vernachlässigen dann manchmal das Wesentliche.

Sozialminister brauchen ein harmonisches Arbeitsklima, um effizient arbeiten zu können. Zwar erledigen sie ihre Arbeit auch, wenn die betriebliche Atmosphäre angespannt ist, allerdings kostet es sie dann deutlich mehr Energie. Am besten zu motivieren sind EKFOs durch Lob und Anerkennung, dann laufen sie zur Höchstform auf. Sie reagieren sensibel auf Lob und Kritik und sind sehr leicht zu kränken, weil sie Beanstandungen persönlich nehmen. Dies hängt damit zusammen, dass Sozialminister durch ihre gute Arbeit gleichzeitig eine gute Beziehung herstellen wollen. Wird ihre Arbeit kritisiert, fühlen sie sich automatisch auch persönlich zurückgewiesen.

Am liebsten und am besten arbeiten EKFOs im Team. Extravertiert, wie sie sind, kommen ihnen die besten Einfälle im Austausch mit anderen. Sie sind oft die »soziale Nachrichtenzentrale« in ihrem Unternehmen. Wenn jemand um berufliche und private Neuigkeiten der Mitarbeiter weiß, dann ein EKFO. Dies nicht etwa, weil er andere neugierig ausfragt, sondern weil sich ihm viele anvertrauen. EKFOs gelten als die »gute Seele« des Betriebs, andere schätzen ihr verständnisvolles und anteilnehmendes Wesen. Sie müssen aufpassen, dass sie über ihrem sozialen Engagement ihre Arbeit nicht vernachlässigen. Sie lassen sich gern durch ein Schwätzchen von der Arbeit abhalten und merken dann gar nicht, wie die Zeit vergeht.

Gelangen Sozialminister in Führungspositionen, sorgen sie in erster Linie für ein gutes Betriebsklima. Ihr Führungsstil ist also eher beziehungsorientiert als aufgabenorientiert. Kritisch wird es, wenn trotzdem einmal Missstimmung im Team aufkommt und vom EKFO ein »Machtwort« gefragt ist. EKFOs scheuen sich, Anweisungen gegen den Willen ihrer Mitarbeiter durchzusetzen und deren Ärger auf sich zu ziehen. Die meisten Sozialminister haben es dennoch (mühsam) gelernt, sich zu behaupten, auch wenn es ihnen schwerfällt. Genauso tappen EKFOs immer wieder in die Falle, sich selbst zu viel Arbeit aufzuhalsen, weil sie ein schlechtes Gewissen haben, wenn sie unliebsame Aufgaben an ihre Mitarbeiter delegieren.

Liebe und Freundschaft

Durch ihre offenherzige und sympathische Art schließen Sozialminister schnell Bekanntschaft und haben einen weitläufigen Freundeskreis. Sie führen ein sehr ausgefülltes Sozialleben, sind häufig verabredet, telefonieren und chatten viel. Sie sind immer auf dem Laufenden, was ihre Freunde gerade beschäftigt. Wenn sie gebraucht werden, sind sie zur Stelle. EKFOs sind sehr engagierte und loyale Freunde. Wie alle FOs übernehmen sie viel Verantwortung für ihre Beziehungen. Meistens sind sie es, die sich um Verabredungen kümmern und ihre Hilfe anbieten. Dies vermittelt ihnen ein Gefühl von Sicherheit, weil sie sich hierdurch die Freundschaft quasi »verdient« haben. Selbst Hilfe anzunehmen fällt ihnen hingegen schwerer.

Eine Familie zu gründen, ist für viele Sozialminister ein wichtiges Lebensziel. Deswegen suchen sie nach einer langlebigen und stabilen Partnerschaft. Liebe bedeutet für sie Wärme, gegenseitige Fürsorge und bindende Verpflichtung. Sie sind ihrem Partner treu und bereit, um ihre Beziehung zu kämpfen. Wenn sie sich verliebt haben, bringen sie ihre Gefühle auf sehr vielfältige Weise zum Ausdruck. Ihre Fähigkeit, sehr genau die Wünsche und Bedürfnisse ihres Partners zu erspüren, nutzen sie dazu, ihn immer wieder mit kleinen Aufmerksamkeiten zu überraschen. Durch ihre wohlwollende Art, mit der sie die Stärken ihres Partners hervorheben, schaffen sie es tatsächlich, dessen beste Seiten zum Vorschein zu bringen. Sozialminister haben ein gutes Händchen dafür, das gemeinsame Zuhause zu einer Oase der Gemütlichkeit und Geborgenheit werden zu lassen. Extravertiert, wie sie sind, ziehen sie sich jedoch eher selten in die traute Zweisamkeit zurück, sondern haben ein offenes Haus, in dem häufig Gäste ein- und ausgehen. Auch wenn oft viel los ist, wird man es selten erleben, dass in einem EKFO-Haushalt Chaos ausbricht. Durch ihre pragmatische und zielorientierte Art (O) behalten sie stets den Überblick und haben die Haushaltsorganisation gut im Griff. Sie haben sehr genaue Vorstellungen und klare Regeln, wie ein Haushalt zu funktionieren hat und erteilen entsprechend ihre Anweisungen an den Partner und die Familie. EKFOs lieben Familienfeste und traditionelle Zusammenkünfte, die sie mit Eifer und Freude vorbereiten.

Sozialminister halten zu ihren Partnern, in guten wie in schlechten Zeiten – und auch in richtig schweren Zeiten. Dies leider auch, wenn sie an einen Partner geraten sind, der nicht so bezogen und aufrichtig ist wie sie. EKFOs fällt es schwer loszulassen – sie halten auch an Partnerschaften lange fest, die ihnen nicht guttun. Aus Angst vor dem Alleinsein bringen sie immer wieder Verständnis für die Schwächen ihres Partners auf.

Verlassen zu werden, ist für Sozialminister eine besonders tiefe Kränkung, weil die Beziehung der Dreh- und Angelpunkt ihres Lebens ist, für den sie bereit sind, (fast) alles zu tun. Umso mehr erleben sie es als persönliches Versagen, wenn ihr Partner sie verlässt. Die fürsorgliche, wohlwollende Art der EKFOs kann sich in solchen Situationen ins Gegenteil verkehren: Dann nutzen sie ihr vielfältiges Wissen über die Stärken und vor allem über die Schwächen ihres Partners dazu, ihn an seinen empfindlichsten Stellen zu treffen. Diese Rachegelüste halten jedoch selten lange vor, weil EKFOs durch ihren großen Freundeskreis ein sehr tragfähiges soziales Netz haben, das sie ablenkt und ihnen hilft, die Trennung zu verschmerzen.

Elternschaft

Sozialminister sind mit Leib und Seele Eltern und finden Erfüllung darin, sich um ihre Familie zu kümmern und ein liebevolles, geborgenes Zuhause zu schaffen. Sie bringen ihren Kindern ausgesprochen viel Wärme und Herzlichkeit entgegen. Sie legen großen Wert darauf, ihnen soziale Werte und Offenheit zu vermitteln. Sie fördern Freundschaften und soziale Kontakte und sind schnell besorgt, wenn ihre Kinder gern allein sind, weil ihnen dieses introvertierte Bedürfnis selbst so fremd ist.

EKFOs sind traditionell und eher konservativ eingestellt. In ihrem Erziehungsstil äußert sich dies so, dass sie zumeist eine sehr genaue Vorstellung davon haben, wie ihre Kinder sich entwickeln sollten. Sofern dies mit den Wünschen und Begabungen ihrer Kinder übereinstimmt, erfahren diese eine sehr umfangreiche und konsequente Förderung. Allerdings sollten EKFOs darauf achten, den Entwicklungsverlauf nicht durch ihre eigenen Vorstellungen zu sehr einzuschränken, sondern den kindlichen Interessen und Talenten genügend Entfaltungsmöglichkeiten zu lassen. Vor allem EKFO-Müttern kann es passieren, dass sie sich zu sehr mit den Erfolgen und Misserfolgen ihrer Kinder identifizieren und diese quasi wie eine Erweiterung ihrer selbst wahrnehmen. EKFOs, auf die das zutrifft, sollten sich immer wieder bewusst machen, dass es wichtig ist, ihre Kinder loszulassen und neben der Elternschaft auch andere Lebensinhalte und Hobbys zu pflegen.

Trotz ihrer Standpunktsicherheit fällt es EKFO-Eltern oft schwer, konsequent zu sein und sich gegen den Willen ihrer Kinder durchzusetzen. Ebenso wie in allen anderen Beziehungen möchten sie Streit und Enttäuschungen möglichst vermeiden. In ihrem Erziehungsverhalten führt dies dazu, dass sie manchmal schneller nachgeben, als sie es innerlich für richtig halten.

Probleme und Entwicklungsmöglichkeiten

Die größte Stärke der Sozialminister, nämlich ihre verständnisvolle und hilfsbereite Art im menschlichen Umgang, kann zugleich zu ihrer größten Schwäche werden. EKFOs sind gefährdet, sich zu stark auf die Bedürfnisse anderer auszurichten und dabei sich selbst zu vergessen. Irgendwann verlieren sie das Gespür für ihre eigenen Bedürfnisse, weil sie diese nicht ernst genug nehmen. Über kurz oder lang fühlen sie sich dann erschöpft und ausgebrannt. Das ist kein Wunder, weil sie sich immer wieder um der Beziehung willen über ihre körperlichen und emotionalen Grenzen hinwegsetzen.

Um dies zu verhindern, sollten sie immer wieder ihren Blick nach innen richten und sich fragen: Wie fühle ich mich gerade? Was sind meine Bedürfnisse? Sie sollten sich öfter trauen, ihre Wünsche und Gefühle deutlich zu formulieren. Dann ist ihr Gegenüber nicht darauf angewiesen, ihre Gedanken zu lesen, und die Beziehung bleibt lebendig und langfristig harmonisch. Denn letztlich verübelt es der Sozialminister nicht nur sich selbst, sondern auch dem anderen, wenn er in einer Beziehung zu kurz kommt. Aus der Überlegung, dass es eigentlich fairer ist, wenn das Gegenüber weiß, woran es mit einem ist, könnte der Sozialminister Mut schöpfen und den Mund aufmachen.

Viele Sozialminister passen sich den Erwartungen anderer so stark an, weil sie Angst haben, andernfalls die Beziehung aufs Spiel zu setzen. Deshalb gehen viele Sozialminister Auseinandersetzungen und Konfrontationen lieber aus dem Weg und schlucken ihren Ärger hinunter. Doch damit lassen sie die Chance verstreichen, Konflikte zu einem möglichst frühen Zeitpunkt anzusprechen, wo am ehesten noch ein Kompromiss oder eine Veränderung möglich wäre. Am Ende ist die Situation dann so verfahren, dass es tatsächlich zu Streit und gegenseitigen Verletzungen kommt. Dies nährt wiederum die Überzeugung der Sozialminister, Probleme besser nicht offen anzusprechen. Durch ihre Konfliktscheu machen EKFOs selten die Erfahrung, wie konstruktiv eine Auseinandersetzung für die Beziehung sein kann. Eine Ursache für ihre hohe Anpassungsbereitschaft ist der Umstand, dass viele Sozialminister Angst vor dem Alleinleben haben. Stärker als viele andere Typen fühlen sie sich auf eine Partnerschaft angewiesen. Hier könnte es helfen, wenn sie jene Lebensbereiche ausbauten, aus denen sie Glück und Befriedigung jenseits einer Partnerschaft ziehen, sei es beruflich oder in Form von Hobbys und Freizeitaktivitäten. Je mehr sie die Erfahrung machen, dass ihr Lebensglück – unabhängig vom Partner – in ihrer eigenen Regie und Kontrolle liegt, desto stärker und selbstständiger fühlen sie sich.

Die Konfliktscheu der EKFOs bezieht sich jedoch vorwiegend auf nahe Beziehungen, bei denen viele Gefühle im Spiel sind. Wenn die Beziehung oberflächlicher ist, etwa bei beruflichen Kontakten, können sie ihren Standpunkt durchaus klar vertreten.

Sozialminister haben sehr feine Antennen für die Bedürfnisse anderer – aber nicht immer! Sie müssen ein bisschen aufpassen, andere mit ihrer gut gemeinten Fürsorge und Unterstützung nicht zu erdrücken oder zu bevormunden. EKFOs meinen schnell zu wissen, was der andere braucht – resolut und pragmatisch schreiten sie zur Tat (E/K/O). Dabei übersehen sie hin und wieder, dass ihre Hilfe mitunter gar nicht so willkommen ist. Es kann für EKFOs sehr entlastend sein, wenn sie sich gelegentlich klarmachen, dass sie nicht für das Glück oder Unglück ihrer Mitmenschen verantwortlich sind. Sie können ihre Hilfe anbieten, aber haben nicht darüber zu entscheiden, ob andere diese annehmen wollen.

Sozialminister sind manchmal enttäuscht, wenn sie feststellen müssen, dass sie von anderen nicht so viel Unterstützung bekommen, wie sie selbst zu geben bereit sind. Hier muss man jedoch klarstellen, dass sich der EKFO oft selbst im Weg steht, weil er sich nicht traut, andere um Hilfe zu bitten, geschweige denn diese einzufordern. Er meint, die Mitmenschen müssten ahnen, wenn ihre Hilfe gefragt ist. Die anderen haben jedoch zumeist nicht die hellseherischen Fähigkeiten eines EKFOs, Hilfebedarf zu wittern. Sie sind dann häufig gekränkt und verstehen nicht, warum der EKFO sich enttäuscht zurückzieht. Dabei hätten sie ihm sehr gern geholfen – hätte er doch nur ein Wörtchen gesagt!

Vielen Sozialministern würde es guttun, mit sich selbst ebenso aufmerksam und rücksichtsvoll umzugehen wie mit ihren Mitmenschen. Sie sträuben sich häufig dagegen, »egoistisch« zu sein und sich zu ihren eigenen Gunsten über die Belange anderer hinwegzusetzen. Darum geht es jedoch gar nicht, sondern vielmehr darum, die richtige Balance zu finden und die eigenen Bedürfnisse nicht grundsätzlich als weniger wichtig zu bewerten als die der Mitmenschen.

Die schwächste Stelle der Sozialminister ist ihr nicht sehr stark ausgeprägtes D (DenkEntscheidung). Sie lassen sich bei allem, was sie tun und entscheiden, sehr stark von ihren Gefühlen leiten. Weil sie sich intensiv einbringen, sind sie leicht zu kränken. Vielen EKFOs würde es deshalb guttun, ganz bewusst ihre rationale Beurteilung zu trainieren.

Hierfür müssten sie öfter von der Feld- in die Beobachterperspektive wechseln, also mal alle Gefühle beiseiteschieben und die Situation ganz nüchtern von außen und anhand rationaler Argumente bewerten. Sie sollten sich bemühen, immer wieder einen kleinen Abstand zu ihrem Gefühlsleben herzustellen, um einen möglichst klaren Kopf zu bewahren. Hierbei könnte es ihnen auch helfen, wenn sie sich mit Personen beratschlagen würden, die ein D (DenkEntscheider) im Profil haben.

Persönliche Gebrauchsanweisung

- Bitte hör mir zu! Sei aufmerksam und einfühlsam, wenn ich dir etwas erzähle. Kritisiere mich bitte nicht gleich, sondern lass mich erst mal ausreden und versuche, mich zu verstehen. Tu meine Gefühle nicht als übertrieben ab – für mich fühlt es sich wirklich so an!
- Bitte sag und zeige mir, dass du mich magst! Mir ist unsere Beziehung so wichtig, dass ich es eigentlich nicht oft genug hören kann.
- Sprich bitte nicht nur über Sachthemen mit mir! Viel mehr interessiert mich, wie es dir geht und wie du dich fühlst. Ich will möglichst viel Persönliches über dich erfahren.
- Wertschätze bitte, was ich für unsere Beziehung tue! Ich bemühe mich immer, einen Kompromiss zu finden, mit dem wir beide leben können, und bin auch gern bereit, dafür zurückzustecken. Mach das bitte nicht kaputt, indem du stur auf deinem Standpunkt beharrst.

- Erkenne an, wie ich uns beiden ein gemütliches und behagliches Zuhause schaffe. Es macht mir nichts aus, mich hauptsächlich darum zu kümmern, aber es wäre schön, wenn du es zumindest bemerkst und vielleicht hin und wieder ein bisschen mithilfst.
- Respektiere bitte mein Bedürfnis nach Ordnung und Überschaubarkeit und bring nicht alles durcheinander!
- Geh mit mir aus und unter Leute! Ich bin ein sehr geselliger Mensch und brauche die Vielfalt und den Austausch mit anderen. Am liebsten ist es mir natürlich, du begleitest mich; ich kann aber auch verstehen, wenn es dir zu viel ist. Erwarte nur bitte nicht von mir, dass ich dann auch zu Hause bleibe, sondern lass mich mit ruhigem Gewissen ziehen.
- Sei bitte pünktlich und zuverlässig! Oder sag mir zumindest rechtzeitig Bescheid, wenn du später kommst oder sich deine Pläne geändert haben. Ich brauche Zeit, um mich auf Neues einzustellen, und es ärgert mich, wenn ich meine Pläne ständig über den Haufen werfen muss.
- Wenn du mich kritisiert, dann bitte vorsichtig. Verliere dabei nicht aus den Augen, dass ich es meistens gut gemeint habe.

IKDO: die Präzisionsminister

I = introvertiert
K = konkret
D = DenkEntscheider
O = organisiert

IKDO
Präzisionsminister

Präzisionsminister betrachten nicht die Welt, sie inspizieren sie. Ernsthaft und gründlich untersuchen sie die Dinge und Menschen, mit denen sie zu tun haben. Sie sind die geborenen Inspektoren, denen kaum ein Fehler entgeht.

IKDOs sind die Zuverlässigkeit in Person. Wenn ein IKDO sich einer Sache annimmt, wird sie tadellos und termingerecht erledigt. IKDOs setzen alles daran, ihre Versprechen einzuhalten und erwarten Gleiches von anderen. Unzuverlässigkeit ist ihnen eine Schmach. Sie sind solide, gewissenhaft und traditionsbewusst. Für sie gilt der Leitspruch: »Jeder bekommt das, was er (durch Arbeit) verdient hat.« IKDOs haben ein großes Bestreben, alles richtig zu machen. Sie möchten nützlich sein und dazugehören. Schon als Kinder suchen sie sich oft kleine Aufgaben, mit denen sie einen Beitrag für die Familie und Gemeinschaft leisten.

Im sozialen Umgang sind IKDOs eher zurückhaltend, sie hören lieber zu, als selbst viel zu reden. Wenn sie jedoch das Wort ergreifen, hat das, was sie sagen, Hand und Fuß.

Präzisionsminister bevorzugen die konkrete Wahrnehmung (K). Sie haben in der Regel ein brillantes Faktengedächtnis. Auf Gebieten, die sie interessieren, können sie zu einem wandelnden Lexikon werden. Was sie nicht in ihrem Gedächtnis abgelegt haben, haben sie anderweitig archiviert und wissen bei Bedarf ganz genau, wo sie suchen müssen. Sie lieben logische und logistische Systeme und sind sehr begabt, diese auf Fehler und Schwachstellen hin zu untersuchen. Auch Ungerechtigkeiten fallen ihnen sofort ins Auge. Bei ihren Analysen gehen sie geduldig, präzise und schweigsam vor. Sie sind knallharte Realisten, die sich auf das Hier und Jetzt, auf Fakten und Systeme beziehen. Spekulatives und abstrakte Theorien sind ihnen hingegen suspekt.

Präzisionsminister sind sehr strukturiert und ordentlich. Ihr Zuhause wird man ebenso wie ihren Arbeitsplatz selten unaufgeräumt vorfinden. Alles hat seinen Platz, ist überschaubar, sauber und geordnet. Buntes, Grelles und Lautes stößt sie ab. Sie sind konservativ und zurückhaltend in allem was sie tun, auch in ihrem Kleidungsstil. Egal, ob sie ein Auto, Kleidung, eine neue Wohnung oder Möbel anschaffen, legen sie Wert darauf, dass diese nachhaltig und funktional sind und der Preis angemessen ist. Grundsätzlich bevorzugen sie Traditionelles vor dem neuesten Modetrend, Letzteren betrachten sie eher mit Skepsis und Argwohn.

IKDOs vertrauen auf ihre Erfahrungen und halten erst dann nach Alternativen Ausschau, wenn das Bewährte versagt. Sie sind pragmatisch und bodenständig – sie suchen nicht nach der originellsten, sondern nach der sinnvollsten Lösung. Sie sehen, was erledigt werden muss und packen an. Verlässlich sind für sie nur greifbare Fakten.

Im menschlichen Umgang sind IKDOs in der Regel zurückhaltend und freundlich. Manche IKDOs wirken aber auch recht reserviert, geradezu kühl, obwohl das nicht in ihrer Absicht liegt. Der Grund dafür ist, dass sie ihre Umwelt nicht nur aus einer introvertierten Zurückgezogenheit (I) heraus betrachten, sondern zwischen sich und den Dingen beziehungsweise Menschen eine kritische Distanz legen (D).

Wie alle KO-Typen (konkret/organisiert) sind sie sehr verantwortungsbewusst. Sie fangen nichts unüberlegt an, sondern analysieren ihre bisherigen Erfahrungen und mögliche Risiken im Vorfeld. Wenn sie dann loslegen, nehmen sie es haargenau. Sie überprüfen kritisch ihren Erfolg, wobei ihnen auch Kleinigkeiten nicht entgehen.

Für IKDOs bedeutet Planung Sicherheit. Am wohlsten fühlen sie sich, wenn sie wissen, was von ihnen erwartet wird und worauf sie sich einstellen können. Präzisionsminister benötigen viel Kontrolle, es fällt ihnen schwerer als den meisten anderen Typen, einfach mal auf den Lauf der Dinge zu vertrauen. Sie beobachten ihre Umgebung nicht nur sehr wachsam, sondern häufig auch mit einem gewissen Argwohn. Um sich möglichst unverwundbar zu machen, neigen sie zu Perfektionismus. Dies erzeugt eine gewisse Grundanspannung. Objektiv gesehen könnten sie jedoch ruhig mehr loslassen und ihre hohen Leistungsansprüche relativieren, dann wären sie immer noch besser als der Durchschnitt. Wie alle Konkreten-Typen haben IKDOs kein Problem damit, sich in Organisationen und Hierarchien einzufinden, und zwar nicht aus übertriebenem Obrigkeitsrespekt, sondern weil sie in jedem Bereich ihres Lebens Struktur und Organisation mögen. Ebenso haben sie eine Vorliebe für Rituale und Zeremonien, weil sie Wert auf Traditionen legen. Auf Feiern mit zu vielen Menschen fühlen sie sich jedoch oft unwohl, es sei denn, es gelingt ihnen, ihren »inneren Wächter« einmal auszuschalten und sich der Genussfreude hinzugeben. Wenn sie nämlich alle Pflichten hinter sich gebracht haben, können sie sehr sinnenfreudig sein und es sich bei einem guten Essen und einem Glas Wein richtig gut gehen lassen.

Ihr Ordnungssinn und ihr Erledigungsdrang gelten für die kleinen ebenso wie für die großen Angelegenheiten des Lebens. Präzisionsminister halten Routine für die effektivste und bequemste Art, alltägliche Notwendigkeiten zu erledigen. Solange es keinen Anlass gibt, werden sie ihre Abläufe sicher nicht ändern.

Auch ihren Lebensweg planen IKDOs schon früh. Zielsicher steuern sie auf ihre beruflichen und privaten Ziele zu. Nur im äußersten Notfall wird ein IKDO etwas abbrechen, was er angefangen hat. IKDOs vereinen in sich ein Höchstmaß an Disziplin und Durchhaltevermögen – selbst an Ausbildungs- und Arbeitsstellen, unter denen sie leiden.

IKDOs sorgen in vielfacher Hinsicht vor, um sich für später abzusichern. Mit ihrem Geld gehen sie sparsam um und legen es möglichst risikoarm und dauerhaft an. Wenn man einen IKDO näher kennenlernt, wird man feststellen, dass sich hinter dem äußerlich ernsthaften und kühlen Eindruck Charme und Witz verbergen. Weil IKDOs die Welt aus einem recht großen Abstand betrachten und sehr gute Beobachter sind, fällt ihnen vieles auf, was anderen entgeht. Mit trockenem, manchmal sogar schwarzem Humor bringen sie ihre Beobachtungen auf den Punkt.

Arbeit

Präzisionsminister haben eine eiserne Arbeitsmoral. Sie wollen ihre Sache gut und gründlich machen, egal wie viel Zeit und Mühe sie investieren. Da sie sehr gut organisiert sind, arbeiten sie nicht nur inhaltlich, sondern auch zeitlich sehr effizient.

Viele IKDOs fangen früh und zielstrebig an, auf ihr Berufsziel hinzuarbeiten und durchlaufen eine geradlinige Karriere. Sie streben eine praktische und vor allem sichere Arbeit an. Freiberufliche Tätigkeiten sind für sie wenig reizvoll, sie stehen ihrem existentiellen Bedürfnis nach Sicherheit entgegen. Für Gewissheit und Planbarkeit sind IKDOs bereit, einiges an Unlust in Kauf zu nehmen. Arbeit muss nicht primär Spaß machen, sondern produktiv und sinnvoll sein. Wenn es notwendig ist, beißen sie sich auch durch unliebsame Tätigkeiten durch. Realistisch und vernünftig, wie sie sind, gehört das für sie dazu.

IKDOs sind geduldig bei der Arbeit, allerdings nicht immer mit ihren Kollegen, vor allem dann nicht, wenn diese sich nicht an die Regeln und Abläufe halten. Regeln sind da, um befolgt zu werden und nicht, um sie für die persönlichen Interessen einer Person zu verbiegen. Sie wären froh, wenn jeder ihre Arbeitsmoral und ihr Pflichtbewusstsein teilte. Entsprechend sind sie sehr zuverlässige Geschäftspartner, die ihre Verträge und Zusagen einhalten. Von ihren Kollegen und Mitarbeitern werden sie wegen ihrer Präzision und Zuverlässigkeit geschätzt, manchmal auch etwas gefürchtet.

Präzisionsminister haben für gewöhnlich kein Problem, Autoritäten anzuerkennen und sich in eine Hierarchie einzugliedern. Es ist ihnen sogar lieb, wenn Verantwortungsbereiche klar definiert sind, weil das Struktur und Transparenz gewährleistet.

IKDOs können ihre Fähigkeiten realistisch einschätzen und versprechen nicht mehr, als sie halten können. Am liebsten und am besten arbeiten sie allein. Die Auseinandersetzung mit anderen raubt ihnen Energie, die sie lieber auf ihre Arbeit verwenden. Sie reißen sich nicht um Führungsposten, dennoch landen sie häufig in solchen, weil sie loyal und kompetent sind. Sie vertreten eine aufgabenorientierte Einstellung: Zwischenmenschliches ist zweitrangig und gehört nicht zur Arbeit. Sie führen ohne große Worte, indem sie mit gutem Beispiel vorangehen. Sie erwarten, dass ihre Untergebenen ebenso sorgfältig und verantwortungsbewusst wie sie selbst arbeiten. Allerdings delegieren IKDOs nicht gern, weil sie bezweifeln, dass ein anderer ihren strengen Maßstäben gerecht wird. Sie sind schwer zufriedenzustellen und nehmen die Dinge im Zweifelsfall lieber selbst in die Hand. Da IKDOs auch mit sich selbst streng sind, loben sie ihre Mitarbeiter zu selten. Sie sollten im Auge behalten, dass Lob und Vertrauen motivieren.

Präzisionsminister arbeiten gern in praktischen Berufen, in denen sie sichtbare und messbare Ergebnisse produzieren können. Abstraktes Denken ist aus ihrer Sicht spekulativ und das schreckt sie ab. Ebenso scheuen sie Arbeiten, die ihnen zu viel zwischenmenschliche Spontaneität abverlangen. Sie sind häufig in Verwaltungs-, Büro- und Laborjobs zu finden, die ein gutes Organisationstalent und den Blick fürs Detail erfordern. Viele IKDOs sind mathematisch begabt, sie erfassen mühelos komplexes Zahlenmaterial. Sie eignen sich ausgezeichnet für alle Berufe, in denen sie mit Zahlen umgehen können, sei es als Wirtschaftsprüfer, Banker, Anlageberater oder Buchhalter.

Liebe und Freundschaft

Präzisionsminister schließen nur sehr langsam Freundschaft. Sie richtig kennenzulernen kann dauern und nicht wenige haben sich schon die Zähne an ihnen ausgebissen. Meistens haben IKDOs recht wenige, dafür jedoch langjährige und stabile Freundschaften. Diesen festen Kreis erweitern sie selten, weil sie kein besonders ausgeprägtes Bedürfnis nach persönlichem Austausch haben. Mit ihren Freunden diskutieren sie gern über gemeinsame Interessen, über private und intime Themen sprechen sie selten.

Liebe bedeutet für Präzisionsminister Stabilität, Sicherheit und Treue. Wie in allen anderen Lebensbereichen kann man sich auch innerhalb einer Beziehung hundertprozentig auf sie verlassen. Sie wünschen sich eine dauerhafte Partnerschaft, in der sie ebenso viel Zuverlässigkeit erfahren, wie sie selbst zu geben bereit sind. Deswegen sind sie kritisch in der Auswahl ihrer Partner. Ein IKDO nimmt einen Ehevertrag genauso ernst wie einen Geschäftsvertrag. Treu und zuverlässig übernimmt er Verantwortung für seinen Partner und die Familie. Auf ihren Partner sind sie sehr bezogen. Da sie ansonsten eher wenige Kontakte pflegen, leben sie ihre Partnerschaften häufig sehr exklusiv und eng. Sie halten lange an der Beziehung fest, selbst wenn sie sie nicht unbedingt glücklich macht. Ihnen ist die Sicherheit der bestehenden Beziehung jedoch lieber, als die Unwägbarkeiten einer neuen Beziehung zu riskieren. Die ungewisse Aussicht, mit einem anderen Partner eventuell glücklicher sein zu können, lockt sie wenig.

Präzisionsminister sind keine Menschen großer Worte. Sie zeigen, wie sehr sie ihrem Partner zugetan sind. Ihre größten Liebesbeweise sind aus ihrer Sicht die stabilen und materiell abgesicherten Lebensverhältnisse, die sie erarbeitet haben. Der Vorwurf, sie seien kühl und gleichgültig, kränkt sie sehr, weil sie darin ihr ganzes Bemühen und ihre tiefe Verbundenheit missachtet sehen. Es kann jedoch tatsächlich passieren, dass sie vor lauter Verantwortungsbewusstsein die liebevolle Zuwendung ein bisschen vernachlässigen.

Elternschaft

Familie und Kinder sind für die traditionsbewussten Präzisionsminister oft ein wichtiges Lebensziel. Elternschaft nehmen sie als eine lebenslange Verpflichtung sehr ernst. Sie wollen ihren Kindern ein stabiles und geborgenes familiäres Nest bieten. Klare Regeln und ebenso klare erzieherische Konsequenzen sind für IKDOs ein Erziehungsleitsatz. Ihre Kinder sollen früh lernen, Verantwortung zu übernehmen, damit sie erfolgreich durchs Leben kommen. Dazu gehört zum Beispiel, dass sie kleinere Pflichten im Haushalt übernehmen, sobald sie alt genug sind. Geduldig lehren sie ihren Kindern auch den Umgang mit Dingen wie handwerkeln, kochen, gärtnern oder sportlichen Aktivitäten. Auch als Eltern sind sie mehr Menschen der Tat als des Wortes. Ihre Zuneigung zeigt sich in der Hingabe, mit der sie für ihre Kinder sorgen und sich kümmern. Auch bei ihren Kindern fällt es manchen IKDOs schwer, ihnen zu sagen, dass sie sie lieb haben, und mit ihnen zu kuscheln.

Präzisionsminister nehmen ihre Verantwortung als Eltern ernst. Deshalb fehlt ihnen manchmal die Leichtigkeit, in die Fantasie ihrer Kinder einzutauchen und ausgelassen mit ihnen zu spielen. Sie versuchen, pädagogisch möglichst alles richtig zu machen, wobei genau das zum Problem werden kann. Die Verantwortung, die auf ihnen lastet, kann sich auch auf ihre Kinder übertragen. Diese spüren die Ansprüche ihrer Eltern und geraten unter zu starken Leistungsdruck.

Probleme und Entwicklungsmöglichkeiten

Präzisionsminister sind zuverlässig, pflichtbewusst und akribisch. Ihnen entgeht so schnell nichts, und auch kleinste Fehler, die andere übersehen, fallen ihnen auf. Wenn man möchte, dass eine Sache tadellos und pünktlich erledigt wird, vertraut man sie am besten einem IKDO an. Genau diese Stärken des IKDO können ihm jedoch auch zum Nachteil gereichen. IKDOs wissen zumeist sehr genau, was sie wollen und welcher Weg sie am sichersten dorthin führt. Ihre Überzeugungen stützen sich auf ihre bisherigen Erfahrungen, auf die sie vertrauen. Sie sind sehr zögerlich, neue Wege auszuprobieren, und stehen Unbekanntem argwöhnisch gegenüber. Viele Alternativen nehmen sie nicht wahr, weil sie ihren Blick auf althergebrachte Vorgehensweisen verengen.

Sie neigen dazu, sich im Detail festzubeißen. Hierdurch kann ihnen der Blick fürs Wesentliche verloren gehen und ihr Bemühen wird ineffektiv. Sie sollten darauf achten, immer das Ganze im Auge zu behalten, indem sie immer wieder einen Schritt zurücktreten und ihren Blick auf Weitwinkel einstellen.

Präzisionsminister sind von ihrer bewährten Sicht der Dinge überzeugt und von der Anerkennung anderer unabhängig genug, um ihre Ansichten zu verteidigen. Einerseits sind sie genau aus diesem Grund stabil und berechenbar. Andererseits lassen sie sich oft neue Erfahrungen entgehen, nur weil sie diese noch nicht erprobt haben. Nicht selten hinken IKDOs der neuesten Entwicklung hinterher. Sie schließen sich erst dann an, wenn genügend Erfahrungswerte vorliegen – häufig ist zu diesem Zeitpunkt die ehemals neue Entwicklung fast schon wieder veraltet. IKDOs sollten mehr Mut aufbringen, sich auf Neues einzulassen: Letztlich können sie immer auf ihren praktischen Verstand vertrauen und darauf, dass sie die Dinge wieder in den Griff bekommen, wenn's schiefgehen sollte.

IKDOs wollen wissen, was auf sie zukommt, sie planen und bereiten sich möglichst auf alle Eventualitäten vor. Ihnen fehlen die Leichtigkeit sowie die Überzeugung, dass sowieso manches anders kommt als geplant. IKDOs sind zu Recht sehr stolz, wenn sie ein Projekt erfolgreich zum Abschluss gebracht haben. Der Preis ist jedoch ein ständiger Leistungsdruck, der auf ihnen lastet und den sie kaum abschütteln können. Sie richten ihr Augenmerk auf das Unvollkommene, auf das, was nicht funktioniert. Dabei entwerten sie, was sie alles schon geschafft und geleistet haben. Die Folge ist, dass sie häufig unzufrieden sind, obwohl sie, objektiv betrachtet, sehr zufrieden mit sich sein könnten. Es könnte ihnen helfen, wenn sie sich – am besten schriftlich – auch mal ihre Erfolge vor Augen hielten und diese Liste immer bei sich führen würden. Im Übrigen sollten sie stärker darauf achten, dass sie öfter möglichst gut gelaunt sind. Vor lauter Pflichtbewusstsein vernachlässigen sie manchmal die Lebensfreude. Dabei würde ihnen einiges noch leichter von der Hand gehen, wenn sie fröhlicher wären, und auch der Umgang mit ihren Mitmenschen und der Familie würde hierdurch einfacher und geschmeidiger. Vielleicht könnte ihnen die sachlich-logisch zu beantwortende Frage: »Wem soll das schlechte Leben nutzen?« zu etwas mehr Lockerheit verhelfen. Sie sollten es sich zur »Pflicht« machen, das Leben zu genießen und für gute Stimmung zu sorgen.

Präzisionsminister fühlen sich im zwischenmenschlichen Umgang oft befangen, vor allem, wenn sie ihr Gegenüber nicht gut kennen. Zudem fehlt ihnen manchmal das nötige Taktgefühl, sodass sie ungewollt anecken. Es kommt vor, dass ein IKDO den ganzen Abend fast gar nichts sagt und plötzlich mit einer barschen Kritik herausplatzt. Die Umstehenden sind dann nicht nur überrascht, sondern fühlen sich vor den Kopf gestoßen. IKDOs könnten sich behelfen, indem sie sich von den F-Typen ein paar Höflichkeitsformen abschauen. Beispielsweise würden sie mit ihrer Kritik sicher auf offenere Ohren stoßen, wenn sie zuvor ein paar anerkennende Worte äußerten. Ihre Kritik ist schließlich oft berechtigt, lediglich die Art, wie sie diese vortragen, ist mitunter etwas unglücklich.

IKDOs sind Gefühle zunächst einmal suspekt und oft auch etwas peinlich. Der Umgang mit Menschen und letztlich auch der Umgang mit sich selbst fiele ihnen leichter, wenn sie einen stärkeren Draht zu ihren innerpsychischen Vorgängen entwickelten. So haargenau und präzise sie in der Analyse von Sachgebieten sind, so unscharf ist ihr Blick, wenn es um ihre seelischen Erfahrungen geht.

Die Selbstreflexion ist, vor allem für männliche IKDOs, ein vernachlässigtes Terrain. Hierdurch hemmen sie sich in ihrer persönlichen Weiterentwicklung, und obwohl sie sonst so gerechtigkeitsliebend sind, kommen sie hierdurch öfter zu Fehleinschätzungen ihrer Mitmenschen. Hier fallen ihre Beurteilungen oft zu hart aus. Es wäre also gut, wenn sie etwas mehr an ihrem Einfühlungsvermögen als Pendant zu ihren sachlich-analytischen Fähigkeiten arbeiteten. Hierfür müssten sie ihren eigenen Gefühlen, vor allem den schwachen, wie Trauer, Hilflosigkeit und Angst, mehr Raum lassen. Wenn sie mit diesen Gefühlen mehr in Kontakt kämen, die sie oft durch ihre Disziplin und Strebsamkeit verdrängen, könnten sie weicher und ihr Leben voller und lebendiger werden. Präzisionsminister sind von der unterschwelligen Angst getrieben, die Kontrolle zu verlieren, auch dies ist ein Grund, warum sie sich ungern mit ihren Gefühlen beschäftigen. Wenn sie ihre Gefühle jedoch mehr zuließen, könnten sie die heilsame Erfahrung machen, dass sie diese durchaus aushalten können und gar nichts so Schlimmes passiert. Zudem bilden die eigenen Gefühle die unabdingbare Grundlage, sich in andere Menschen besser einfühlen zu können. Hierdurch könnten sie vieles Zwischenmenschliche viel besser verstehen und ihre Beziehungen harmonischer und liebevoller gestalten. Um ihre Gefühle zu fühlen, reichte es, wenn sie mehr auf sie achteten und sie diese nicht gewohnheitsmäßig verdrängten. Eine gute Aufgabe, um mehr Selbstachtsamkeit zu entwickeln, ist, über den Tag verteilt immer wieder innezuhalten und sich die Frage zu beantworten: Wie fühle ich mich gerade?

Persönliche Gebrauchsanweisung

- Bitte lass mir Zeit für mich allein! Ich brauche meine Ruhe und Zurückgezogenheit für mein inneres Gleichgewicht. Wenn ich im Alleinsein wieder Kraft geschöpft habe, bin ich umso mehr für dich da.

- Wenn wir miteinander reden, lass mir bitte Zeit zum Nachdenken! Ich muss erst mal meine Gedanken für mich sortieren, bevor ich sie ausspreche. Wenn es um ein »heißes Eisen« geht, dann ist es oft besser, wenn ich eine Nacht darüber schlafen kann.
- Bitte erwarte nicht, dass ich dich zu allen Verabredungen begleite! Das Zusammensein mit anderen ist für mich oft anstrengend und ich muss einfach in der Stimmung dazu sein. Wenn das nicht der Fall ist, bleibe ich besser zu Hause. Bitte versteh das!
- Bitte sei geduldig mit mir, wenn es um Gefühle geht! Es fällt mir sehr schwer, das zu formulieren, was mich wirklich bewegt und ich brauche meistens einen ziemlich langen Anlauf. Den kann ich jedoch nur nehmen, wenn ich mich nicht gedrängt fühle.
- Reagiere auch du bitte nicht zu emotional! Versuche trotz allem, noch ein bisschen sachlich zu bleiben, damit ich dich verstehen kann. Gefühlsausbrüche und »Szenen« verstören mich.
- Nimm es nicht persönlich, wenn ich dich kritisiere! Ich möchte dir helfen, wenn ich dich auf Fehler aufmerksam mache, und dich nicht verletzen.
- Wenn du dich über mich ärgerst oder dich gekränkt fühlst, sag es mir bitte! Ich kann nicht erahnen, was in dir vorgeht. Nur wenn du mit mir darüber sprichst, kann ich etwas ändern.
- Bitte respektiere meine Ordnung und meine Routinen! Ich erledige Dinge nicht zufällig auf eine bestimmte Art und Weise, sondern weil es sich bewährt hat. Diese festen und vertrauten Strukturen geben mir Sicherheit und es fällt mir schwer, mich davon zu lösen. Deshalb verlange bitte nicht zu viel Spontaneität von mir.
- Bitte sei zuverlässig! Halte deine Versprechen ein oder sag mir zumindest rechtzeitig Bescheid, wenn sich etwas ändert. Und bitte erkläre mir, warum du einen Plan umschmeißen willst.

- Wertschätze bitte, wie viel Stabilität und Sicherheit ich in unser Leben bringe und wie verantwortungsvoll, pflichtbewusst und hart ich dafür arbeite.
- Bitte wirf unser Geld nicht zum Fenster raus! Mir ist finanzielle Sicherheit wichtig.

EKDO: die Planungsminister

E = extravertiert
K = konkret
D = DenkEntscheider
O = organisiert

EKDO
Planungsminister

Planungsminister sind tatkräftige, entschlossene und unterhaltsame Gesellen. Sie sind Macher, die die Ärmel hochkrempeln und tun, was getan werden muss. Planungsminister lieben, wie ihr »Titel« schon verrät, Plan und Struktur. Mit kritischer Distanz und einem guten Blick für Einzelheiten analysieren sie die Situation, entwerfen einen Plan und legen los. Sie sind Schnell-Entscheider, langes Diskutieren und Meditieren ist nicht ihr Ding.

Sie sind pflichtbewusst und diszipliniert, »Zuverlässigkeit« gehört zu ihren Lieblingswerten. Sie können sich ein Leben ohne Erledigungsliste nicht vorstellen, diese arbeiten sie effizient und sehr strukturiert ab. Das Wort »erledigt« löst in ihnen ein Wohlgefühl aus. Sie halten sich streng an ihren Grundsatz: »Erst die Arbeit, dann das Vergnügen.« Auf das Vergnügen freuen sich die Planungsminister – auch deswegen sind sie motiviert, die Arbeit hinter sich zu bringen. Sie sind nämlich nicht nur diszipliniert, sondern auch sehr unternehmungslustig und gesellig. Auch in der Freizeit scheuen sie sich nicht, die Planung für Spaß und Unterhaltung in die Hand zu nehmen.

Planungsminister haben kein Problem damit, sich zu entscheiden und festzulegen. Sie treffen ihre Entscheidungen rational, indem sie die Situation kritisch analysieren und alle Pros und Kontras sorgfältig und sachlich abwägen (D). Wie für alle D-Typen gehören Logik, Rationalität und Effektivität zu ihren wichtigsten Prinzipien, ebenso wie Fairness und Gerechtigkeit. Sie halten stets einen kritischen Abstand ein, deshalb können sie Fehler schnell erkennen, selbst wenn sie von einer Sache begeistert sind. Sie setzen Vertrauen in Autoritäten, streben nach Zugehörigkeit und Sicherheit und trachten nach verantwortungsvollen Positionen. Hohe Werte stellen für sie Zuverlässigkeit und Verbindlichkeit dar.

Planungsminister reden gern und haben zu fast allen Themen eine klare Meinung. Hierbei nehmen sie kein Blatt vor den Mund und sind somit prädestiniert dafür, ins Fettnäpfchen zu treten. So wenig zimperlich, wie sie im Austeilen sind, sind sie auch im Einstecken. Der Umgang mit ihnen ist unkompliziert, sie reden nicht um den »heißen Brei« herum und man weiß, woran man mit ihnen ist. Durch die bestimmte Art, mit der sie auftreten, kann es leichter als bei manch anderen Typen passieren, dass man mit ihnen aneinandergerät. Solange man selbst nicht besonders dünnhäutig oder nachtragend ist, ist dies aber gar nicht schlimm, denn der Planungsminister ist es auch nicht. Ihre »freie Schnauze« liefert nicht nur Zündstoff, sondern auch einen hohen Unterhaltungswert. Sie sind alles andere als Langweiler.

Typisch für Planungsminister ist ihre konkrete Wahrnehmung (K). Sie haben quasi einen Röntgenblick, mit dem sie analysieren, wie Dinge funktionieren oder Probleme sich lösen lassen. Dieses Wissen speichern sie in ihrem exzellenten Faktengedächtnis ab. Sie vertrauen auf ihre Erfahrungen und greifen auf sie zurück, wenn sie mit einem Problem konfrontiert werden. EKDOs fühlen sich zu konkreten, logistischen und praktischen Aufgaben hingezogen. Sie stehen mit beiden Beinen sehr fest auf dem Boden. Spekulationen, Experimente, abstrakte Theorien oder gar Fantasien sind so gar nicht ihre Sache. Sie sind in der materiellen Welt verankert und holen auch gern ihre Mitmenschen und Mitarbeiter auf den Boden der Tatsachen zurück. Sie haben quasi einen »Röntgenblick«, mit dem sie ihre Umgebung analysieren, wobei ihr Interesse mehr Fakten und Sachthemen als zwischenmenschlichen Beziehungen gilt. Diese interessieren sie zwar auch und sie reden hierüber auch gern, aber sie haben nicht die feinsten Antennen für Stimmungen und Unausgesprochenes. Wenn ein Planungsminister zum Beispiel eine

Reise unternimmt, was die meisten von ihnen gern tun, dann kann man gewiss sein, im Anschluss einen sehr fundierten Reisebericht zu erhalten. Dieser umschließt folgende Themen: Land und Leute, Sitten und Gebräuche, Preise, Unterkünfte, Vergnügungsmöglichkeiten, Verkehrsnetz, Politik und Religion. Aufgrund ihres exzellenten Faktengedächtnisses können sie diesen Bericht auch noch Jahre später abrufen.

EKDOs sind die geborenen Organisatoren und Macher: Sie betrachten die Welt um sich herum genau und analysieren den Handlungsbedarf (K). Wenn ihre Analyse abgeschlossen ist, treffen sie eine strategische Entscheidung, entwerfen einen Handlungsplan und legen los! Sie verstehen es, die vorhandenen Ressourcen voll auszuschöpfen und nicht nur sich, sondern auch alle anderen Beteiligten gut zu organisieren.

EKDOs werden unruhig, wenn eine Entscheidung lange hinausgezögert wird. Wie die meisten O-Typen (Organisiert) haben sie einen starken Drang, Dinge abzuschließen. Und dies tun sie auf möglichst effiziente Art und Weise. EKDOs hassen alle halben Sachen, ebenso Unentschlossenheit, Chaos, Ziel- und Planlosigkeit. Sie überlassen ungern etwas dem Zufall, sondern planen und organisieren, um möglichst auf alle Eventualitäten vorbereitet zu sein. Sie improvisieren nur im Notfall. Planungsminister sind knallharte Realisten mit einem Hang zum Pessimismus. Sie sind stets gewappnet für den schlimmsten Fall und haben immer einen »Plan B und C« in der Tasche.

EKDOs sind in den großen und kleinen Dingen des Lebens gut organisiert. Routine ist für sie nicht abschreckend, sondern eine effiziente Methode, notwendige Arbeiten zu erledigen. Die meisten haben schon recht früh einen Lebensplan und eine ziemlich genaue Vorstellung von ihrer beruflichen und privaten Laufbahn. Sie sorgen vor, auch in finanzieller Hinsicht. EKDOs sind sparsam. Sie investieren ihr Geld »vernünftig« und legen es gern langfristig sowie risikoarm an. Anschaffungen müssen nachhaltig und funktional sein. Die meisten Planungsminister kommen mit wenig Luxus aus. Allerdings sind sie bereit, Geld für Vergnügungen und Reisen auszugeben, denn sie sind gern unterwegs und gern unter Menschen.

Als unternehmungslustige und gesellige Naturen haben sie gern ihren Spaß. EKDOs sind zumeist gut gelaunt und sorgen auf Festen und Zusammenkünften für fröhliche Stimmung. Es mangelt ihnen selten an Verabredungen und Einladungen. EKDOs lieben ergebnisorientierte Beschäftigungen und sind häufig in entsprechenden Sportgruppen oder Vereinen, z.B. den Pfadfindern, aktiv, in denen sie auch gern eine verantwortliche Rolle übernehmen. Sie streben danach, (gute) Traditionen und Institutionen zu erhalten und beobachten die Gesellschaft kritisch. Nicht selten beschäftigen sie sich in Gedanken mit negativen gesellschaftlichen Veränderungen, die sie sehr wachsam beobachten und zur Sprache bringen.

Arbeit

Planungsminister bevorzugen Arbeiten, in denen aktives Handeln gefragt ist und die zu einem messbaren Ergebnis führen. Sie sind am richtigen Platz, wenn Tatkraft und Organisationstalent gefordert sind. Sie beschäftigen sich gern mit Details und Fakten, die sie sorgfältig recherchieren und verwalten. Mit ihrer Vorliebe, (sich) zu entscheiden, arbeiten EKDOs gern in Rechtsberufen, außerdem sind sie in Verwaltungstätigkeiten, in der Versicherungsbranche, im Personalwesen oder im Managementbereich zu finden. EKDOs üben aber auch gern handwerkliche Berufe aus, bei denen die Ergebnisse ihrer Arbeit sichtbar sind. Da sie wie alle KOs traditionsbewusst sind, stellen sie sich gern in den Dienst von alteingesessenen Institutionen. Ihrem Unternehmen sind sie sehr loyal verbunden, sie müssen sich schon ziemlich ausgebeutet und ungerecht behandelt fühlen, um von ihrer Loyalität abzurücken.

Planungsminister verfolgen ausgefeilte Terminpläne, sie wollen keine Zeit verschwenden. Ihre Pläne sind hocheffizient, es sei denn, es kommt etwas Unvorhergesehenes dazwischen. Die Kehrseite ihres Organisationstalents ist nämlich ein Mangel an Flexibilität. EKDOs hassen alle plötzlichen und unvorhergesehenen Veränderungen, die oft ihre ganze Strategie über den Haufen werfen. Veränderungen können sie nur dann akzeptieren, wenn man sie rechtzeitig ankündigt und ihren Zweck sehr gut begründet. Ansonsten halten EKDOs stur an ihrer Vorgehensweise fest.

Planungsminister arbeiten gern im Team, weil sie als Extravertierte gern unter Menschen sind. Sie mögen zwar ein harmonisches Arbeitsklima, können im Zweifelsfall jedoch darauf verzichten, weil für sie die Arbeit eindeutig vorgeht. Da sie kompetent, zuverlässig und durchsetzungsstark sind, bekleiden viele EKDOs Führungspositionen. Sie arbeiten aufgabenorientiert, das heißt, für sie steht die Sache im Vordergrund. Erst in zweiter Linie kümmern sie sich um die zwischenmenschlichen Belange ihrer Mitarbeiter. Da EKDOs sehr genaue Vorstellungen haben, wie etwas zu tun ist, haben sie wenig Geduld, wenn sie sich gegensätzliche Standpunkte anhören sollen. Sie sind zwar offen für Kritik und Verbesserungsvorschläge, mögen jedoch keine langen Debatten, die sie meist für ineffizient halten. Sie praktizieren einen eher autoritären Führungsstil und fordern von ihren Mitarbeitern die gleiche Disziplin und Akribie, die sie sich selbst abverlangen. EKDOs fällt es leicht, Anweisungen auszusprechen und Kritik zu äußern. Da es ihnen häufig an Feingefühl mangelt, formulieren sie ihre Kritik hart und sachlich. Deswegen treten sie Mitarbeitern, die etwas zarter besaitet sind als sie selbst, öfter mal auf die Füße. Dabei liegt es überhaupt nicht in der Absicht des EKDOs, jemanden zu kränken – er möchte einfach nur in der Sache vorankommen. Es würde dem EKDO helfen, wenn er sich weniger spontan äußerte und sich stattdessen im Vorfeld ein paar Gedanken machte, wie er seine Kritik am besten anbringt. Grundsätzlich wäre es gut, ein paar anerkennende Worte vorauszuschicken. Außerdem könnten ihn diesbezüglich Kollegen beraten, die FühlEntscheider sind und mithin ein ziemlich gutes Gespür für die emotionalen Bedürfnisse ihrer Mitmenschen haben. Wahrscheinlich werden diese ihm unter anderem raten, seine Mitarbeiter öfter mal zu loben. Da EKDOs mit sich selbst recht streng sind, kommt ihnen nämlich eine Kritik schneller über die Lippen als ein Lob.

Liebe und Freundschaft

Planungsminister sind extravertiert, gehen also gern und offen auf Menschen zu. Auch als Freunde sind sie sehr zuverlässig und hundertprozentig loyal. Sie haben meistens einen weitläufigen Freundes- und Bekanntenkreis, der sich durch ziemlich unterschiedliche Typen auszeichnet. EKDOs reden gern und sind sehr unternehmungslustig. Sie haben viele Ideen und nehmen auch gern die Planung in die Hand, organisieren Events, Ausflüge und Reisen. Bei ihren Freunden sind sie beliebt, weil sie gern reden und witzig sind und es irgendwie nie langweilig mit ihnen wird. Manchmal muss man sie in ihrem Redefluss jedoch bremsen, denn sie können sich in langatmigen Detailschilderungen verlieren. Eine angenehm unkomplizierte Seite der EKDOs ist ihre Dickfelligkeit – man kann ihnen ruhig sagen, dass sie sich etwas kürzer fassen sollen, ohne dass sie beleidigt reagieren. Umgekehrt gehen die EKDOs auch mit ihren Freunden sehr offen um – auch sie müssen mitunter einstecken können.

Planungsminister können sich schnell und heftig verlieben. Leidenschaftlich und spontan verwerfen sie dann sogar so manchen Plan. Jedoch nicht lange: Wenn die erste Verliebtheit vorbei ist und der Alltag einkehrt, betrachten sie die ganze Sache wieder nüchterner. Wie die meisten K-Typen haben auch die EKDOs eine realistische Vorstellung von Partnerschaft und wissen, dass sie mit Höhen und Tiefen leben müssen. Deswegen sind sie durch eine Krise nicht so leicht aus der Bahn zu werfen. Sie sind der Überzeugung, dass Tiefs einfach dazugehören und sich alles schon wieder einrenken wird. Diese relative Sorglosigkeit hat Vor- und Nachteile: Der Vorteil ist, dass sie sich nicht in eine Krise hineinsteigern. Der Nachteil kann sein, dass sie die Probleme unterschätzen und sich deswegen nicht genügend bemühen, diese in den Griff zu bekommen. Von den Partnern der EKDOs wird ihr sorgloses Verhalten leicht als Gleichgültigkeit aufgefasst und nicht als das, was es ist: nämlich ein grundlegendes Vertrauen in die Beständigkeit der Beziehung.

Liebe bedeutet für EKDOs Sicherheit, Zuverlässigkeit und Treue. Diese Werte sind für sie die unabdingbare Voraussetzung, um sich auf eine Beziehung einzulassen. Sie sind an Stabilität und Dauer interessiert. Normalerweise sind sie alles andere als flatterhaft – zumindest nach einer jugendlichen Sturm-und-Drang-Phase. Sie sind bereit, sich festzulegen, und halten ihre Versprechen ein. Wie alle KOs sind sie traditionsbewusst – Ehe und Familie sind für sie sehr wichtige Werte. Obwohl sie ziemlich redselig sind, fällt es ihnen manchmal schwer, über ihre innersten Gefühle zu sprechen und ihre tiefe Zuneigung in Worte zu fassen. Sie lassen lieber Taten sprechen, in Form von kleinen Überraschungen und durch die Unterstützung, die sie ihrem Partner jederzeit großzügig gewähren, wenn er sie braucht. Ihre Führungsstärke macht sich jedoch auch in ihrer Partnerschaft bemerkbar – sie können ziemlich bestimmend sein. Dies birgt Konfliktpotenzial. Es wäre gut, wenn sie öfter mal lockerließen und ihren Partnern genügend Raum für eigene Ideen und Pläne gäben. In der Partnerschaft mit einem EKDO wird es einem selten langweilig, das verhindern sein Tatendrang und Erlebnishunger.

Elternschaft

EKDO-Eltern können sehr ausgelassen mit ihren Kindern spielen und unternehmen viel mit ihnen. Sie nehmen ihre Elternverantwortung sehr ernst und möchten ihren Kindern das vermitteln, was ihnen selbst wichtig ist: Aufrichtigkeit, Zielstrebigkeit, Loyalität und Verlässlichkeit. EKDOs erziehen ihre Kinder konsequent nach klaren Regeln. Sie sparen nicht mit Lob und Belohnungen, sind allerdings der Meinung, dass diese verdient werden müssen. Auch mit Verboten und Strafen sind EKDOs konsequent. Ausnahmen von der Regel lassen sie nur selten und nur mit guter Begründung durchgehen.

Die erzieherische Klarheit und Konsequenz der Planungsminister vermitteln ihren Kindern eine sichere Orientierung. Jedoch sollte ein gewisses Maß nicht überschritten werden, damit noch ausreichend Raum zur persönlichen Entfaltung bleibt. EKDOs haben auch für ihre Kinder klare Ziele vor Augen, die jedoch nicht unbedingt mit deren Begabungen und Wünschen übereinstimmen müssen. Da sich EKDOs nur schwer von ihren eigenen Vorstellungen lösen können, kommt es spätestens dann zu Konflikten, wenn die Kinder in die Pubertät kommen und zunehmend ihre eigenen Wege gehen wollen. Den meisten EKDOs fällt es schwer, loszulassen und die wachsende Selbstständigkeit zu akzeptieren. Dabei müssten sie sich eigentlich nur in die Situation ihrer Kinder hineinversetzen, dann würden sie nämlich schnell feststellen, dass sie ein Spiegel ihrer selbst sind: Auch ein EKDO lässt nur äußerst ungern über sich bestimmen und will sein eigenes Ding machen. Diese Überlegung könnte sie dazu veranlassen, ihren Kindern mehr Freiräume zu gewähren.

Probleme und Entwicklungsmöglichkeiten

Was einigen Typen zu schwerfällt, fällt Planungsministern manchmal zu leicht, nämlich eine Entscheidung zu treffen. Sie haben eher das umgekehrte Problem: Sie können sich nicht nicht entscheiden. Sie werden nervös, wenn die Dinge in der Schwebe sind. Sie wollen wissen, was auf sie zukommt, wollen planen und sich absichern. Dies führt dazu, dass sie manche Entscheidung übereilt fällen, noch bevor sie alle wichtigen Informationen verfügbar haben. Etwas mehr Gelassenheit und die Bereitschaft, Dinge auf sich zukommen zu lassen, könnten sie vor mancher voreiligen Entscheidung bewahren.

EKDOs sind sehr stabile und höchst zuverlässige Typen. Das ist ihre große Stärke. Die Kehrseite ist jedoch, dass sie konservativ und ziemlich borniert sein können. Als KO-Typen vertrauen sie auf das Altbewährte und stehen allem Neuen zunächst einmal skeptisch gegenüber. Dadurch entgeht ihnen so manche nützliche und gewinnbringende Verbesserung oder einfach nur das Vergnügen, etwas Neues auszuprobieren. Stur halten sie an ihren Vorstellungen fest. Alternative Vorschläge, selbst wenn diese nicht nur origineller, sondern auch sinnvoller sind, prallen dann an ihnen ab. Sie tun sich sehr schwer, von ihrem ursprünglichen Plan abzuweichen, selbst wenn sich nicht der erwartete Erfolg einstellt. Weil sie genau zu wissen meinen, wie etwas sein sollte, übersehen EKDOs manchmal die tatsächlichen Gegebenheiten, auch wenn diese im augenfälligen Widerspruch zu ihren Vorstellungen stehen. EKDOs wollen hin und wieder mit dem Kopf durch die Wand und erkennen dann zu spät, dass ihr sorgfältiger Plan ausnahmsweise einmal nicht aufgeht. Der psychologische Hintergrund dieses Festhaltens ist, dass EKDOs sehr viel Kontrolle benötigen, um sich sicher zu fühlen. Hier würde ihnen die Überlegung helfen, was im schlimmsten Fall passieren kann, wenn sie einmal von ihrem Plan abweichen würden. EKDOs täte es gut, wenn sie sich mehr entspannten und sich in etwas mehr »Gottvertrauen« übten. Mit ihrem Kontrollbedürfnis stressen sie nämlich nicht nur sich selbst, sondern auch andere.

Planungsminister können – unbeabsichtigt – ziemlich besserwisserisch auftreten. Meistens sind sie von ihrer Meinung sehr überzeugt und vertreten diese vehement (E/K/O). Weil sie oft zu wissen glauben, was das Beste ist, bevormunden sie gern. Sie können nur schwer akzeptieren, wenn andere ihren wohlgemeinten und aus ihrer Sicht so vernünftigen Ratschlag nicht annehmen wollen. In solchen Fällen sind Diskussionen mit EKDOs unerquicklich.

Rigide halten sie an ihrer Überzeugung fest und sind nicht bereit, eine andere Überlegung als die eigene in Betracht zu ziehen. Auch hier täte es den EKDOs gut, wenn sie sich ein wenig mehr entspannten. Hierbei könnte ihnen die Überlegung helfen, dass sie zwar einen guten Rat erteilen können, aber letztlich nicht für das Glück des anderen verantwortlich sind. Wenn sie mit ihren Ideen auf Widerstand stoßen, könnten sie einfach auch mal lockerlassen, anstatt den Druck zu erhöhen. Das würde ihre Beziehungen harmonischer und entspannter gestalten.

Ihr nahezu fanatisches Pflichtbewusstsein lässt sie manchmal ihre eigenen Bedürfnisse nicht mehr spüren und die ihrer Mitmenschen übersehen. Teilweise stellen Planungsminister eigene Bedürfnisse bewusst hinten an, teilweise registrieren sie diese überhaupt nicht. EKDOs können arbeiten bis zum Umfallen und ihre Erschöpfung verdrängen. Allerdings sind sie dann oft gereizt und ungeduldig, mit sich selbst ebenso wie mit anderen, und es reicht schon ein nichtiger Anlass, um sie zum Explodieren zu bringen. Um dem entgegenzuwirken, sollten sie sich in ihrem Terminkalender Pausen eintragen und besser auf sich achten.

Vielen EKDOs würde es guttun, wenn sie sich in Gelassenheit übten. Damit könnten sie ihren sorgfältig durchdachten Plänen die nötige Flexibilität verleihen. Für sie persönlich hätte es den Vorteil, dass sie alles ein wenig entspannter angehen könnten, weil der ständige Entscheidungs- und Erledigungsdruck weniger auf ihnen lastete. Dadurch könnten neue und spannende Möglichkeiten ins Blickfeld rücken, die sie ansonsten aufgrund ihrer absoluten Geradlinigkeit gar nicht wahrgenommen hätten. Um gelassener zu werden, müssten EKDOs ihre Anspannung registrieren: Immer wenn sie sich dabei ertappen, dass sie gestresst sind, einen Schritt zurücktreten und sich fragen: Muss das jetzt unbedingt so gemacht werden? Ist die Angelegenheit wirklich so wichtig? Sie sollten sich darin üben, ihren Blick immer wieder auf Weitwinkel zu stellen, damit sie sich nicht in Details verbeißen, die den ganzen Stress gar nicht lohnen.

Im zwischenmenschlichen Bereich könnten EKDOs ihr Einfühlungsvermögen verbessern. Ihre direkte Art hat zwar etwas sehr Erfrischendes, manchmal sind sie aber zu grob. Hierfür müssten sie im ersten Schritt mit sich selbst etwas liebevoller und großzügiger umgehen. Sie dürfen sich auch mal schwache Gefühle wie Trauer, Hilflosigkeit oder Angst erlauben. Wenn sie die schwächeren Gefühle in sich mehr integrieren würden, könnten EKDOs diese auch bei anderen Menschen besser erkennen und aushalten. Die unablässige Betriebsamkeit der Planungsminister steht nämlich nicht selten im Dienste der Verdrängung. Sie wollen immer die Oberhand behalten, so auch über ihre Gefühlswelt. Dabei könnten sie die heilsame Erfahrung machen, dass gar nicht so viel passiert, wenn sie sich etwas mehr Schwäche erlaubten. Im Gegenteil: Das würde ihnen wahrscheinlich sogar Sympathien einbringen, und sie könnten einige Dinge einfach lockerer angehen.

Persönliche Gebrauchsanweisung

- Geh bitte mit mir aus! Ich liebe Geselligkeit und abwechslungsreiche Unternehmungen. Wenn du keine Lust hast mitzukommen, lass mir den Freiraum, mich auch allein zu verabreden. Wenn ich zu viel in meinen vier Wänden hocken muss, werde ich unleidlich.
- Sorge bitte auch mit ein paar Ideen und Vorschlägen für Abwechslung.
- Bitte wertschätze, dass ich viel Schwung in unsere Beziehung bringe.
- Wenn du von deinen Gefühlen sprichst, versuche bitte, nicht zu übertreiben! Bleib trotzdem ein bisschen sachlich, damit ich verstehen kann, was dich bewegt.
- Bitte argumentiere logisch und sachlich, wenn du mich überzeugen willst! Rein emotionalen Argumenten kann ich nicht folgen.

- Sag mir bitte, wenn dich etwas ärgert! Ich kann nicht erraten, was in dir vorgeht, und fühle mich wohler, wenn ich mich darauf verlassen kann, dass du offen zu mir bist.
- Respektiere bitte meine Ordnung und meine Routine! Es macht mich nervös, wenn man alles durcheinanderbringt.
- Versuche bitte das, was du anfängst, zu Ende zu bringen und lass nicht alles halb fertig herumliegen. Chaos und unabgeschlossene Sachen nerven mich!
- Halte bitte deine Versprechen ein und sei pünktlich! Es ärgert mich, wenn ich meine Pläne und Vorhaben über den Haufen werfen muss. Ich möchte mich auf dich genauso verlassen können, wie du dich auf mich verlassen kannst!
- Bitte komm nicht dauernd mit neuen Ideen, wenn etwas gut funktioniert! Ich muss nicht alles ausprobieren, nur weil es neu ist.
- Ich bin ein traditionsbewusster Mensch. Respektiere bitte vor allem die Traditionen, die unsere Beziehung betreffen.
- Frag mich um Rat, wenn du etwas planst, und bezieh mich in Entscheidungen mit ein! Das ist meine große Stärke!
- Sei bitte nicht allzu verschwenderisch mit unserem Geld! Respektiere, dass ich eher sparsam bin und Geld gern für vernünftige Dinge ausgebe.
- Bitte wertschätze die Verantwortung, die ich für unsere Beziehung übernehme, sowie die Sicherheit und Stabilität, für die ich sorge.

IKFL: die Toleranzminister

I = introvertiert
K = konkret
F = FühlEntscheider
L = locker

IKFL
Toleranzminister

Toleranzminister sind bescheiden, sympathisch und genussfreudig. Wie ihr »Titel« verrät, sind sie verständnisvoll und tolerant, vorurteilsfrei und nicht nachtragend. Sie stehen nicht gern im Mittelpunkt, sind aber in ihrer unaufdringlichen, freundlichen Art sehr präsent. Da sie den sinnlichen Genüssen, die das Leben bereitstellt, sehr aufgeschlossen sind, fühlt man sich in ihrer Gesellschaft wohl, sie vermögen es in ihrer leisen Art, alltäglichen Situationen einen gewissen Glanz zu verleihen – und sei es nur, dass sie aus einem normalen Brot ein köstliches Sandwich kreieren.

IKFLs entscheiden gefühlsmäßig (F), sie haben ein ausgeprägtes inneres Wertesystem. Es ist für sie Orientierung und Bewertungsmaßstab für alles, was um sie herum geschieht; zugleich ist es die Grundlage ihres eigenen Verhaltens und ihrer Entscheidungen. IKFLs streben danach, zu jedem Zeitpunkt in Übereinstimmung mit ihren inneren Werten zu leben. Ihre Werte richten sich vorrangig aufs Zwischenmenschliche: Sie sind um ein harmonisches, aufmerksames, respektvolles und tolerantes Miteinander bemüht. Häufig erstrecken sich ihre Achtung und Wertschätzung nicht nur auf andere Menschen, sondern auf alle Lebewesen und die Natur im Allgemeinen. Viele IKFLs haben einen besonders guten Zugang zu Kindern, Tieren und/oder Pflanzen.

Auch wenn IKFLs nach ihren inneren Überzeugungen leben, sind sie normalerweise zu introvertiert, als dass sie diese – zumindest ungefragt – verkünden würden. Es kann durchaus passieren, dass man meint, einen Toleranzminister gut zu kennen, und dann sehr überrascht ist, wenn sich die tief verwurzelten Wertvorstellungen offenbaren, die sich hinter dem oberflächlich freundlichen Verhalten verbergen. Diese treten spätestens dann zutage, wenn IKFLs ihre Überzeugungen verletzt sehen. Andere sind dann überrascht, mit welcher Vehemenz und Überzeugungskraft diese sonst so stillen und zurückhaltenden Naturen plötzlich auftreten, wenn es zum Beispiel darum geht, auf eine Ungerechtigkeit aufmerksam zu machen. Ansonsten sind sie sehr harmonieliebend und konfliktscheu. Es fällt ihnen schwer, ein Problem mit einem nahestehenden Menschen anzusprechen.

Wenn sie jemand (versehentlich) gekränkt hat, leiden sie im Stillen und ziehen sich eher aus dem Kontakt zurück, als eine Klärung mit der Person herbeizuführen. Toleranzminister sind tief betroffen von Unglück, Schmerz und Schicksalsschlägen, die anderen Menschen widerfahren. Dabei wirken sie rein äußerlich viel unbeteiligter, als sie tatsächlich sind.

Es kann manchmal lange dauern, bis man einen Toleranzminister wirklich kennenlernt, denn dieser hält seine inneren Gefühle und intimen Gedanken gut unter Verschluss und ist sehr wählerisch, wem er sein Vertrauen schenken will. So schützt er seine Verletzbarkeit.

Neugierig und mit einer guten Beobachtungsgabe ausgerüstet, erkennen Toleranzminister schnell, was jemand braucht oder was ihm fehlt. Wenn es ihnen möglich ist, helfen sie. Sie sind geneigt, sich zu verantwortlich zu fühlen und die Probleme des anderen zu stark zu ihren eigenen zu machen. Toleranzminister können sich schlecht abgrenzen. Dies führt bei manchen zu einer Gegenreaktion: Sie sind dann sehr bemüht, Abstand zu halten. Der Mittelweg fällt vielen schwer.

IKFLs sind tolerant nach dem Motto: »Leben und leben lassen!« Zum einen gehören Toleranz und Wertschätzung zu den Grundfesten ihrer tiefen inneren Überzeugungen; zum anderen gehen sie mit einer offenen Einstellung durch die Welt und verspüren deswegen wenig Drang, andere nach ihren Vorstellungen zu formen.

Toleranzminister nehmen konkret wahr (K): Sie sammeln permanent Sinneseindrücke und sind gute Detailwahrnehmer. Durch ihre gefühlsmäßige Beurteilung (F) haben sie ein besonderes Auge und Ohr für ihre Mitmenschen. Da sie zugleich eher praktisch orientiert sind (K), bemerken sie vor allem die konkreten Bedürfnisse ihrer Mitmenschen und tragen gern zu deren Erfüllung bei.

IKFLs sind in dem, was sie tun, sehr pragmatisch, häufig handwerklich begabt und auf eine natürliche und unkomplizierte Art kreativ. Sie lieben es, aus der Materie Dinge zu erschaffen, sei es, dass sie gärtnern, bauen, kochen, handwerken, malen, fotografieren, töpfern usw. Viele von ihnen haben ein künstlerisches Talent. Sie drücken sich lieber im Handeln als durch Worte aus. Hierbei folgen sie gern ihren Impulsen und spontanen Eingebungen. Struktur und langfristige Planungen liegen ihnen weniger. Da sie völlig in ihrem Tun aufgehen können, ohne Rücksicht auf Zeit und körperliche Kräfte, können sie es in ihren Interessensgebieten sehr weit bringen. Ansonsten sind die IKFLs nicht besonders ehrgeizig, sie würden sich nicht nur um der Karriere willen verausgaben.

Meistens sind IKFLs gute praktische Problemlöser: Sie haben einen scharfen Blick für die Schwierigkeiten und Erfordernisse einer Situation (K) und tun dann einfach das Nötige – nicht zuletzt, weil sie sich kaum an Konventionen gebunden fühlen. Ihre Problemlösungen sind häufig ungewöhnlich und originell. Die Auseinandersetzung mit Theoretischem liegt ihnen hingegen sehr viel weniger. Die meisten Toleranzminister wissen wenig mit Theorien anzufangen und können sie sich noch viel schwerer aneignen. Dies lässt jedoch keine Rückschlüsse auf ihre Intelligenz zu, sondern allenfalls auf den Bereich ihrer Begabung, die im Praktischen liegt.

IKFLs sind sehr sinnenfreudig und neigen dazu, sich Tagträumereien hinzugeben. Gleichwohl leben sie im Hier und Jetzt und arrangieren sich mit dem, was gerade passiert – oder auch nicht passiert. Langfristige Planung und Durchhaltevermögen zählen hingegen nicht zu ihren Stärken. Teilweise nervt es sie selbst (zumindest aber ihre organisierten Mitmenschen), wenn sie zwar viel und Vielversprechendes anfangen, letztlich aber wenig zum Abschluss bringen. Andererseits wirkt gerade ihre genussfreudige und sorglose Laissez-faire-Haltung anziehend: IKFLs verbreiten eine gewisse Leichtigkeit und Lebensfreude durch ihr Vertrauen, das sie in den Lauf der Dinge setzen.

Weil sie ihre inneren Überzeugungen hochhalten, legen sie kaum Wert auf ein repräsentatives äußeres Image. Konkurrenzdenken ist ihnen ziemlich fremd. Dadurch bereiten sie nicht nur sich selbst, sondern auch ihren Mitmenschen wenig Stress. In ihrer Gesellschaft fühlt man sich deswegen wohl und entspannt.

Arbeit

Toleranzminister suchen sich einen Beruf, der inhaltlich mit ihren tiefen inneren Überzeugungen im Einklang steht. Zumindest darf er diesen nicht widersprechen. Am liebsten sind ihnen praktische Arbeiten (K), eine ausschließlich theoretische oder konzeptuelle Tätigkeit liegt ihnen weniger. Sie sind oft in sozialen Berufen zu finden, da sie eine besondere Freundlichkeit und ein starkes Mitgefühl auszeichnet und sie mit großer Hingabe helfen und pflegen. Man findet sie aber auch häufig in handwerklich-kreativen Berufen, weil viele IKFLs hier besonders talentiert sind. Ihr Beruf muss für sie in erster Linie sinnvoll sein, das ist ihnen wichtiger als das Geldverdienen.

Sie bevorzugen es, eigenständig zu arbeiten, und fühlen sich von zu festen Vorgaben und Routinetätigkeiten eingeengt und ihrer Spontaneität beraubt. Deswegen arbeiten sie auch gerne und erfolgreich allein beziehungsweise selbstständig. Aufgrund ihrer Introversion sind IKFLs relativ unabhängig von sozialem Anschluss innerhalb ihrer Arbeitstätigkeit, doch können sie wegen ihrer sozialen Kompetenz auch gut in einem Team funktionieren, sofern ihnen auch hier genügend persönlicher Freiraum bleibt.

IKFLs sind sehr loyale und engagierte Mitarbeiter, insbesondere, wenn sie sich mit den Werten ihres Unternehmens identifizieren können. Als Kollegen sind sie sehr geschätzt wegen ihres freundlichen, aufgeschlossenen Wesens und ihrer wenig ehrgeizigen, konkurrenzorientierten Art.

Toleranzminister legen es kaum darauf an, in eine Führungsposition zu gelangen. Durch ihre Lebens- und Arbeitsphilosophie steht ihnen ein gleichberechtigtes und wenig hierarchisches Miteinander sehr viel näher als das Bedürfnis, Macht und Kontrolle auszuüben. Ihr Führungsstil ist eindeutig nondirektiv. Entsprechend ihren sozialen Werten (F) motivieren sie durch Lob und Ermunterung statt durch Autorität und Kritik. Durch ihre Offenheit und Toleranz (F/L) lassen sie ihren Mitarbeitern sehr große individuelle Entfaltungsmöglichkeiten, sodass jeder einzelne, sofern er motiviert ist, sein persönliches Potenzial maximal entfalten kann. An ihre Grenzen geraten IKFLs dann, wenn sie doch einmal gezwungen sind, von sich aus eine klare Struktur und Arbeitsorganisation vorzugeben (L), oder wenn sie hart durchgreifen müssen (F).

Liebe und Freundschaft

Aufgrund ihres introvertierten Wesens verlieben sich Toleranzminister weder besonders häufig noch besonders schnell. Wenn sie jedoch einmal Feuer gefangen haben, dann gehen sie ganz und gar in dem Gefühl des Verliebtseins auf. Sie leben vollkommen in dem Moment des verliebten Glücks und verschwenden kaum einen Gedanken an etwaige Hindernisse oder Schwierigkeiten, die die Zukunft mit sich bringen könnte. Liebe bedeutet für sie Hingabe, Treue und Loyalität, Fürsorge, gegenseitige Achtung und Toleranz. Ihr ausgeprägtes inneres Wertesystem (F) leben IKFLs auch, und sogar besonders intensiv, in ihren Liebesbeziehungen: Damit sind sie nicht nur sich selbst, sondern auch ihrem Partner sehr treu. Weil ihnen Liebe, Beziehung und füreinander Dasein so wichtig sind, sind IKFLs schnell bereit, sehr viel in die Beziehung zu investieren und eigene Bedürfnisse zurückzustellen. Sie selbst werden dadurch sehr verletzlich und verwundbar. Einige von ihnen entwickeln aufgrund dieser Neigung auch eine gewisse Bindungsscheu. Aus Angst, sich selbst zu sehr zu verlieren, versuchen sie dann, intensiven Liebesbeziehungen aus dem Weg zu gehen. Oder sie stellen nach Momenten der Nähe immer wieder Distanz her, um wieder mehr »ihr eigenes Ding« machen zu können. IKFLs, die sich durch die letzten Zeilen angesprochen fühlen und etwas daran ändern möchten, sollten sich dem Thema Bindungsangst widmen (denn diese ist kurierbar).

Wegen ihrer Introversion sind IKFLs meist keine Menschen großer (Liebes-)Worte. Sie zeigen ihre Zuneigung mehr in ihrem fürsorglichen, zugewandten und aufmerksamen Verhalten. Sie mögen es auch, ihre Partner mit kleinen oder größeren – häufig sehr kreativen – Aufmerksamkeiten zu überraschen. Ebenso sind IKFLs sehr treue und zuverlässige Freunde, zumindest auf der emotionalen Ebene. Auf der formalen Ebene kann es zu kurzfristigen Terminverschiebungen kommen, da sie durch ihre lockere Art (L) nicht immer gut organisiert sind und öfter spontan agieren. Ebenso wie in Partnerschaften können sie auch in Freundschaften gar nicht anders, als ihrem stark verinnerlichten sozialen Wertesystem zu folgen. Sie pflegen zumeist zwar einen eher kleinen (I), jedoch sehr engen und stabilen Freundeskreis.

IKFLs laufen Gefahr, zu viel Verantwortung in ihren Beziehungen zu übernehmen. Sie wollen ein harmonisches, respektvolles und tolerantes Miteinander. Gelingt dies nicht, zweifeln sie an ihren eigenen Fähigkeiten und erleben es als persönliches Versagen, mitunter sogar Verschulden, wenn es zu Streit und Disharmonie kommt. Weil sie dies um jeden Preis vermeiden wollen, neigen IKFLs häufig zu einer gewissen Konfliktscheu und stellen lieber eigene Bedürfnisse zurück, als es auf eine Meinungsverschiedenheit ankommen zu lassen. Hierdurch belasten sie jedoch ungewollt die

Beziehung mehr als durch ein offenes Wort, da der angestaute und unausgesprochene Ärger dazu führen kann, dass sie sich aus der Beziehung zurückziehen.

Elternschaft

Toleranzminister sind sehr gewährende Eltern, die ihren Kindern viel Raum zur freien Entfaltung lassen. Sie sind tolerant und wertschätzend. Autoritäre Erziehungsmethoden lehnen sie aus Überzeugung ab und setzen stattdessen auf Einsicht und Erklärung. IKFL-Eltern sind sehr liebevoll und bringen viel Sensibilität für die Bedürfnisse ihrer Kinder auf.

Die gewährende und wenig kontrollierende Erziehungshaltung von IKFL-Eltern birgt den Vorteil, dass sich ihre Kinder uneingeschränkt in allen Neigungen und Talenten ausprobieren und entwickeln können. Mitunter fehlt den Kindern jedoch die notwendige äußere Struktur, sodass keine konsequente Förderung stattfindet und entweder eine besondere Begabung brachliegt oder defizitäre Entwicklungsbereiche nicht hinreichend gefördert werden. Die Kinder können sich von ihren IKFL-Eltern vernachlässigt und missverstanden fühlen, wenn sie in ihrem Wunsch nach äußerer Struktur wenig aktive Unterstützung erfahren. Gelingt dies den IKFL-Eltern jedoch, dann ist die Beziehung zu ihren Kindern sehr harmonisch und tragfähig.

Probleme und Entwicklungsmöglichkeiten

Die größte Stärke der Toleranzminister, nämlich ihre offene, tolerante und gewährende Art, ist zugleich ihre größte Schwäche: Weil sie grundsätzlich für fast alles aufgeschlossen und selbst sehr gutmütig und hilfsbereit sind, neigen sie dazu, Blendern auf den Leim zu gehen und sich ausnutzen zu lassen. Die rationale, kritische Entscheidung (D) ist die am wenigsten entwickelte Funktion der IKFLs und bedarf deshalb einer besonderen Aufmerksamkeit und Übung. Sie stellt einen wichtigen und absolut notwendigen Ausgleich zu der wertschätzenden und anteilnehmenden, aber eben auch unkritischen und gefühlsmäßigen Entscheidung (F) dar. IKFLs sollten sich darin üben, immer wieder einen kleinen, kritischen Abstand zwischen sich und den Menschen und Dingen einzunehmen. Zwar liegen sie mit ihren gefühlsmäßigen Entscheidungen oft richtig, aber es könnte sie vor mancher Enttäuschung bewahren, wenn sie diese auch einmal rational überprüfen würden. Mit sich selbst hingegen sind IKFLs häufig zu streng und kritisch. Sie plagen latente Versagensängste, mit denen sie sich öfter selbst ausbremsen. Nicht wenige IKFLs arbeiten lieber unter ihren Leistungsmöglichkeiten, als das Risiko des Scheiterns einzugehen, denn sie überschätzen die Tragik eines möglichen Versagens. Dabei könnte es ihnen helfen, wenn sie mit Humor ihr Schicksal etwas relativierten: Welche Auswirkungen hätte es auf das Weltgeschehen, wenn sie einmal hinter ihren Ansprüchen blieben?

Eine weitere Problemzone der IKFLs ist ihre tief sitzende Konfliktscheu. Vor Problemen würden sie am liebsten davonrennen und tun es häufig auch. Oft stellen sie ihre eigenen Wünsche und Bedürfnisse weit zurück, um eine Liebes- oder Freundschaftsbeziehung harmonisch und möglichst konfliktfrei zu gestalten. Damit schaden sie nicht nur sich selbst, sondern letztlich auch der Beziehung, weil Konflikte so nicht gelöst, sondern nur unter den Teppich gekehrt werden. Dies kann dazu führen, dass ihre Zuneigung für die betreffende Person erkaltet und sie sich enttäuscht aus dem Kontakt zurückziehen. Es wäre hilfreich, wenn sie sich vor Augen führten, dass ihre Konfliktscheu langfristig der Beziehung eher schadet als nutzt. Diese Einsicht könnte sie ermutigen, öfter mal ein offenes Wort zu sprechen und auch eigene Wünsche durchzusetzen. Außerdem wäre es fairer, wenn das Gegenüber die Möglichkeit einer Stellungnahme bekäme und sich gegebenenfalls auch entschuldigen könnte. Wenn der IKFL sich jedoch aus dem Kontakt oder hinter seine Mauern zurückzieht, dann hat das Gegenüber keine Chance. Überwindet sich ein IKFL, öfter mal ein offenes Wort zu sprechen, dann wird er wahrscheinlich die Erfahrung machen, dass sein Gegenüber hierauf sehr viel positiver reagiert, als er erwartet hätte.

Eine weitere Stärke der IKFLs hat ebenfalls ihre Schattenseiten: nämlich ihr Talent, den Moment zu genießen. Aufgrund ihres Ls haben viele IKFLs wenig Biss, um sich langfristige Ziele zu setzen und Pläne konsequent zu verfolgen. Sie gehen lieber den Weg des geringsten Widerstands und haben wenig Ehrgeiz und Durchhaltevermögen. Dadurch haben sie zwar viele kleine, mehr oder weniger zufällige Freuden und Annehmlichkeiten, nehmen ihr Schicksal, was die Erfüllung größerer Wünsche angeht, jedoch wenig in die Hand. Es würde ihnen helfen, wenn sie eine konsequente Tagesstruktur verfolgten, Erledigungslisten erstellten und Prioritäten setzten. Wenn sich ihnen eine Ablenkung bietet, sollten Toleranzminister innehalten und sich fragen: Muss das jetzt wirklich sein? Hierbei kann ihnen auch die innere Vorstellung helfen, wie gut sie sich am Abend fühlen werden, wenn sie geschafft haben, was sie sich vorgenommen hatten, beziehungsweise wie schlecht sie sich fühlen werden, wenn sie die Aufgabe (wieder einmal) vor sich hergeschoben haben. Sie sollten also ganz bewusst die Konsequenzen antizipieren, indem sie ihre Gedanken und Gefühle auf das Erledigte beziehungsweise Unerledigte richten. IKFLs sind nämlich große Meister im Verdrängen, was quasi die Voraussetzung für ihre Schieberitis ist. Wenn sie jedoch zu viel aufschieben, der Berg der Aufgaben immer größer und es mithin immer fraglicher wird, ob sie diesen überhaupt noch bewältigen können, dann kann es passieren, dass sie sich deprimiert aus der Welt zurückziehen und – eine Gefahr für viele IKFLs – zu viel essen und/oder zu viel Alkohol konsumieren. Durch ihre Genussfreude sind IKFLs anfällig für Süchte. Durch ihre Introversion benötigen sie wenig zwischenmenschlichen Kontakt. Aufgrund dieser Kombination laufen manche von ihnen Gefahr zu »versacken«. Dieser Neigung können sie am besten vorbeugen, indem sie für regelmäßige Tätigkeiten und regelmäßige Verabredungen sorgen und somit gar nicht erst aus dem Tritt kommen.

Persönliche Gebrauchsanweisung

- Bitte akzeptiere, besser noch: teile und lebe meine inneren Überzeugungen und sozialen Werte mit mir. Sie sind mir sehr wichtig!
- Sei bitte vorsichtig mit Kritik! Ich kann Streit kaum aushalten, weil ich mich schnell dafür verantwortlich fühle und sich bei mir das Gefühl einstellt, dass ich versagt habe. Du machst es mir leichter, wenn du mir neben deiner Kritik auch noch sagst, was du an mir magst.
- Zwing mir bitte nicht zu viele Regeln, Pläne und Strukturen auf! Ich entscheide lieber spontan und immer wieder neu, wie ich etwas erledigen möchte. Dann macht es mir auch viel mehr Spaß.
- Wertschätze bitte, wie viel Genuss- und Sinnenfreude ich in unsere Beziehung einbringe.
- Bitte erwarte nicht, dass ich lange im Voraus plane! Es ist viel schöner, gemeinsam den Moment zu genießen, wie er sich bietet. Das Morgen kommt auch, ohne dass man ständig planen und vorsorgen muss.
- Sieh es mir bitte nach, wenn ich manchmal ein bisschen chaotisch und unordentlich bin!
- Lass mir bitte genügend Zeit für mich! Mir tut es gut, einfach mal meinen Gedanken nachzuhängen oder ein bisschen vor mich hin zu werkeln. Danach bin ich auch wieder ganz für dich da.
- Erwarte bitte nicht, dass ich dich zu allen Einladungen begleite. Manchmal komme ich gern mit, wenn ich in der richtigen Stimmung bin. Manchmal strengt es mich aber einfach nur an

und dann bleibe ich lieber zu Hause. Bitte akzeptiere das! Ich habe auch nichts dagegen, wenn du dann alleine gehst.

- Sei bitte nicht ungeduldig mit mir, wenn es mir schwerfällt, meine Gedanken und Gefühle preiszugeben! Manchmal brauche ich einfach einen längeren Anlauf und bin sehr dankbar, wenn du mir dann trotzdem noch zuhörst.

EKFL: die Vergnügungsminister

E = extravertiert
K = konkret
F = FühlEntscheider
L = locker

EKFL
Vergnügungsminister

Vergnügungsminister sind offenherzig, spontan und begeisterungsfähig. Den angenehmen Seiten des Lebens sehr aufgeschlossen, sind sie genussfreudig und ausgesprochen gesellig. Sie leben im Hier und Heute, pragmatisch, erdverbunden und recht sorglos. Das, was sein könnte, interessiert sie weit weniger als das, was ist. Sie sind mit Sicherheit keine Meister in langfristiger Planung und Organisation. Nur in Krisensituationen entfalten sie ein gutes Organisationstalent, denn da können sie aus dem Stegreif handeln. Tatsächlich landen sie auch immer wieder auf den Füßen, zumeist sogar, ohne dass sie selbst genau wissen, wie es passiert ist.

EKFLs haben ihre »Sinnesantennen« permanent auf Außenempfang gestellt: Sie sehen, hören, riechen, schmecken und fühlen sehr genau, was um sie herum passiert. Aufgrund ihres extravertierten Wesens brauchen sie viel Stimulation, die sie besonders aus dem Zusammensein mit Menschen (F), aber auch aus den vielfältigen Sinneseindrücken in ihrer Umgebung beziehen. Vergnügungsminister sind sinnenfreudige Lebemenschen, die gutes Essen und einen feinen Wein sehr zu schätzen wissen. Dies in netter Gesellschaft genossen, ist für sie Entspannung pur. Immer aufgeschlossen für Abwechslung und Vergnügungen, sind sie nicht besonders diszipliniert, weswegen sie unangenehme Aufgaben häufig auf die lange Bank schieben. Sie sind Meister darin, Dinge auf den letzten Drücker zu erledigen. Da sie es meistens doch noch irgendwie schaffen, verspüren sie zu wenig Leidensdruck, um an ihrem System etwas zu ändern. Allerdings fühlen sich einige unter ihnen nicht so ganz wohl in ihrer Haut, weil sie meinen, dass sie zielstrebiger und disziplinierter sein sollten. Sie haben ein latent schlechtes Gewissen und warten nur darauf, früher oder später für ihr Laisser-faire die »Quittung« zu bekommen.

Aus der Beschreibung dürfte hervorgehen, dass Vergnügungsminister nicht unbedingt prädestiniert sind, Karriere zu machen. Dabei sind sie durchaus nicht faul, ihr Erfahrungshunger treibt sie zur Tat. Die meisten pflegen auch mehrere Hobbys. Es ist nur so, dass Spaß und nicht Pflicht der Motor ihrer Aktivität ist. Wenn sie Karriere machen, dann, weil sie aus Leidenschaft handeln. Wenn sie eine Arbeit haben, die gleichsam ihre Berufung darstellt, können sie es weit bringen. Aber nicht aus sturem Ehrgeiz oder Pflichtgefühl, sondern aus Spaß oder Interesse an ihrer Tätigkeit.

EKFLs sind Pragmatiker und Realisten. Sie können mit theoretischen Gedankengebäuden wenig anfangen. Für sie zählt der konkrete, praktische Nutzen einer Sache oder einer Idee. Probleme lösen sie sehr handlungsorientiert: Sie checken die Situation mit allen förderlichen und hinderlichen Bedingungen ab und legen dann los. Sie müssen handeln und Lösungen ausprobieren; vorher lange darüber nachzudenken, ob und wie die Lösung eventuell funktionieren könnte, bringt sie nicht weiter.

Vergnügungsminister wollen das Leben voll auskosten. Dabei gehen sie offen, neugierig und unvoreingenommen an alles Neue heran. Sie möchten frei, spontan und ungezwungen leben, möglichst ohne äußere Zwänge, die sie in ihrem Verlangen nach Abwechslung einengen. Sie erlegen sich ungern Beschränkungen auf. Einige EKFLs neigen dazu, die Folgen ihrer Handlungen auszublenden. Sie verlieren sich in sinnlichen Vergnügungen und Ablenkungen.

Wenn EKFLs helfen können, tun sie dies gern und großzügig, wobei sie vor allem mit handfester, praktischer Unterstützung und konkreten Ratschlägen zur Seite stehen (K).

EKFLs nehmen das Leben so, wie es kommt und akzeptieren auch ihre Mitmenschen so, wie sie sind. Sie haben wenig Drang, andere zu verändern und zu formen. Dadurch sind sie flexibel, tolerant, anpassungsfähig und finden zu fast jedem einen Draht, unabhängig von Alter und sozialem Status. Die gleichen Freiheiten, die sie selbst zum Leben brauchen, gestehen sie auch anderen zu. Sie sind nicht schnell beleidigt, wenn Pläne kurzfristig geändert werden oder man sie kurzfristig versetzt. Es ist ihnen sogar ganz recht, denn dann haben sie bei der betreffenden Person beim nächsten Mal ebenso die Freiheit, kurzfristig abzusagen. Das ist ihnen in jedem Fall lieber, als festgenagelt zu werden (L).

Vergnügungsminister fühlen sich zu Menschen hingezogen und ziehen selbst Menschen an. Es wird ihnen schnell langweilig, wenn sie allein sind. Ihr Erleben nicht mit anderen zu teilen, fällt ihnen schwer. Man ist gern in ihrer Gesellschaft, weil EKFLs mit ihrer Unbekümmertheit und Lebendigkeit ansteckend wirken. Sie vertreten die Auffassung, dass das Leben da ist, um gelebt zu werden und nicht, um es (zu) ernst zu nehmen. Durch ihre Flexibilität und Anpassungsfähigkeit sind sie tatsächlich Meister darin, aus jeder noch so verfahrenen Situation etwas Positives herauszuholen. Gelingt dies nicht, sind sie zumindest um eine neue Erfahrung reicher, so denken sie.

Arbeit

Vergnügungsminister sind durch und durch praktisch veranlagt: Mit abstrakten Theorien können sie wenig anfangen. Sie lernen leicht, wenn sie etwas erfahren oder ausprobieren können (K). Theorien interessieren sie nur, wenn sie einen konkreten Nutzen daraus ableiten können. Weil sie sehr auf den Moment bezogen sind, sind sie wenig ehrgeizig. Meist sehen sie es nicht ein, sich für ein abstraktes Ziel, zum Beispiel eine berufliche Karriere, Vergnügungen zu versagen. Wenige EKFLs fühlen sich zu einem wissenschaftlichen Studium hingezogen. Abgesehen davon, dass es ihnen inhaltlich zu theorielastig ist, fehlt ihnen zumeist die nötige Disziplin, um konsequent und selbst organisiert zu lernen.

EKFLs arbeiten gern in einem lebendigen, handlungsorientierten und harmonischen Arbeitsumfeld. Ein netter kollegialer Umgang ist für sie genauso wichtig, oft sogar noch wichtiger als der Inhalt ihrer Arbeit. Sie bevorzugen Berufe, bei denen sie viel mit Menschen zu tun haben. Dies stillt nicht nur ihr extravertiertes Bedürfnis nach sozialen Kontakten, sondern verspricht auch die meiste Abwechslung. Besonders wohl fühlen sie sich in Dienstleistungsberufen, in denen die konkreten Bedürfnisse des Kunden im Mittelpunkt stehen. Viele EKFLs sind aufgrund ihrer sympathischen Art, ihrer Begeisterungsfähigkeit und Überzeugungskraft sehr erfolgreich im Verkauf tätig. Arbeiten hingegen, die sie allein und in sozialer Abgeschiedenheit erledigen müssen, sind für sie abschreckend. Unter solchen Arbeitsbedingungen verkümmern sie und halten nicht lange durch.

EKFLs sind wegen ihrer ausgeprägten sozialen Fähigkeiten gute Teamarbeiter. Sie sind bei Kollegen und Vorgesetzten beliebt, weil sie zumeist gute Laune verströmen und damit ein angenehmes Arbeitsklima fördern. Es besteht jedoch die Gefahr, dass EKFLs sich und andere durch ihre Geselligkeit von der Arbeit abhalten.

Höchstleistungen vollbringen Vergnügungsminister in Jobs, die schnelles Handeln und eine wache Aufmerksamkeit erfordern. Sie sind hervorragende Krisenmanager. In der Krisensituation kommen ihr praktischer Verstand und ihre Handlungsbereitschaft zur vollen Entfaltung. Der Manager, der auf zwei Leitungen gleichzeitig telefoniert, während er Anweisungen an seine Mitarbeiter verteilt und sich dabei auch noch gut zu fühlen scheint, entspricht diesem Typus.

EKFLs sind im Allgemeinen zwar wenig ehrgeizig, sie können es aber trotzdem zur Meisterschaft bringen. Nämlich dann, wenn sie eine Tätigkeit fesselt. In diesem Fall können sie in ihrem Tun geradezu exzessiv werden. Die Neigung zum Exzess der Vergnügungsminister kann sich bei allen Tätigkeiten zeigen, sei es im Beruf, beim Sport, bei einem handwerklichen Hobby oder dem Spielen eines Instruments. Hierbei geht es ihnen nicht darum, ein bestimmtes äußeres Ziel zu erreichen, wie beispielsweise eine berufliche Beförderung. Nein, sie schaffen um des Schaffens willen, weil sie die Tätigkeit als solche in ihren Bann zieht. Der Erfolg, der sich dann einstellt, ist lediglich eine Nebenwirkung, aber nicht das Motiv für ihr Handeln.

Gelangen EKFLs in eine Führungsposition, verfolgen sie einen partnerschaftlichen Führungsstil, der ihren Mitarbeitern einen möglichst großen Entscheidungsfreiraum lässt. Sie können ihre Mitarbeiter gut motivieren, da sie ein sensibles Gespür für deren Bedürfnisse aufbringen. Durch ihre sympathische, partnerschaftliche Art fördern sie zudem eine gute Zusammenarbeit und damit auch die innere Verpflichtung jedes Mitarbeiters, seinen Teil der Arbeit zuverlässig zu erledigen. Insgesamt führen EKFLs eher beziehungs- als aufgabenorientiert. Das heißt, sie sorgen zunächst für ein gutes und harmonisches Arbeitsklima, das sie als Voraussetzung für eine effektive Zusammenarbeit ansehen.

Als Untergebene machen sich EKFLs manchmal das Leben schwer, weil sie nicht sonderlich gewillt sind, Autoritäten anzuerkennen und sich unterzuordnen. Dies hängt mit ihrem Freiheits- und Unabhängigkeitsbedürfnis zusammen sowie ihrer Unlust, ihre spontanen Impulse zu unterdrücken, insbesondere dann, wenn es ihnen nicht unmittelbar gewinnbringend erscheint. Viele EKFLs arbeiten gern und gut in der Selbstständigkeit. Zum einen, weil sie ihr eigener Chef sind und damit alle Freiheiten haben, die sie sich wünschen, zum anderen, weil sie durch den äußeren Druck, wirtschaftlich zu überleben, die nötige Arbeitsdisziplin aufbringen.

Liebe und Freundschaft

Freunde sind für Vergnügungsminister unentbehrlich. Sie pflegen zumeist einen großen Freundes- und Bekanntenkreis, der sich durch sehr unterschiedliche Menschen auszeichnet. Auch in der

Auswahl ihrer Freunde zeigt sich das starke Bedürfnis von EKFLs nach großer Vielfalt und Abwechslung.

EKFLs sind treue und loyale Freunde, auf die man sich verlassen kann, wenn es darauf ankommt. Wenn es allerdings nicht so darauf ankommt, beispielsweise eine Verabredung (pünktlich) einzuhalten, sind EKFLs weniger zuverlässig. Sie ändern häufig recht kurzfristig ihre Pläne. Das darf man jedoch nicht so verstehen, dass ihnen an der Person oder der Freundschaft nichts läge. Für EKFLs ist es normal, ihren spontanen Launen zu folgen, und sie gestehen diese Freiheit umgekehrt auch ihren Freunden zu.

Vergnügungsminister verlieben sich gern, schnell und heftig. Sie tauchen in ihre verliebten Gefühle ein, die sie jeden Tag und jeden Moment auskosten. Liebe bedeutet für sie, den anderen zu »genießen«. Sie sind sehr kreativ und überschütten ihren Partner mit Liebesbekundungen und Aufmerksamkeiten. Sie sind sehr einfallsreich und schaffen immer wieder neue, unverwechselbare gemeinsame Momente. Auch in der Liebe sind EKFLs Lebemenschen, die der Beziehung Zauber und den Hauch des Besonderen verleihen wollen. Die Kehrseite ist jedoch häufig, dass sie wenig gewillt sind, auch die unangenehmen Momente zu ertragen. Was die Langlebigkeit ihrer Beziehungen anbelangt, sind sie keine Kämpfernaturen. Ihre Anpassungsfähigkeit verleitet sie recht schnell dazu, sich aus der Verantwortung zu ziehen und sich etwas Angenehmerem zuzuwenden, statt die Konflikte auszutragen.

Wenn sie jedoch meinen, den Richtigen gefunden zu haben, sind sie sehr zuverlässige Lebensgefährten, die mit ihrem Partner durch dick und dünn gehen. Auch wenn eine Beziehung beendet ist, begegnen EKFLs ihren Ex-Partnern in der Regel sehr respektvoll. Dies gelingt ihnen zumeist gut, weil sie sich recht schnell über die Trennung hinwegtrösten können. Nicht zuletzt trägt hierzu ihr großer Freundeskreis bei, der ein tragfähiges soziales Netz bietet und Ablenkung bereithält.

Elternschaft

Vergnügungsminister sind warmherzige, zugewandte und unterstützende Eltern. Weil sie manchmal selbst gern noch Kind wären, können sie sich gut in die kindlichen Bedürfnisse einfühlen. Sie machen das Leben für ihre Kinder bunt und abwechslungsreich: Mit EKFL-Eltern ist immer was los. Die Kinder wachsen mit sehr vielseitigen Eindrücken und Erfahrungen auf. Dadurch lernen sie, weltoffen, tolerant und flexibel zu sein. EKFLs sind nicht besonders autoritär und lassen ihren Kindern viel Freiraum für ihre eigene Entwicklung.

Die Schattenseite ist jedoch, dass EKFLs auch als Eltern dazu neigen, etwas unorganisiert zu sein. Mit der besten Absicht planen sie schöne Unternehmungen, die häufig schließlich doch ins Wasser fallen oder in Stress ausarten, weil auf den letzten Drücker improvisiert werden muss. Die Kinder sind dann verständlicherweise enttäuscht. Passiert dies häufiger, entwickeln sie Zweifel daran, ob sie sich auf ihre Eltern tatsächlich verlassen können. Außerdem neigen EKFL-Eltern zu einer gewissen Inkonsequenz und Nachgiebigkeit, weil sie sich sehr nach ihren spontanen Impulsen ausrichten und wenig langfristig denken. Allerdings wissen die meisten EKFLs um diese Schwächen und sind deshalb bemüht, ihre Kinder nicht darunter leiden zu lassen.

Probleme und Entwicklungsmöglichkeiten

Vergnügungsminister sind Meister des Augenblicks: Sie sind spontan, flexibel und sehr genussfreudig. Allerdings kann ihnen ihre Lebenslust auch zur Last werden. Die Kehrseite ihrer spontanen Genussfreude ist nämlich ihr Unwille, sich zu disziplinieren und die Zähne zusammenzubeißen, wenn es anstrengend, frustrierend oder einfach nur langweilig wird. EKFLs quälen sich nicht gern, nur um vielleicht ein in weiter Ferne liegendes Ziel zu erreichen.

Die abstrakte Wahrnehmung, die auf die Zukunft und auf das Mögliche gerichtet ist, ist ihre am wenigsten entwickelte Fähigkeit. Mit dem, was vielleicht sein könnte, können EKFLs nichts anfangen, erst recht dann nicht, wenn es ihnen im Hier und Heute keinen Spaß macht. Dazu leben sie viel zu sehr in der Gegenwart. Längerfristige Pläne und Ziele verblassen leicht gegenüber der Freude des Augenblicks. Dies hat zur Folge, dass EKFLs sehr sprunghaft, wankelmütig und inkonsequent sein können. Sie fangen vieles an, weil es ihnen im Moment Spaß macht, bringen aber wenig zu Ende, wenn ermüdende Disziplin gefordert ist. Den meisten EKFLs würde es nicht schaden, ihre Frustrationstoleranz ein wenig zu trainieren und sich im Bedürfnisaufschub zu üben. Sie sollten sich öfter zwingen, die langfristigen Konsequenzen ihrer Handlungen zu bedenken. Wenn zukünftige Ziele greifbarer für sie wären, könnten sie sich auch besser motivieren, eine momentane Durststrecke zu überbrücken.

Im Profil der EKFLs lauern noch zwei weitere Stolperfallen, die es ihnen mitunter schwer machen können, sich zu disziplinieren und am Ball zu bleiben. Dies ist zum einen ihre ausgeprägte Extraversion: EKFLs lieben gesellige Zerstreuung. Diese ist ihnen häufig wichtiger (und wesentlich angenehmer), als sich um lästige (aber eben oft auch notwendige) Arbeiten zu kümmern. Die Folge ist, dass die Arbeit oft liegen bleibt, sich anhäuft und schließlich immer größeren Widerwillen hervorruft. Wenn sie sich schließlich gar nicht mehr aufschieben lässt, geraten EKFLs unter enormen Druck und erledigen die liegen gebliebene Arbeit, aus Frust oder Zeitnot, mehr schlecht als recht. Zum anderen sind EKFLs mit einem mehr oder minder ausgeprägten L-Faktor ausgestattet, das heißt, sie halten ihre Wahrnehmung immer empfangsbereit, um ja nichts zu verpassen. Dadurch sind sie extrem wach und angeschaltet, aber auch leicht ablenkbar.

Es fällt ihnen schwer, sich zu entscheiden, weil sie sich dann auf eine Sache festlegen müssen und zwangsläufig immer irgendetwas verpassen. Ihre Getriebenheit führt in einigen Fällen zu einer gewissen Oberflächlichkeit. Dadurch, dass sie vieles anfangen und wenig beenden, erlangen sie keine Könnerschaft. Dies macht sie auch selbst unzufrieden. Es ist wirklich wichtig, dass sie lernen, diese langatmige Phase durchzuhalten, die jeder Wissens- und Kompetenzerwerb braucht. Dabei könnte ihnen das Wissen helfen, dass auf Durststrecken normalerweise auch wieder eine beglückende Phase folgt, in der man wieder einen guten Schritt weitergekommen ist. Um sich besser zu motivieren, sollten sie gedanklich in die Zukunft gehen und fühlen, wie es sich anfühlt, wenn sie wieder einmal abbrechen, beziehungsweise welche guten Gefühle sich einstellen, wenn sie durchhalten.

Häufig fühlen sich EKFLs rastlos und gestresst, weil ihr Erlebnisdrang sie selbst unter Druck setzt. Ähnlich geht es auch anderen, wenn sie mit dem Tatendrang eines EKFLs mithalten wollen. Auch wenn es ihnen widerstrebt, könnten viele EKFLs entspannter (und gerade auch deswegen genussvoller) leben, wenn es ihnen gelänge, ein wenig mehr O (Organisation) in ihr Leben zu bringen und sich mehr auf Planungen, Zeitabläufe und verbindliche Verabredungen einzulassen. Vielleicht würde auch die Einstellung helfen, dass man das Leben auch dann genießen kann, wenn es mal etwas ruhiger verläuft.

EKFLs sind ihren Mitmenschen sehr zugetan. Meist sind sie großzügig, teilweise sogar verschwenderisch, mit dem, was sie an zeitlicher, emotionaler und auch materieller Unterstützung in ihre Beziehungen investieren. Dabei laufen sie jedoch Gefahr, sich ausnutzen zu lassen. Ihr F lässt sie nach Harmonie streben und kann dazu führen, dass sie kritische Beziehungsaspekte allzu gern ausblenden und deswegen immer wieder enttäuscht werden. Ebenso kann es jedoch passieren, dass sie anderen (ungewollt) auf die Füße treten: Wenn sie sehr extravertiert sind, neigen EKFLs dazu, recht impulsiv zu reagieren. Dann haben sie schnell etwas gesagt oder getan, ohne darüber nachzudenken. Hinterher, wenn wieder etwas Ruhe eingekehrt ist und sie über ihr Verhalten nachdenken, tut es ihnen leid. Da ihnen ein harmonisches Miteinander wichtig ist, legen sie Wert darauf, sich zu entschuldigen und etwaige Missverständnisse oder Ärgernisse aus dem Weg zu räumen. Meist kann ihnen niemand lange böse sein, weil sie ansonsten sehr liebenswert sind.

Im Kontrast zu ihrer »frechen Schnauze«, mit der sie manchmal anecken, steht eine tiefer sitzende Konfliktscheu, wenn es darum geht, ein Problem mit einem nahestehenden Menschen zu klären. Hiervor drücken sie sich gern. Überhaupt setzen sie sich nicht gern mit Problemen auseinander. Vergnügungsminister neigen zu einer gewissen Verantwortungsscheu, die ihre persönlichen Beziehungen belasten kann, oder auch bei manchen EKFLs dazu führt, dass sie engen Liebesbeziehungen ausweichen oder sie nach einer Phase der Verliebtheit wieder beenden. EKFLs, auf die das zutrifft, sollten sich mit dem Thema »innere und äußere Grenzen« befassen: Weil sie es eigentlich allen recht machen wollen, stehen sie zu wenig für ihre eigenen Bedürfnisse und Wünsche ein, was dazu führen kann, dass sie sich am freiesten fühlen, wenn sie ohne einen Partner sind. Eine gute Balance zwischen Selbstbehauptung und Anpassung ist die Voraussetzung für gelingende Beziehungen. Ratgeber zu den Themen »Selbstwert« und »Bindungsangst« können helfen, die eigene Konfliktfähigkeit zu verbessern und somit beziehungsfähiger zu werden.

Persönliche Gebrauchsanweisung

- Lass mich leben und genießen! Schränke mich bitte nicht zu sehr in meiner Freiheit und meinen vielfältigen Interessen ein! Ermutige mich, meinen Neigungen nachzugehen, oder noch besser: Mach mit!
- Wenn ich mal wieder eine »verrückte« Idee habe, sei nicht allzu pessimistisch und kritisch. Auch wenn du nicht daran teilhaben willst, verdirb mir bitte nicht den Spaß!

- Wertschätze die Abwechslung, die ich in unser Leben bringe.
- Überrasche auch du mich! Ich liebe Spontaneität, Abwechslung und Spannung.
- Versuche auch du, ein bisschen spontan zu sein und hin und wieder einfach mal deine Pläne über den Haufen zu werfen!
- Sei mit mir unternehmungslustig! Wenn du an meinen zahlreichen sozialen Aktivitäten nicht teilnehmen willst oder kannst, mach mir kein schlechtes Gewissen, sondern lass mich bitte ziehen.
- Quäle mich bitte nicht mit theoretischen oder abstrakten Abhandlungen. Mich interessiert, wozu etwas nützlich ist und wie es funktioniert.
- Hör mir bitte zu und nimm an meinen Gedanken und Gefühlen Anteil. Ich muss mich mitteilen und kann einfach am besten laut nachdenken. Sei dann bitte nicht genervt.
- Sprich mit mir auch über deine Gefühle. Ich möchte wissen, was in dir vorgeht.
- Nimm es mir nicht übel, wenn ich mal wieder ein bisschen chaotisch oder unorganisiert bin. Wenn es drauf ankommt, kannst du dich auf mich verlassen. Vertrau mir!
- Zwinge mich bitte nicht in allzu rigide Strukturen und feste Verpflichtungen. Ich fühle mich unwohl, wenn ich mich zu früh oder zu weitreichend festlegen muss.
- Nimm mich bitte ernst. Auch wenn ich ein Spaßvogel bin, gibt es auch für mich ernste Momente, in denen ich nicht lachen kann.

EKDL: die Krisenminister

E = extravertiert
K = konkret
D = DenkEntscheider
L = locker

EKDL
Krisenminister

Krisenminister führen ein rasantes Leben. Ihr Lebenshunger macht sie aufgeschlossen für (fast) alle neuen Erfahrungen. Sie sind erlebnishungrig, sinnenfreudig und risikobereit. »Living on the fast lane« – Leben auf der Überholspur, dieser Spruch ist auf sie zugeschnitten. Sie bringen sich teilweise ganz bewusst in Gefahrensituationen, sie mögen Nervenkitzel. Stillstand und Langeweile sind hingegen unerträglich für sie und widerfahren ihnen auch äußerst selten. Kurz bevor es zu ruhig werden könnte, provozieren sie instinktiv die nächste Welle.

Krisenminister sind Extremwahrnehmer. Ihre Sinne sind auf Dauerempfang eingestellt. Ohne sich anzustrengen, entgeht ihnen kaum ein Detail in ihrer Umgebung. Sie reagieren auch schnell: In sprungbereiter Wachsamkeit setzen sie zur Tat an. Dabei ist ihre außergewöhnliche Beobachtungsgabe zwar auch durch ein gewisses Misstrauen und Kontrollbedürfnis motiviert, aber in erster Linie durch ihren enormen Erfahrungshunger. Sie genießen und brauchen die vielen Eindrücke, die sie in ihrem exzellenten Detail- und Faktengedächtnis speichern. Sie interessieren sich für alles, was um sie herum und in der Welt vor sich geht. Ihr praktisches Erfahrungswissen ist ihr inneres Navigationssystem, das sie durch die Brandung ihres stürmischen Lebens schleust.

EKDLs setzen die Dinge in Bewegung – sie sind Meister der Tat. Sie verstehen es auch, andere zu überzeugen und mitzureißen. Deswegen eignen sie sich hervorragend, um Projekte anzustoßen und auf den Weg zu bringen. Allerdings liegt ihnen die ermüdende Detailarbeit nicht, die die Phase der Umsetzung erfordert. Dies ist auch der Grund, warum sie – obwohl sie gern selbstständig sind – nicht immer erfolgreich sind. Sie müssten sich zwingen, auch Detail- und Routinearbeiten hinter sich zu bringen oder diese an fähige Mitarbeiter zu delegieren.

EKDLs sind Meister des Augenblicks: Sie kosten jeden Moment mit allem, was er zu bieten hat, aus. Über die längerfristigen Folgen ihres Tuns denken EKDLs zumeist erst dann nach, wenn sie mit ihnen konfrontiert sind. Vorher ist es aus ihrer Sicht reine Zeitverschwendung, sich darüber den Kopf zu zerbrechen, weil man dann den gegenwärtigen Moment verpasst. Sie wissen, wie man es sich gut gehen lässt, lieben häufig gutes Essen und guten Wein, eben alles, womit sie ihre Sinne erfreuen. Krisenminister sind immer da zu finden, wo was los ist. Sie fühlen sich zu Menschen hingezogen (E) und ziehen ihrerseits auch Menschen an, weil sie extrem unterhaltsam sein können: Spätestens wenn sie auf einer Party auftauchen, kommt Schwung in die Bude. Sie reden gern und beziehen Stellung. Ihre Meinung sagen sie klar und deutlich, ohne Umschweife, ohne Weichzeichner. Diese Angewohnheit ist unterhaltend und nervenaufreibend zugleich. Krisenminister sind nicht die Sensibelsten, wenn es um die Gefühle ihrer Mitmenschen geht. Selbst ziemlich dickfellig, sind sie auch nicht zimperlich im Austeilen. Dies ist eine der »Nebenwirkungen«, die man im Umgang mit ihnen auf sich nehmen muss. Viele Menschen nehmen diese jedoch gern in Kauf, weil Krisenminister Witz, Charme und Lebensfreude versprühen. Man könnte sogar behaupten, dass gerade ihre Unmittelbarkeit auf viele Menschen anziehend wirkt und einen gewissen Reiz ausübt.

Krisenminister sind sehr unabhängige Zeitgenossen, die ihre Freiheit wie die Luft zum Atmen brauchen. Sie sind sehr eigensinnig und hassen jegliche Gängelei und Einengung. Zu Vorgesetzten und Autoritäten haben sie ein sehr spezielles Verhältnis. Eigentlich gedeihen sie am besten, wenn sie keinen vor der Nase haben, weswegen viele in der Selbstständigkeit landen.

Sie sind selten gefährdet, in Gefühlen zu versinken, vielmehr behalten sie immer eine kritische Distanz: Sie überprüfen alle relevanten Gegebenheiten einer Situation und tun das, was in dem Moment getan werden muss und wovon sie sich den größten Gewinn versprechen. Es liegt ihnen nicht, lange nachzudenken und zu spekulieren. Sie wollen handeln und ausprobieren, ob und wie es funktioniert. Wenn es schiefgehen sollte, kann man die Strategie immer noch ändern. Mit genau dieser kühlen Berechnung bringen sich EKDLs immer wieder in Extremsituationen und genießen den Nervenkitzel, ob ihre Taktik aufgeht oder nicht. Dies kann in sehr unterschiedlichen Lebensbereichen der Fall sein. Manche EKDLs betreiben Extremsportarten, andere manövrieren beruflich immer wieder am Abgrund entlang und spekulieren mit dem Risiko, entweder alles zu gewinnen oder alles zu verlieren. Wenn sie tatsächlich einmal alles verlieren sollten, ist auch das keine Katastrophe: EKDLs sind Lebenskünstler und Stehaufmännchen – Krisenminister eben. Sie trauern Vergangenem nicht nach, sondern wenden sich neuen Herausforderungen zu.

Arbeit

Krisenminister planen ihre berufliche Karriere meist nicht sehr genau. Oft ergreifen sie die Gelegenheit, die sich ihnen im passenden Moment bietet. Die wichtigsten Kriterien, die ihre Arbeit erfüllen muss, sind: Abwechslung, Herausforderung und Spaß! EKDLs langweilen sich schnell, wenn sie genau wissen, was sie tagtäglich erwartet und sie sicher sein können, dass alles weitgehend reibungslos verlaufen wird. Was anderen ein wohltuendes Gefühl von Sicherheit und Kontrolle vermittelt, ödet EKDLs schnell an.

Am liebsten arbeiten EKDLs als Feuerwehrmänner, nicht nur im eigentlichen, sondern vor allem im übertragenen Sinne: Sie laufen zu Hochform auf, wenn sie unter Druck arbeiten und gezwungen sind, spontan, praktisch und möglichst effektiv zu reagieren. Genau dafür sind sie durch ihr Typenprofil bestens ausgestattet: Sie können Situationen blitzschnell und sehr genau wahrnehmen, mit kühlem Kopf den Handlungsbedarf kalkulieren und diesen pragmatisch, zielgerichtet und rational umsetzen (KID). Zudem sind sie flexibel und spontan genug, ihre Strategie stets aufs Neue anzupassen und zu optimieren (L). Wenn sie in diesen Situationen auch noch freie Hand haben und mit anderen, am besten Gleichgesinnten, zusammenarbeiten können, kann man sicher sein, dass Krisenminister das Beste aus jeder noch so verfahrenen Situation herausholen. Meist haben sie ein gutes Selbstbewusstsein und vertrauen auf ihren gesunden Menschenverstand und ihr praktisches Geschick, wenn sie mit einem Problem konfrontiert sind. EKDLs brauchen sicher nicht täglich den absoluten »Kick« – gegen unternehmerische Risiken und ein bisschen Nervenkitzel haben sie jedoch nichts einzuwenden.

Krisenminister finden sich in allen praktischen Berufen, in denen ein sichtbares Arbeitsergebnis produziert wird. Oft sind sie handwerklich und technisch begabt, wobei ihnen ihre genaue Beobachtungsgabe zugutekommt. Nicht wenige EKDLs haben eine sehr abwechslungsreiche Karriere mit vielen verschiedenen Tätigkeiten hinter sich und landen schließlich in der Selbstständigkeit, sodass sie ihr eigener Chef und maximal unabhängig sind. Sie meiden Berufe, die überwiegend theoretisches, abstraktes Denken und wenig praktische Tätigkeit erfordern.

Als Chefs sind EKDLs pragmatisch und tolerant. Sie lassen ihren Mitarbeitern einen möglichst großen Handlungsspielraum, weil sie wissen, dass unterschiedliche Wege zum Ziel führen. Voraussetzung ist jedoch, dass die Arbeit zu ihrer Zufriedenheit erledigt wird. Ihre Ziele und Vorgaben vermitteln sie ihren Mitarbeitern klar und unmissverständlich, auf lange Verhandlungen über das Für und Wider verschiedener Möglichkeiten lassen sie sich nicht ein. Im Zweifelsfall hilft Ausprobieren statt stundenlanger Diskussionen. Sie wollen, dass die anstehenden Aufgaben möglichst effizient und pragmatisch abgearbeitet werden. Wenn sie mit einer Krisensituation konfrontiert sind, erwarten sie, dass ihre Anweisungen sofort und ohne Widerspruch befolgt werden. Ist das nicht der Fall, können sie ziemlich ungehalten werden.

Liebe und Freundschaft

Krisenminister können sich schnell und häufig verlieben. Den Partner zu erobern, ist für sie eine Herausforderung, die sie immer wieder gern und mit großer Originalität angehen. Bei aller Verliebtheit bleiben EKDLs dennoch ein bisschen rational und überlegen, ob für eine längerfristige Beziehung genügend Gemeinsamkeiten vorhanden sind.

Liebe und Beziehung funktionieren für einen EKDL nur mit der richtigen Mischung aus Freiheit und Bezogenheit. Der EKDL braucht seine Unabhängigkeit und den Freiraum, mehr oder weniger das zu machen, was er will. Er ist genervt, wenn er Rechenschaft ablegen und sich erklären muss. Vor allem männliche EKDLs neigen zu einer gewissen Kompromisslosigkeit, sodass auf Seiten der Partnerin eine gute Anpassungsbereitschaft vonnöten ist. Allerdings gestehen die EKDLs auch ihren Partnern viele Freiräume zu. Beziehung bedeutet für den EKDL zugleich auch Freundschaft. Krisenminister wünschen sich einen Partner, mit dem sie Pferde stehlen können, der ebenso wie sie die Aufregung liebt und bereit ist, ihre Abenteuer mitzumachen. Sie wollen mit ihrem Partner reden, lachen, genießen und einfach Spaß haben. Weniger liegt ihnen die tiefe Auseinandersetzung auf verbaler Ebene, sie möchten die Beziehung mehr im Tun als im Reden erleben.

Manche EKDLs sind bindungsscheu. Feste Beziehungen lösen in ihnen Enge- und Druckgefühle aus. Dies hängt mit ihrem hohen Freiheitsbedürfnis zusammen und mit ungünstigen Kindheitsprägungen. EKDLs, die unter Bindungsangst leiden, mussten sich als Kinder zu stark an die Erwartungen ihrer Eltern anpassen, weswegen sie als Erwachsene jeglichen Erwartungsdruck scheuen. Da eine feste Beziehung jedoch nicht ohne Erwartungen auskommt, fühlen sie sich in einer solchen schnell eingezwängt und brechen aus ihr aus: entweder, indem sie Schluss machen oder indem sie nach Momenten der Nähe immer wieder Distanz herstellen. EKDLs, auf die die letzten Zeilen zutreffen, sollten sich mit dem Thema Bindungsangst beschäftigen, sofern sie etwas hieran verändern möchten.

Der Bekanntenkreis der EKDLs ist zumeist sehr weitläufig, wirklich enge Freunde haben sie jedoch eher wenige. EKDLs halten sich – zu Recht – für sehr stabil und, wenn es darauf ankommt, auch für zuverlässig. Man kann sich jedoch nicht unbedingt auf sie verlassen, wenn es darum geht, pünktlich zur vereinbarten Zeit am richtigen Treffpunkt zu sein. Wenn Not am Mann ist, sind EKDLs jedoch zur Stelle. Gleiches erwarten sie von ihrem Partner und von Freunden. Krisenminister strengt es an, wenn sie jedes Wort auf die Goldwaage legen müssen, aus Angst, ihr Gegenüber zu erschrecken. Sie erwarten, dass ihre Partnerschaft ebenso wie Freundschaften auch Streit und Auseinandersetzungen aushalten. Teilweise provozieren sie sogar den Streit, um wieder etwas Aufregung und Spannung in die Beziehung zu bringen. Sie selbst sind nicht besonders nachtragend und schnell bereit, sich wieder zu versöhnen.

EKDLs sind keine Meister der großen Worte, wenn es darum geht, ihre Zuneigung zu bekunden. Auch in diesem Fall liegt es ihnen mehr zu handeln: Sie überraschen ihren Partner mit Aufmerksamkeiten und Geschenken und können überaus großzügig sein.

Elternschaft

Partnerschaft und Kinder sind für EKDLs häufig sehr wichtig, weil sie in der familiären Vertrautheit ihre Batterien auftanken können. Sie sorgen automatisch dafür, dass es ihren Kindern nie langweilig wird, weil ihnen immer noch etwas Lustiges einfällt, das man ausprobieren könnte. Sie genießen es, ausgelassen mit ihnen zu toben.

Die Erwartungen, die sie an ihre Kinder richten, sind zumeist sehr realistisch. Sie haben selten den Anspruch, dass ihre Kinder ein besonderes Talent entwickeln oder eine besonders erfolgreiche Karriere machen. Ihr Anspruch ist, dass auch ihre Kinder ihre Lebenszeit nutzen und etwas Sinnvolles und Praktisches daraus machen, mit dem sie glücklich sind. Krisenminister lassen ihren Kindern viel Freiraum für ihre persönliche Entwicklung. Sie können allerdings im Erziehungsalltag manchmal auch recht streng sein, weil sie keine langen Diskussionen mögen, und möchten, dass ihre Kinder ihre Anweisungen befolgen. Allerdings wissen Kinder von Krisenministern auch immer, woran sie mit ihren Eltern sind und was diese von ihnen erwarten. Vor allem männliche Krisenminister könnten jedoch manchmal etwas weicher und einfühlsamer mit ihren Kindern umgehen.

Probleme und Entwicklungsmöglichkeiten

Krisenminister leben im Augenblick, den sie mit allen Sinnen in sich aufnehmen und bis zum Letzten auskosten wollen. Dabei kann es ihnen passieren, dass sie so sehr in der sinnlichen Erfahrung des Moments aufgehen, dass sie ihre kritische Urteilsfähigkeit ausblenden und einfach das machen, wozu sie Lust haben. Was einerseits eine Gabe der EKDLs ist, kann andererseits auch dazu führen, dass sie sich damit über die Grenzen anderer sowie über ihre eigenen Grenzen hinwegsetzen und das im Nachhinein bereuen. Normalerweise gelingt es EKDLs gut, ihre Vernunft angeschaltet zu lassen, worauf sie eben auch in solchen Situationen achten sollten.

EKDLs laufen zur Höchstform auf, wenn sie unter Druck geraten, und bringen sich deshalb immer wieder in solche Extremsituationen. Dies fordert ihr Improvisationstalent heraus und sie sind hinterher stolz, die Situation gemeistert zu haben. Je größer der Nervenkitzel, desto »angeschalteter« sind sie. Dabei übersehen sie, dass die anderen, die ebenfalls mit im Boot sitzen, meist mit weniger guten Nerven ausgestattet sind und sich eine größere Sicherheit und mehr Vorausplanung wünschen. Krisenministern fällt es manchmal schwer, ihre eigenen Fähigkeiten realistisch einzuschätzen, sie neigen dazu, sich mehr zuzutrauen, als sie tatsächlich leisten können. Hinzu kommt, dass sie wenig geneigt sind, das »Kleingedruckte« zu lesen, weshalb sie sich bei der Realisierbarkeit ihrer Ideen vertun können, obwohl sie eigentlich einen sehr guten Realitätssinn haben. Weil ihre Kalkulation schon viele Male aufgegangen ist, gehen sie womöglich ein immer größeres Risiko ein, das sie schließlich nicht mehr kontrollieren können. Für sie persönlich ist ein Scheitern meist keine große Katastrophe, oft sind jedoch noch weitere Personen davon betroffen, die nicht so schnell wieder Fuß fassen können. Auf diese Weise kann sich der EKDL in den Ruf bringen, unzuverlässig zu sein. Hier könnte es hilfreich sein, andere Personen in die eigenen Überlegungen miteinzubeziehen und vor allem deren Einschätzung ernst zu nehmen. Das dürfte vielen EKDLs gegen den Strich gehen, sichert ihnen langfristig jedoch einen stabileren Erfolg. Dies ist insbesondere dann zu bedenken, wenn noch weitere Menschen vom Ausgang eines Projekts betroffen sind.

Weil sie den Nervenkitzel so lieben und nichts verpassen wollen, führen EKDLs häufig ein rastloses Leben. Sie tun möglichst viele Dinge gleichzeitig und hetzen manchmal von einer Sache zur anderen – wie ein Feuerwehrmann, um den größten Brandherd zu löschen. Für mehr verbleibt keine Zeit. Dabei entgeht ihnen dann, dass ihr eigentliches Ziel, jeden Moment zu leben und zu genießen, vollkommen auf der Strecke bleibt. Hier gilt es abzuwägen, ob es sich nicht lohnen könnte, ein wenig mehr zu planen und zu organisieren (O). Dann verliefe das Leben zwar ein wenig routinierter (und langweiliger), dafür aber auch deutlich entspannter und genussreicher. Obwohl es EKDLs widerstrebt, würde es ihnen sehr helfen, wenn sie sich Tages- und Wochenpläne machten. Hierdurch könnten sie ihre impulsive Handlungsbereitschaft regulieren und sich Zeit nehmen, Wichtiges von Unwichtigem zu unterscheiden.

Mit ihrer Rastlosigkeit stressen sie nämlich nicht nur sich selbst, sondern auch ihre Umgebung.

Krisenminister sind erfrischend offen und direkt, was sehr amüsant sein kann, allerdings eher dann, wenn man nicht selbst betroffen ist. Zumeist denken EKDLs nicht lange nach, wenn sie etwas stört, sondern schaffen auf direktem Weg Abhilfe, indem sie sich beschweren und kritisieren. Dass sie andere damit verletzen, kommt ihnen zunächst nicht in den Sinn, weil sie selbst ein dickes Fell haben. Manchmal käme es jedoch nicht nur den anderen, sondern auch ihnen selbst zugute, wenn sie ihr extravertiertes Mundwerk ein bisschen zähmen und ihre Kritik etwas taktvoller verpacken würden. Dies fiele ihnen leichter, wenn sie ihr Einfühlungsvermögen trainierten. Hierfür müssten sie sich selbst ein wenig mehr »schwache« Gefühle und Verletzlichkeit gestatten. Weil sie sich selbst kaum Schwächen zugestehen und auch Niederlagen mit erhobenem Haupt hinnehmen, verdrängen sie zu sehr ihre verwundbare Seite. Hierdurch sind sie nicht nur im Umgang mit sich selbst hart, sondern können dies auch mit anderen sein. Es wäre gut, wenn sie schwächeren Gefühlen wie Trauer, Hilflosigkeit oder Angst ein wenig mehr Raum in sich gäben und nicht einfach nur einen Deckel darauf machten. Hierdurch würden sie etwas weicher und ihre Beziehungen harmonischer werden.

Persönliche Gebrauchsanweisung

- Lass mir bitte meinen Freiraum! Ich brauche eine gewisse Unabhängigkeit und die Zeit und Muße, einfach mal mein Ding zu machen. Ich lasse dich auch gern daran teilhaben, aber ich möchte selbst entscheiden, wann und in welchem Umfang. Vertrau mir!
- Zwing mir bitte nicht zu viele Termine und Verpflichtungen auf! Und erwarte bitte nicht, dass ich mich zu früh festlege! Je mehr du mich drängst, desto widerspenstiger werde ich.

- Störe dich nicht an meinem Chaos, Hauptsache ich habe den Überblick. Lass auch du mal »fünf gerade sein«.
- Sei spontan! Genieße den Augenblick mit mir! Lass auch mal was liegen und mach eine verrückte Idee von mir mit. Oder, noch besser, überrasche du mich mit einer spontanen Unternehmung.
- Sag bitte nicht gleich Nein zu allen neuen Ideen, die ich habe. Hör sie dir erst mal zu Ende an oder probiere sie mit mir zusammen aus. Bedenke, dass es immer verschiedene Wege gibt, um ans Ziel zu kommen.
- Geh mit mir aus und unter Leute! Ich brauche diese sozialen Aktivitäten wie die Luft zum Atmen und am liebsten ist es mir, wenn du dabei bist! Wenn du keine Lust hast, sei nicht gekränkt, wenn ich alleine gehe.
- Schätze den ganzen Zauber, die Aufregung und den Spaß, den ich in unser Leben bringe.
- Geh Auseinandersetzungen nicht aus dem Weg! Sei offen und direkt, wenn dich etwas stört. Mich haut so leicht nichts um und ich bin auch nicht nachtragend.
- Erzähl mir von dir! Ich möchte wissen, was in deinem Leben passiert, und daran teilhaben.
- Lass dich bitte durch meine Kritik nicht verletzen. Ich bin einfach nicht der Einfühlsamste und meine es gar nicht böse. Ich will dir nur helfen, indem ich dich auf Fehler aufmerksam mache.

IKDL: die Freiheitsminister

I = introvertiert
K = konkret
D = DenkEntscheider
L = locker

IKDL
Freiheitsminister

Freiheitsminister sind Verstandesmenschen, die so schnell nichts umhaut. Wie ihr Titel schon verrät, lieben sie ihre persönliche Unabhängigkeit. Auf Einengung, noch schlimmer auf Bevormundung, reagieren sie geradezu allergisch. Freiheitsminister machen gern »ihr Ding«. Einmischungen akzeptieren sie nur, wenn es sein muss, und auch dann nur sehr widerwillig. IKDLs möchten tun, was sie wollen, wie sie es wollen und wann sie es wollen. Da sie jedoch introvertiert sind, machen sie nicht viel Aufhebens um ihr Tun. Wenn sie sich zu viel gegängelt fühlen, reagieren sie eher mit passivem Widerstand, als dass sie die offene Auseinandersetzung suchen würden.

IKDLs folgen gern ihren spontanen Launen, wobei sie Tätigkeiten bevorzugen, die ihr logisch-praktisches Geschick herausfordern. Alles andere bringen sie mit möglichst wenig Aufwand hinter sich. Wie alle KLs sind sie »Macher« und keine Theoretiker. Sie haben eine tief sitzende Abneigung gegen Hierarchien, Gesetze und Regeln, sofern sie diesen nicht innerlich zustimmen können. IKDLs müssen ihren eigenen Vorstellungen folgen, sie reagieren geradezu allergisch auf überflüssige Anweisungen. Allerdings begegnen sie solchen nicht durch aktiven Widerstand, sondern indem sie sie einfach ignorieren.

Werkzeuge üben vor allem auf die männlichen Vertreter unter ihnen (aber auch auf die meisten weiblichen) eine geradezu magische Anziehungskraft aus. Dies hängt mit ihrem hohen Bestreben nach Wirksamkeit zusammen: Das Werkzeug ist der verlängerte Hebel der Handlung, und Freiheitsminister lieben es zu handeln. Im Umgang mit Werkzeugen und Maschinen, sei es ein Skalpell, ein Bohrer oder ein Flugzeug, können sie es zur Meisterschaft bringen. Sie sind äußerst geschickt und präzise. Lange Gespräche, seien sie theoretischer oder persönlicher Natur, liegen ihnen hingegen weitaus weniger.

Bezeichnend für sie ist ihre pragmatische Art, Entscheidungen zu fällen. Sie verfügen in ihren Bereichen über ein sehr gutes Faktenwissen, das die Grundlage ihrer Entscheidungen bildet. Da sie wenig geneigt sind, in Gefühlen zu ertrinken, bewahren sie (fast) immer einen gewissen rationalen Abstand, der sie die Situation sachlich analysieren lässt. Sie haben ein ausgeklügeltes System an logischen Prinzipien verinnerlicht, das ständig durch neue Fakten erweitert wird. Die logischen Prinzipien und ihr Faktenwissen sind die Grundlage ihrer Entscheidungen und Handlungen. Wenn sie vor einem Problem stehen, treten sie innerlich einen Schritt zurück und analysieren die Situation rational. Die Entscheidung, die sie dann treffen, beruht auf einer nüchternen Abwägung der zu erwartenden Gewinne und Verluste. Für andere ist die logische Welt der IKDLs nur wenig einsehbar, weil sie kaum darüber sprechen.

Obwohl sie sowohl zur Unordnung neigen als auch in ihrer Zeitplanung etwas chaotisch sind, ist ihr inneres logisches Faktensystem sehr gut sortiert. Das heißt, sie haben innerlich oft mehr Plan, als man es ihnen äußerlich zutrauen würde. Ihr Fakten- und Erfahrungswissen navigiert sie sicher durchs Leben.

Da sie zumeist einen kühlen Kopf behalten, bewähren sie sich besonders gut in Krisensituationen, weswegen Berufe, die schnelles Entscheiden und Handeln erfordern, für sie besonders attraktiv sind. Aus der Haut fahren sie eigentlich nur, wenn ihre Prinzipien verletzt werden, deren Grundlage die Werte »Freiheit und Gerechtigkeit« bilden. Da sie ansonsten emotional schwer aus der Reserve zu locken sind, überraschen sie ihre Mitmenschen in solchen Fällen mit heftigen Gefühlsausbrüchen.

IKDLs sind Meister darin, sachliche, insbesondere technische Probleme zu lösen. Im zwischenmenschlichen Miteinander können sie hingegen etwas grob wirken, weil ihnen die Antennen für die – aus ihrer Sicht – unlogischen, rein gefühlsmäßigen Schwingungen ihrer Mitmenschen oft fehlen. Häufig sind sie erstaunt, wenn andere sich durch ihre sachliche Kritik persönlich gekränkt fühlen. Solange es jedoch nicht zu emotional, das heißt aus ihrer Sicht zu »irrational« wird, sind sie umgänglich und freundlich. Allerdings gehört Einfühlungsvermögen nicht zu ihren Stärken, und sie legen hierauf in der Regel auch nicht so viel Wert.

Weiterhin kennzeichnend für IKDLs ist ihre sinnliche Wahrnehmung. Sie suchen (unbewusst) ihre äußere Umgebung permanent nach neuen Fakten ab, die sie dann in ihr Logiksystem einbauen. Sie nehmen sehr kritisch wahr und werden schnell auf Widersprüche aufmerksam, auch wenn diese sich in kleineren Details verstecken.

Freiheitsminister können in Bereichen, die sie interessieren, zu überragenden Experten und einem personifizierten Nachschlagewerk werden. Hierbei helfen ihnen ihre gute Detailwahrnehmung und ihre Fähigkeit, alle gesammelten Fakten logisch und zusammenhängend in ihrem Gedächtnis abzuspeichern (K/D). Auch wenn sie äußerlich etwas chaotisch sein können (L), ist ihre innere Struktur – ihre Logik und ihr Faktenwissen – extrem gut organisiert.

IKDLs sind Pragmatiker, die das Leben nehmen, wie es kommt. Sie legen sich ungern fest. Am liebsten entscheiden sie spontan, weil sie sich so am längsten alle möglichen Alternativen offenhalten können. Ihre introvertierte Art lässt IKDLs äußerlich ruhiger wirken, als sie sich innerlich fühlen. Ihre impulsive Handlungsbereitschaft treibt sie eher zur Tat als zu langen Gesprächen. Sie sind Lebemenschen. Wann immer es ihnen möglich ist, geben sie ihren spontanen Launen nach und tun, worauf sie Lust haben. Hierbei fordern sie auch gern Risiken heraus – ein bisschen Nervenkitzel ist ihnen durchaus willkommen. Sie stecken voller Tatendrang, fordern gern mal das Schicksal heraus und setzen auf ihr Glück. Sie brauchen täglich Spannung – am liebsten in Form schneller Bewegungsabläufe. Eiserne Disziplin, um langfristige Ziele zu erreichen, ist nicht ihre größte Stärke. Ihre nach außen gerichtete konkrete Wahrnehmung (K) in Verbindung mit ihrer offenen Einstellung zur Welt (L) lässt die IKDLs nach immer neuen, teilweise extremen Erfahrungen suchen. Durch ihre Fähigkeit, vollständig im Augenblick zu leben, verströmen sie Energie und Lebendigkeit.

Arbeit

Den größten Erfolg werden Freiheitsminister in technischen und handwerklichen Berufen haben, während sie der soziale Bereich sehr viel weniger anzieht (K/D). Sie hantieren gern mit Werkzeugen, sei es als Chirurg oder Zimmermann. Ihr sachlich-praktischer Verstand lässt sie Arbeiten bevorzugen, die einem handfesten Nutzen dienen oder logische Problemlösungen erfordern. Sie schrecken aufgrund ihrer sinnlichen Wahrnehmung nicht vor Detailarbeiten zurück, häufig sind sie leidenschaftliche Tüftler. Wenn es sein muss, tüfteln sie stunden- oder tagelang eine Lösung aus, bis das Problem geknackt ist. Probleme sind Herausforderungen, für die IKDLs dankbar sind, weil sie Abwechslung in ihren Berufsalltag bringen. Zu viel Routine langweilt sie.

Sie sind gute Krisenmanager, weil sie einen kühlen Kopf bewahren, auch wenn es heiß hergeht. In allem, was sie tun, richten sie sich nach dem praktischen Nutzen. Nur aus theoretischem Erkenntnisgewinn werden sie sich kaum einer Sache hingeben, denn wenn IKDLs etwas lernen, dann wollen sie auch wissen, wozu es gut ist. Sie sind Menschen der Tat und des Augenblicks. Ein Resultat in weiter Ferne, das von ihrer eigentlichen Tätigkeit entkoppelt ist, motiviert sie kaum.

Freiheitsminister schätzen Arbeitsbedingungen, in denen sie möglichst spontan und frei von äußeren Zwängen Entscheidungen treffen können. Von starren Hierarchien fühlen sie sich eingeengt.

Sie sind durch Kompetenz zu beeindrucken und nicht durch Status. Deshalb flößen ihnen Autoritäten auch keinen besonderen Respekt ein.

Sind IKDLs in einer Leitungsposition, ist ihr Führungsstil freiheitlich. Sie lassen ihren Mitarbeitern die nötigen Informationen zukommen, machen jedoch keine Vorschriften, wie die Arbeit erledigt werden soll. Sie wissen selbst, dass mehrere Wege zum Ziel führen. Außerdem kommt es ihnen entgegen, wenn sie möglichst wenig organisieren müssen. Diese Freiheit genießen ihre Untergebenen jedoch nur, solange das Ergebnis stimmt. Wenn sie mit den Leistungen ihrer Mitarbeiter unzufrieden sind, scheuen sie keine Konfrontation. Sie legen offen, was sie stört und was sie erwarten. IKDLs übernehmen gern Führungspositionen. Sie scheuen keine Verantwortung und wissen die Entscheidungsbefugnisse ebenso wie den finanziellen Verdienst sehr zu schätzen.

Liebe und Freundschaft

Freiheitsminister pflegen eher einen kleinen und ausgewählten Freundeskreis, der jedoch sehr beständig ist. Sie fühlen sich ihren Freunden oft über ein gemeinsames Hobby und gemeinsame Interessen verbunden. Weniger geneigt sind sie hingegen, stundenlange Gespräche über Beziehungen und Gefühlsangelegenheiten zu führen. Ihre freundschaftliche Verbundenheit erwächst für sie aus gemeinsamen Erfahrungen. Nach außen zeigen sie diese durch kleine Aufmerksamkeiten, mit denen sie ihre Freunde überraschen.

Gleiches gilt für ihre Liebesbeziehungen: Freiheitsminister sprechen über ihre Gefühle, wenn es sich nicht vermeiden lässt. Sie sind der Meinung, dass die gemeinsamen Erfahrungen für sich sprechen und man diese nicht »zerreden« sollte. Genauso unangenehm ist es ihnen, wenn ihr Partner ihnen seine Liebe gesteht. In ihrem Verhaltensrepertoire fehlt für diesen Fall einfach die passende Reaktion. Sind sie verliebt, sind IKDLs sehr aufmerksam und achten auf die

Vorlieben und Wünsche ihres Partners. Sie überraschen mit liebevollen Kleinigkeiten. So zeigen sie ihre Zuneigung, anstatt sie in Worte zu fassen.

IKDLs sind sehr freiheitsliebend, auch in ihren Liebesbeziehungen. Sie fühlen sich schnell eingeengt, wenn ihnen zu wenig Zeit für sich bleibt. Dann treten sie einen stillen Rückzug an, bis sie sich innerlich regeneriert haben und ihr Nähebedürfnis wieder erwacht. Ihrerseits sind sie tolerant und haben Verständnis, wenn ihr Partner ebenfalls persönlichen Freiraum benötigt.

IKDLs lieben mit ihrem Herzen und mit ihrem Kopf. Auch wenn sie sich heftig verliebt haben, bleiben sie Realisten. Sie analysieren, ob ihr Partner zu ihnen passt und blenden auch die problematischen Anteile der Beziehung nicht aus. Deswegen sind sie auch bodenständig genug, eine Beziehung zu beenden, wenn die Nachteile für sie überwiegen. Sie haben keine Probleme, ihre Unabhängigkeit zu bewahren. Das Problem besteht eher darin, dass sie die Abhängigkeit scheuen. Sie lassen sich nur langsam auf eine Beziehung ein und halten sich am Anfang immer noch ein Hintertürchen offen, aus dem sie notfalls wieder in die Freiheit entfliehen können. Freiheitsminister sind aufgrund ihrer Veranlagung besonders prädestiniert für Bindungsangst. Wer einen bindungsscheuen IKDL für sich gewinnen möchte, sollte ihn auf keinen Fall mit Gefühlsausbrüchen und »Szenen« verschrecken. Es braucht viel Geduld, Verständnis und eine ruhige, liebevolle Aufmerksamkeit, damit er oder sie »zutraulicher« wird. Allerdings liegt die Lösung des Problems auch nicht unbedingt in der Hand des Partners. Freiheitsminister, die sich selbst als bindungsängstlich einstufen oder die meinen, sie hätten nur noch nicht den oder die Richtige gefunden (eine häufige Aussage von Bindungsängstlichen), sollten sich dieser Thematik widmen. Bindungsangst kann man nämlich mithilfe von Ratgeberliteratur oder professioneller Hilfe abbauen.

Elternschaft

Freiheitsminister erlegen ihren Kindern wenig Regeln und äußere Zwänge auf. Sie sind tolerant und locker, solange sie sich innerhalb gewisser Grenzen bewegen. Ihre Haltung ist jedoch keinesfalls gleichgültig, sondern gewährend. Sie haben kein festgelegtes Ziel für die Entwicklung ihrer Kinder vor Augen. Auch in der Kindererziehung liegt es den IKDLs fern, langfristige Pläne zu schmieden (L), sie reagieren spontan und flexibel auf die Erfordernisse der jeweiligen Situation. Ihr einziges Anliegen ist, dass ihre Kinder glücklich sind und etwas Sinnvolles aus ihrem Leben machen. Welchen Weg sie einschlagen, überlassen sie deren Interessen und Begabungen.

Der große Vorteil für die Kinder liegt darin, dass sie sich erproben und frei entwickeln können. Allerdings besteht die Gefahr, dass IKDLs ihren Kindern zu wenig Führung und gezielte Förderung zukommen lassen. Manchmal fühlen diese sich durch zu viel Freiheit überfordert – sie können zwar selbstbestimmt, aber letztlich auch ein wenig einsam ihre Entscheidungen treffen.

IKDL-Eltern sind gute Ratgeber, wenn es darum geht, ein praktisches Problem zu lösen oder Wissen zu vermitteln (KL). In die emotionalen Probleme ihrer Kinder können sie sich jedoch nicht immer gut einfühlen, sodass diese sich manchmal von ihren kopflastigen IKDL-Eltern zu wenig verstanden fühlen.

Probleme und Entwicklungsmöglichkeiten

Freiheitsminister lieben ihre Freiheit. Die große Chance ihrer Unabhängigkeit liegt darin, dass sie extrem flexibel sind. Zum Problem wird ihre Unabhängigkeit jedoch, wenn sie sich auf keinerlei Verbindlichkeiten einlassen können, sei es beruflich oder privat. Insbesondere in Liebesbeziehungen ist es für ihre Partner verunsichernd und kränkend, wenn der IKDL seine Freiheit mehr als die Verbindlichkeit liebt. Hier kann leicht ein Teufelskreis entstehen: Je mehr sich IKDLs unter Druck gesetzt fühlen, sich festlegen zu müssen, desto mehr entziehen sie sich und flüchten in ihre Unabhängigkeit, was wiederum den Druck von außen verstärkt. Sie sollten ihr übergroßes Freiheitsbedürfnis reflektieren und sich vor Augen halten, dass sie innerhalb einer Beziehung auch für freie Entscheidungen sorgen können und deshalb nicht die ganze Beziehung über Bord werfen müssen. Dafür müssten sie jedoch das tun, was ihnen wenig liegt: nämlich, den Mund aufmachen und reden. Sie dürfen von ihren Partnern nicht erwarten, dass diese ihre Gedanken lesen können. Sie sollten sich überwinden und über ihre Wünsche und Bedürfnisse in der Beziehung sprechen. Indem sie für ihre Interessen eintreten, verschaffen sie sich einen gesunden Freiraum innerhalb der Beziehung. Außerdem könnten ihre Partner besser mit ihrem Bedürfnis nach Zurückgezogenheit umgehen, wenn sie wüssten, dass diese der Introversion des IKDL geschuldet ist und nicht einem Mangel an Zuneigung.

IKDLs sind durch und durch Menschen der Tat. Die Schattenseite ist, dass sie mit dem Thema Selbstreflexion nicht viel am Hut haben. Es täte ihnen und ihren Beziehungen jedoch gut, wenn sie ihre Gefühle und inneren Motive tiefer ergründen würden. Hierfür müssten sie einen besseren Draht zu ihren Gefühlen bekommen. Vor allem schwache Gefühle wie Trauer, Hilflosigkeit oder Angst verdrängen sie gern. Deswegen können sie diese Empfindungen auch bei anderen Menschen wenig nachvollziehen. Das macht sie in manchen Situationen etwas grob und unsensibel. Sie sollten einfach mehr auf diese Gefühle achten und sie auch innerlich ergründen. Wie fühle ich mich jetzt? Warum fühle ich mich so? Durch dieses achtsame Spüren und Reflektieren lernen sie sich selbst besser kennen und hätten dann auch mehr Zugang zu den Gefühlen ihrer Mitmenschen. Diese Übung in Empathie könnte auch dazu führen, dass sie ihre Kritik mit etwas mehr Fingerspitzengefühl anbringen. Zwar äußern sie nur einen Bruchteil ihrer Beanstandungen, wenn sie es jedoch tun, fallen sie oft mit der Tür ins Haus. Sie machen nicht viele Umschweife, sondern sagen kurz und bündig, was sie stört. Für sie geht es um die Sache, und ihre Absicht ist konstruktiv. Sie ziehen jedoch den Fehlschluss, dass alle anderen Menschen einen ebenso objektiven Abstand einnehmen können wie sie selbst. Dann sind sie überrascht, wenn diese durch ihre sachliche Kritik persönlich gekränkt sind. Es wäre hilfreich, wenn sie etwas feinere Antennen für die Gefühle und Stimmungen ihres Gegenübers entwickelten. So könnten sie sich vornehmen, auf die Gefühle ihrer Mitmenschen einfach mehr zu achten als es ihrem natürlichen Impuls entspricht. Das könnte dazu führen, dass sie ihre Kritik taktvoller anbringen – hierdurch würden sie sicherlich auf offenere Ohren stoßen.

Eine weitere Baustelle der IKDLs ist ihre Neigung zu Chaos in ihrer direkten Umgebung und ihrer Zeitplanung. Aufgrund ihres Tatendrangs und ihrer Getriebenheit nehmen sie sich oft zu viel vor und unterschätzen den Zeitaufwand. Hierdurch verspäten sie sich häufig und verpassen auch die ein oder andere Deadline. Sie machen sich durch ihr schlechtes Zeitmanagement mehr Stress als nötig. Es könnte ihnen sehr helfen, wenn sie sich nötigten, Tages- und Wochenpläne aufzustellen. Hierdurch würden sie weniger spontan und impulsiv handeln, sondern müssten über den Zeitaufwand vorher nachdenken, was zu einer realistischeren Planung führt. Außerdem sollten IKDLs sich grundsätzlich eine kleine Überlegungsfrist einbauen, bevor sie jemandem für ein Projekt oder eine Unternehmung zusagen. Denn vor allem ihre Neigung, auf fünf Hochzeiten gleichzeitig zu tanzen, bringt sie immer wieder in die Bredouille. In ihre Tages- und Wochenpläne sollten sie auch Zeit einplanen, um ihre Wohn- und Arbeitsumgebung in Ordnung zu halten. Die Unordnung nervt nämlich nicht nur sie selbst, sondern auch ihre Mitmenschen.

Persönliche Gebrauchsanweisung

- Bitte lass mir genügend Zeit und Raum für mich! Ich brauche meine Unabhängigkeit, ansonsten entwickle ich Fluchtimpulse.
- Es gefällt mir, wenn du dich für mich und meine Gedanken interessierst, aber dräng mich bitte nicht, zu schnell zu viel erzählen zu müssen. Manchmal tut es mir einfach gut, mit mir allein sein zu dürfen. Du kannst dir sicher sein, dass ich dich gern an allem, was mir wichtig ist, teilhaben lassen möchte. Aber es liegt einfach in meiner Natur, dass ich dazu ein bisschen Zeit brauche – das hat nichts mit dir zu tun.
- Akzeptiere bitte, wenn ich einfach mal still und in mich versunken bin. Das bedeutet nicht, dass ich in diesem Moment deine Anwesenheit nicht genieße.
- Es fällt mir schwer, über Gefühle zu sprechen! Habe bitte bei emotionalen Themen etwas Geduld mit mir.
- Quäle mich bitte nicht mit theoretischen Abhandlungen. Mich interessiert vielmehr, wozu etwas nützlich ist und wie man es praktisch anwenden kann.
- Kontrolliere mich bitte nicht! Versuche nicht, mich in einen rigiden Zeitplan oder, noch schlimmer, einen Lebensplan zu pressen.
- Ich bin ein Tüftler! Wenn etwas mein Interesse geweckt hat, kann ich erst davon lassen, wenn es funktioniert. Bitte lass mir die Zeit hierfür.
- Teile mir bitte klar und deutlich deine Bedürfnisse mit! Ich bin nicht gut darin zu erraten, was in dir vorgeht. Nur wenn du offen mit mir sprichst, kann ich auf dich eingehen.
- Reagiere bitte nicht zu empfindlich auf meine Kritik! Ich möchte dich sicher nicht verletzen, im Gegenteil, ich will dich damit unterstützen, auch wenn ich Kritik vielleicht zu hart formuliere.

- Erkenne bitte an, dass ich durch meinen Tatendrang und meine Fähigkeit, den Moment zu genießen, auch viel Schwung in unsere Beziehung bringe.

Kleine Gebrauchsanweisung für das Miteinander

Sie haben Ihre Gebrauchsanweisung gelesen, möglicherweise auch die Ihres Partners und die von Familienmitgliedern oder Freunden. Ich hoffe, Sie haben viel von sich in den Typenbeschreibungen wiedererkannt, vielleicht haben Sie auch einige neue Erkenntnisse über sich gewonnen.

Ich habe die Erfahrung gemacht, dass man Seiten an sich erkennt, die man bisher zwar erahnte, die einem durch das Lesen der Typenbeschreibung aber erst so richtig bewusst werden. Diesen Effekt, ich nenne ihn »Scheinwerfer-Effekt«, habe ich auch bei vielen anderen Menschen beobachtet, die ihr Persönlichkeitsprofil zum ersten Mal gelesen haben. Es ist schließlich ganz normal, dass wir uns vieler Eigenschaften, die einen Teil unserer Persönlichkeit ausmachen und steuern, selbst gar nicht so bewusst sind. Vielmehr läuft das meiste automatisch, also unbewusst, ab, zumal es uns, weil so vertraut, auch so selbstverständlich erscheint.

Selbsterkenntnis ist nicht nur wertvoll, um mehr darüber zu erfahren, wer man ist, sondern auch, um etwas darüber zu erfahren, wer man nicht ist. Denn die Eigenschaften, Verhaltensmuster und Denkweisen, die uns von anderen unterscheiden, sind jene, die Akzeptanz, Toleranz und Verständnis erfordern. Die Persönlichkeitsmuster, die Menschen voneinander unterscheiden und somit auch voneinander trennen, sind jene, die Brücken der Kommunikation brauchen, um Verständnis und somit Verbindung zu schaffen. Wenn Sie die Typenprofile von zwei gegensätzlichen Typen vergleichen, beispielsweise das des EAFL (Ideenminister) und des IKDO (Präzisionsminister), wird deutlich, in welch unterschiedlichen Welten diese leben – wie viel sie voneinander trennt. IKDOs sind Realisten, die zweckmäßig und rational an eine Situation herangehen, EAFLs sind Idealisten, die sich den Dingen und Menschen enthusiastisch und emotional zuwenden. Was mag der eine vom anderen halten? Der Ideenminister findet den Präzisionsminister wahrscheinlich engstirnig und verschlossen und der Präzisionsminister den Ideenminister laut und crazy. Diese beiden Typen, weil so gegensätzlich, würden sich wahrscheinlich gegenseitig als ihre »Anti-Typen« bezeichnen.

Tatsächlich ist es auch so, dass Typen mit sehr unterschiedlichen Profilen selten miteinander Freundschaft schließen. Es kann passieren, dass sie in so einer Partnerschaft landen, denn Gegensätze ziehen sich bekanntlich an, was bei Freundschaften seltener der Fall ist. Freunde sucht man sich meistens nach Gemeinsamkeiten und Ähnlichkeiten aus. Man könnte auch sagen, dass der Mensch in der Auswahl seiner Freunde schlauer ist als in der Auswahl seiner Partner. Denn alle psychologischen Untersuchungen zu dem Thema, ob »Gleich und Gleich« oder »Gegensätze« sich besser verstehen, zeigen, dass »Gleich und Gleich« es wesentlich leichter miteinander haben.

Die meisten glücklichen Partnerschaften werden von zwei Menschen eingegangen, die zwei oder mehr gemeinsame Buchstaben in ihrem Profil haben. Wenn Menschen mit sehr unterschiedlichen Profilen freiwillig (zum Beispiel in der Partnerschaft) oder unfreiwillig (am Arbeitsplatz) miteinander zu tun haben, ist sehr viel Toleranz und Verständnis für die Andersartigkeit des Gegenübers erforderlich. Hierin liegt ein besonderes Verdienst der Typenlehre: Sie kann genau jene Brücken bauen, die notwendig sind, um zwischen zwei Menschen Verständnis zu schaffen, die eigentlich sehr verschieden sind. Dies gilt natürlich nicht nur für Personen mit sehr unterschiedlichen Profilen, sondern auch für jene, die sich nur auf einer Dimension unterscheiden. So kann schon allein die Differenz auf einer Dimension zu viel Konfliktstoff führen, wie beispielsweise die sehr unterschiedlichen Kontaktbedürfnisse von Extra- und Introvertierten oder die sehr unterschiedlichen Planungs- und Ordnungsbedürfnisse von Organisierten und Lockeren. Der erste Schritt zu Verständnis und Toleranz ist die Erkenntnis, dass es diese

Unterschiede überhaupt gibt und dass man sie sich nicht ausgesucht, sondern dass man sie mit auf den Weg bekommen hat.

Eine Partnerschaft mit einem sehr unterschiedlichen Typ kann langfristig nur gelingen, wenn man bereit und in der Lage ist, die Andersartigkeit des Anderen auch wirklich zu respektieren. Denn allzu oft passiert es, dass man das Anderssein seines Lebensgefährten anfangs anziehend und sexy findet, es auf Dauer jedoch die Quelle für Stress und Streit ist. Im Beziehungsalltag kann der Intro seine extravertierte Frau nervig und anstrengend finden, obwohl ihn in der ersten Verliebtheit gerade ihre Lebendigkeit sehr angezogen hat. Fand der Organisierte das Laissez-faire des Lockeren anfangs faszinierend, so nerven ihn die Unordnung und das häufige Zuspätkommen im Beziehungsalltag. Die FühlEntscheider-Frau, die auf ihren DenkEntscheider-Mann stand, weil er so unabhängig und cool war, erlebt ihn auf die Dauer als hart und unsensibel usw. Dann fängt in der Regel die Phase der Machtkämpfe an: Der eine möchte den anderen umerziehen und nach seinem Ebenbild formen. Das geht eigentlich nie gut. Eine Beziehung zwischen zwei sehr unterschiedlichen Typen kann nur gelingen, wenn man sich auf die Stärken und nicht auf die Defizite seines Partners fokussiert. So hat jeder »Minister« seine eigenen Talente und Vorzüge, aber eben auch seine Schattenseiten. An den Schattenseiten kann jedoch nur der entsprechende Mensch selbst arbeiten – nicht sein Partner. Dieser kann den anderen nur so annehmen, wie er ist, und das gelingt am besten, wenn man sich auf dessen Stärken konzentriert. Der einzige Mensch nämlich, auf den wir wirklich Einfluss nehmen können, sind wir selbst. Das beste Rezept für eine glückliche Partnerschaft ist also, dass man an seinen eigenen Schwächen arbeitet und die Stärken seines Partners in den Lichtkegel seiner Wahrnehmung rückt.

Wenn Sie also einen Partner haben, der Ihrem Typenprofil recht entgegengesetzt ist, dann manchen Sie sich bitte die Stärken seines Profils bewusst und blicken liebevoll auf seine Schwächen. Eine Klientin von mir, Planungsministerin (EKDO), war mit einem Theorieminister (IADL) verheiratet. Seine Schusseligkeit und Weltfremdheit in organisatorischen Dingen machten sie wahnsinnig. Nicht zuletzt, weil Planung und Organisation zu ihren großen Stärken zählten und ihr mithin das Verständnis für seine Art fehlte. Ich fragte sie dann, was sie an ihm mögen würde, und sie antwortete: »Seine unglaubliche Bildung und die Art und Weise, wie er mir die Welt erklärt!« Daraufhin fragte ich sie, ob sie nicht einfach seine Defizite an Struktur ausgleichen könnte, anstatt sich darüber aufzuregen, und auf seine Stärken achten könnte. Man konnte ihr ansehen, wie sehr sie allein dieser Gedanke entspannte. Anstatt ihn erfolglos umzuerziehen, glich sie fortan seine planerischen Defizite so gut es ging aus und gab es auch auf, sich mit ihm über Haushaltsfragen zu streiten. Stattdessen war sie dankbar, dass er alle technischen Geräte und Computer im Haus stets auf dem neuesten Stand hielt und ihr Leben mit seiner großen Allgemeinbildung bereicherte. Allein dadurch, dass meine Klientin ihre innere Haltung zu ihrem Mann verändert hatte, verbesserte sich ihre Beziehungsqualität erheblich. Es gab viel weniger Streit, dafür mehr Wohlwollen, was sich extrem positiv auf beider Stimmung auswirkte. Und – oh Wunder – durch die gute Stimmung und die neue Wertschätzung, die ihr Mann erfuhr, bemühte er sich auf einmal freiwillig um mehr Ordnung und Organisation.

Meiner Erfahrung nach ergeben sich die meisten Probleme zwischen Menschen auf der Dimension der Denk- bzw. FühlEntscheidung. FühlEntscheider fühlen sich von DenkEntscheidern oft unverstanden und zu hart kritisiert, während DenkEntscheider die FühlEntscheider als zu empfindlich und irrational wahrnehmen. Auf dieser Dimension kommt verschärfend hinzu, dass der Geschlechterkampf auf ihr tobt. So sind zwei Drittel der FühlEntscheider Frauen, die sich »klassischerweise« von ihrem rationalen Denk Entscheider-Mann häufig missverstanden fühlen. Nach meiner Erfahrung kann man, wenn man sich diesen Unterschied bewusst macht, viel besser miteinander klarkommen. Die FühlEntscheider, männliche wie weibliche, können sich bewusst machen, dass es dem DenkEntscheider von Natur aus schwerfällt, sich in andere Menschen einzufühlen, er aber auf der sachlichen Ebene große Hilfe leisten kann. Der DenkEntscheider kann umgekehrt von den guten sozialen Fähigkeiten des FühlEntscheiders profitieren. Außerdem können sich beide weiterentwickeln, indem sie ihre andere Seite trainieren. Der DenkEntscheider kann sich also in Feinfühligkeit und Taktgefühl üben und der FühlEntscheider geht öfter mal auf Distanz zu seinen Gefühlen, indem er die Beobachterperspektive einnimmt und sein Problem von außen betrachtet. Entsprechend kann man auch mit Unterschieden auf den anderen Dimensionen verfahren. Der Abstrakte kann üben, seine Wahrnehmung in der äußeren Welt zu halten und ganz genau hinzugucken. Der Konkrete kann seinen Blick immer wieder auf »Weitwinkel« stellen und das große Ganze betrachten. Intros gehen mehr aus sich heraus, während Extras aufmerksam zuhören. Die Lockeren nötigen sich zu mehr Struktur und Ordnung und die Organisierten lockern ihr Kontrollbedürfnis und üben sich im Gottvertrauen.

Wichtig ist, dass wir alle Präferenzen und Fähigkeiten benötigen, auch wenn jeder Typ eindeutige Stärken (und entsprechende Schwächen) aufweist. Wie ich bereits erwähnte, habe ich mich für die »Minister«-Bezeichnungen entschieden, weil sie spielerisch darauf hinweisen, dass unsere Gesellschaft jeden Typ benötigt, um gut zu funktionieren. Jeder Typ hat seine ganz eigenen Talente und Vorzüge. Jeder hat seinen Platz und seinen Sinn in unserer Gemeinschaft. Die Evolution hat es so gewollt, dass es uns alle gibt.

Wenn das Buch Ihnen dabei geholfen hat, Ihre Stärken und jenen Ihrer Mitmenschen mehr wertzuschätzen und Ihren Schwächen und jenen Ihrer Mitmenschen mit mehr Wohlwollen zu begegnen, dann würde mich das sehr freuen! Als Beziehungsministerin (EAFO) arbeite ich schließlich immer daran, die Welt ein kleines Stückchen besser zu machen!

Literatur zum Thema

Baron, R., *What Type Am I? Discover who you really are*, 1998.

Bents, R., Blank, R., *M.B.T.I. Eine dynamische Persönlichkeitstypologie*, 1992.

Berens, L. V., Nardi, D., *The 16 Personality Types, Description for Self-Discovery*, 1998.

Berens, L. et al., *Quick Guide to the 16 Personality Types, Understanding Personality Differences in the Workplace*, 2002.

Briggs Myers, I. et al., *An Introduction to Type. A Guide to Understanding your Results on the Myers-Briggs Type Indicator: European English Version*, 2000.

Briggs Myers, I., *Gifts differing: Unterstanding Personality Type*, 1995.

Hirsh, S., Kummerow, J., *Introduction to Type in Organizational Settings*, 1987.

Jung, C. G., *Typologie*, 2001.

Keirsey, D., Portraits of Temperament, *1998.*

Keirsey, D. und Bates, M., Please understand me. Character and Temperament-Types, 1984.

Keirsey, D., *Please understand me II: Temperament, Character, Intelligence*, 1998.

Krebs Hirsh, S., Kummerow, J., *Life Types. Unterstand yourself and make the most of who you are*, 1989.

Kroeger, O. et al., *Type Talk. The 16 Personality Types that determine how we live, love and work*, 1988.

Kroeger, O. et al., *Type Talk at Work: How the 16 Personality Types determine your Success on the Job*, 1988.

Kroeger, O., Thuesen, J., *16 Ways to love your Lover: Understanding the 16 Personality Types so you can create a Love that lasts forever*, 1994.

Löhken, S., *Intros und Extras: Wie sie miteinander umgehen und voneinander profitieren*, 2015.

Myers, K., Kirby, L., *Introduction to Type Dynamics and Development*, 1994.

Nardi, D., *Character and Personality Type, Discovering your uniqueness for Career and Relationship Success*, 1998.

Pearman, R., Albritton, S., *I'm not crazy, I'm just not you*, 1997.

Provost, J. A., *Work, Play and Type*, 1980.

Sharp, D., *Personality Type: Jung's Model of Typology*, 1987.

Schwarz Wennig, S., *Optimal Health through Personality Profiling*, 1999.

Tieger, P. D., Barron-Tieger, B., *Do what you are: Discover the perfect career for you through the Secrets of Personality Type*, 1995.

Tieger, P. D., Barron-Tieger, B., *Nurture by Nature: Understand your Child's Personality Type – and become a better Parent*, 1997.

Register

Abstrakte (A) 35-43
- Arbeits-, Lernstil der 39
- Kommunikation der 38
- Sinn und 37
- Umgang mit 40 ff.
- Wahrnehmung der 35 ff.

Acetylcholin 26

Beziehungsminister (EAFO) 146-156
- als Eltern 152
- als Kämpfernaturen 153
- Ausstrahlung der 147
- Beziehung und 146, 148, 150
- Freundschaft und 151
- Gebrauchsanweisung für 155 f.
- Gefühle und 155
- Harmonie und 147
- Hysterie und 154
- Idealismus der 149
- Kritik und 149
- Menschenfreundlichkeit der 146
- Menschenkenntnis der 151, 153
- Organisationstalent der 148
- Partnerschaft und 150
- Selbsterkenntnis und 146
- Sprachbegabung der 146
- Wahrnehmung und 154

Briggs, Katharine 16, 53

Denken 35

DenkEntscheider (D) 44-52
- Entscheidungspräferenz der 47
- extravertierte 64
- Grundeinstellung der 44
- introvertierte 64
- Umgang mit 50 ff.

Dopamin 26

Erkenntnisminister (IAFO) 157-167
- als Eltern 163
- als Ratgeber 163
- Arbeitsumfeld und 160
- Begeisterung der 160
- Beziehung und 164
- Durchhaltevermögen der 158
- Enthusiasmus der 160
- Erkenntnis und 157
- Führungsstil der 160
- Gebrauchsanweisung für 166
- intuitive Veranlagung der 159
- Konflikte und 160
- Konfliktscheu und 164 f.
- Konfliktvermeidung und 166
- Lieblingsbeschäftigung der 160
- Menschenkenntnis der 158
- Partnerschaft und 161 f.
- Visionen und 158, 160
- Wahrnehmung und 157, 164
- Zurückgezogenheit und 159

Erziehungseinflüsse 22

Evolution 263

Extraversion 23

Extravertierte (Extras/E) 24-33
- Arbeitsstil der 31
- Umgang mit 32 f.

Freiheitsminister (IKDL) 247-257
- Abhängigkeit und 252
- als Eltern 253
- als Krisenmanager 250
- als Pragmatiker 249
- Arbeitsbedingungen und 250
- Bevormundung und 247
- Beziehung und 254
- Bindungsangst und 252
- Detailwahrnehmung der 249
- Disziplin der 250

- Einfühlungsvermögen und 249
- Faktenwissen der 248
- Freiheitsbedürfnis der 254
- Führungsstil der 251
- Gebrauchsanweisung für 256 f.
- Gefühle und 251, 255
- Getriebenheit der 255
- Handlungsbereitschaft der 249
- Hierarchie und 247, 250
- Liebesbeziehungen und 251 ff.
- logische Prinzipien der 248
- passiver Widerstand und 247
- Selbstreflexion und 254
- Tatendrang der 255
- Unabhängigkeit und 253 f.
- Unordnung und 248
- Verantwortung und 251
- Wahrnehmung der 249 f.
- Zeitmanagement der 255
- Zeitplanung der 248
- Zurückgezogenheit und 254

FühlEntscheider (F) 44-52, 66
- Entscheidungspräferenz der 47
- Grundeinstellung der 44
- introvertierter 66
- Umgang mit 49 f.

Gehirn 25
- Mandelkern (Amygdala) 27
- Nucleus acumbens 26
- Parasympathikus und 25 f.
- Sympathikus und 25 f.

Gemütsanlage 21

Harmonieminister (IKFO) 168-178
- Akribie, Ausdauer und 170
- als Eltern 173 f.
- Beobachtungsgabe der 170 f.
- Bescheidenheit der 170
- Beziehung und 172 f.
- Disziplin und 173
- Druck und 172
- Gebrauchsanweisung für 177 f.
- Genauigkeit und 171
- Harmonie und 169
- Hilfsbereitschaft der 168
- in Vorgesetztenposition 172
- Konfliktscheu und 170, 172, 176
- Ordnung und 169
- Partner und 172
- Perfektion und 174
- Perfektionismus und 170, 172
- Pessimismus der 175
- Pflichtbewusstsein der 170 ff.
- Realitätssinn der 174
- Schwarzmalerei der 174
- Schwarzseherei der 170
- Stabilität und 169, 174
- Teamarbeit und 171
- Verantwortung und 175
- Wahrnehmung und 168
- Zuverlässigkeit der 169, 174

Ideenminister (EAFL) 134-145
- als Eltern 141
- als Vorgesetzte 142
- Autonomiebedürfnis der 137
- Begeisterungsfähigkeit der 137
- Beobachtungsgabe der 136
- Bindungsangst und 140
- Gebrauchsanweisung für 144 f.
- Geld und 142
- Geselligkeit der 140
- Ideenreichtum der 138
- Impulsivität der 143
- in Paarbeziehungen 139
- innerer Grundkonflikt der 135
- innovatives Denken der 137
- Konfliktscheu und 135
- Problemzonen der 142
- Stimmungsschwankungen der 143
- Tatendrang der 134

- unkonventionelles Denken der 134
- Vielseitigkeit der 137
- visionäres Denken der 138
- Wahrnehmung und 135
- Zeitmanagement der 139

Intelligenz 21
Introversion 24
Introvertierte (Intros/I) 24-33
- Arbeitsstil der 31
- Umgang mit 33 f.

Jung, Carl Gustav 16, 24, 35, 44, 53

Kind 21 f.
- elterliches Verhalten und 22
- exrtavertiertes 25
- introvertiertes 25

Kompetenzminister (EADO) 112-122
- als Analytiker 112
- als Anführer 113
- als Eltern 117 f.
- als Kämpfernaturen 120
- Ansprüche der 114
- Entschlossenheit der 118 f.
- Freundschaft und 116
- Gebrauchsanweisung für 121 f.
- Gefühlsleben der 1119
- geradlinige Art der 119
- in Führungspositionen 115
- Konfrontationsfreudigkeit der 115
- Misserfolg und 121
- Partnerschaft und 1116
- Unabhängigkeitsbedürfnis der 117
- Unbeschwertheit der 113
- Wahrnehmung und 112
- Zusammenarbeit mit 119 f.

Konkrete (K) 35-43
- Arbeits-, Lernstil der 39
- Detailwahrnehmung der 37
- Kommunikation der 38
- Umgang mit 42 f.
- Wahrnehmung der 35 ff.

Krisenminister (EKDL) 237-246
- als Chefs 240
- als Eltern 242 f.
- Autorität und 238
- Beziehung und 241 f.
- Bindungsangst und 241 f.
- Druck und 239, 243
- Einfühlungsvermögen und 245
- Erfahrungshunger der 237
- Freiheitsbedürfnis der 241
- Freundschaft und 242
- Gebrauchsanweisung für 245 f.
- Gefühle und 245
- Improvisationstalent der 243
- in Extremsituationen 239
- Kompromisslosigkeit der 241
- Lebenshunger der 237
- Nervenkitzel und 237, 239 f., 243 f., 249
- Partner und 241
- Partnerschaft und 242
- Rastlosigkeit der 245
- Realitätssinn der 244
- Risiko und 239
- Selbstbewusstsein der 240
- sinnliche Erfahrung und 243
- Umgang mit 238

Lockere (L) 53
- Ordnungsbedürfnis der 57
- Struktur und 56, 58
- Umgang mit 60 f.
- Wahrnehmung der 54
- Zeitempfinden der 55 f.

Ministertitel 63
Mischtyp 69
Myers, Isabel 17, 53

Neigungen 22
Organisierte (O) 53-61
- Entscheidungen und 54
- Erledigungslisten und 54
- Ordnungsbedürfnis der 57
- Struktur und 56, 58
- Umgang mit 59 f.
- Zeitempfinden der 55 f.

Partnerschaft 260 f.
Persönlichkeit 16
Persönlichkeitsmerkmal 16, 21, 25
- geschlechtsspezifisches 44
- geschlechtsunabhängiges 30
Persönlichkeitsmuster 259
Persönlichkeitsprofil 69
Persönlichkeitstest 68-78
Persönlichkeitstyp 17, 23
Planungsminister (EKDO) 203-214
- als Eltern 209 f.
- als Freunde 208
- Anspannung der 212
- Arbeitsklima und 207
- Betriebsamkeit der 213
- Beziehung und 209
- eigene Bedürfnisse und 212
- Einfühlungsvermögen der 213
- Fairness und 203
- Faktengedächtnis der 204
- Flexibilität und 207
- Führungsstärke der 209
- Führungsstil der 207
- Gebrauchsanweisung für 213 f.
- Gefühle und 213
- Gelassenheit und 211 f.
- Gerechtigkeit und 203
- im Team 207
- in Führungspositionen 207
- Kontrollbedürfnis der 211
- Kontrolle und 211
- Partner und 209
- Partnerschaft und 208 f.
- Pessimismus der 205
- Pflichtbewusstsein der 212
- Plan, Struktur und 203
- Umgang mit 204
- Veränderungen und 2077
- Verdrängung und 213
- Wahrnehmung und 204
- Zuverlässigkeit der 203
Präferenzen 22, 263
Präzisionsminister (IKDO) 191-202
- als Eltern 197
- Anerkennung und 198
- Arbeitsmoral der 194
- Beziehung und 196
- Erledigungsdrang und 193
- Freundschaft und 196
- Gebrauchsanweisung für 200 ff.
- Gefühle und 200
- Grundanspannung der 193
- Hierarchie und 195
- in praktischen Berufen 195
- Kontrolle und 193, 200
- Leistungsdruck und 198
- Ordnungssinn und 193
- Partner und 196
- Partnerschaft und 196
- Perfektionismus und 193
- Pflichtbewusstsein der 194, 199
- Selbstachtsamkeit und 200
- Selbstreflexion und 200
- Taktgefühl der 199
- Wahrnehmung und 191
- Zuverlässigkeit der 191

Scheinwerfer-Effekt 259
Selbsteinschätzung 69
Selbsterkenntnis 259
Sozialminister (EKFO) 179-190
- als Eltern 185 f.
- Arbeitsklima und 182
- Autorität und 180
- Beziehung und 179 f., 185 ff.

- eigene Bedürfnisse und 188
- Familie und 184
- Freunde und 184
- Gebrauchsanweisung für 189 f.
- Gefühlsleben und 189
- Hilfsbereitschaft der 181
- im Team 183
- in Dienstleistungsberufen 182
- in Führungspositionen 183
- Kompetenz und 179
- Konflikte und 187
- Konfliktscheu und 187 f.
- Lob, Anerkennung und 183
- menschlicher Umgang und 186
- Partner und 184 f., 187
- Perfektionismus und 182
- routinierte Abläufe und 281
- Verständnis der 179
- Wahrnehmung und 180
- Zugehörigkeit und 181

Strategieminister (IADO) 100-111
- als Eltern 106 f.
- Anspruch der 109
- Arbeitsstil der 103
- Beziehung und 105 f.
- Fokus der 100
- Freundschaft und 104
- Führungsstil der 103
- Gebrauchsanweisung für 110 f.
- Gefühle und 106, 109
- Gerechtigkeitssinn der 102
- Gestaltungsfreiheit und 102
- im Team 103
- Kritik und 109
- Selbstvertrauen der 100
- Stress und 108
- Wahrnehmung und 101, 107
- Wissen und 102
- Zusammenarbeit mit 104

Theorieminister (IADL) 79-88
- als Eltern 84 f.
- Autonomie der 82
- Autorität und 82
- Beziehung und 83
- Flexibilität der 82
- Gebrauchsanweisung für 87 f.
- Gefühle und 87
- inneres Glaubenssystem der 84
- intellektueller Anspruch der 80
- Kompetenz und 80
- Kritik und 85
- Lebenseinstellung der 83
- Rationalität der 79
- Realitätswahrnehmung und 86
- Selbstkritik und 86

Toleranzminister (IKFL) 215-225
- als Detailwahrnehmer 217
- als Eltern 221
- als Kollegen 219
- Arbeitsphilosophie der 219
- Beobachtungsgabe der 216
- Beziehung und 220
- Durchhaltevermögen der 217, 223
- Ehrgeiz der 223
- Freundschaft und 220
- Führungsstil der 219
- Gebrauchsanweisung für 224 f.
- Gefühle und 216
- Genussfreude der 223
- in sozialen Berufen 218
- Konfliktscheu und 220, 222
- Konkurrenzdenken und 218
- Konventionen und 217
- Laissez-faire-Haltung der 218
- Lebensphilosophie der 219
- Liebesbeziehungen und 219 f.
- Partner 219
- Partnerschaft und 220
- Planung und 217
- Toleranz und 216
- Ungerechtigkeit und 216
- Versagensängste der 222

- Wertesystem der 215, 219
- Wertschätzung und 216
Tugendminister (IAFL) 123-133
- als Eltern 129
- Beziehung und 128 ff.
- Führungsqualitäten der 127
- Gebrauchsanweisung für 132
- Harmoniebedürfnis der 127
- hohe Ideale der 130
- im Team 126
- Integrität der 123, 125
- lebenspraktische Belange und 124
- Partnerschaft und 128
- Perfektionismus der 126
- Perfektionsstreben der 130
- Selbsterkenntnis und 125
- Selbstkritik und 131
- Selbstwertgefühl der 132
- Überblick der 125
- Wahrnehmung und 124
- Wertesystem der 123
Typenbschreibung 259
Typenlehre 16 f., 21 f., 260
- Dimensionen der 24-61
- Dynamik der 64
Typenprofil 259, 261

Vergnügunsminister (EKFL) 226-236
- Abwechslung und 227, 229
- als Eltern 232
- als Krisenmanager 229
- Anpassungsfähigkeit der 228
- Arbeitsklima und 230
- Arbeitsumfeld und 229
- Autorität und 230
- Begeisterungsfähigkeit der 229
- Beziehung und 231, 234 f.
- Erlebnisdrang der 234
- Flexibilität und 228
- Freunde und 231
- Freundschaft und 231
- Frustrationstoleranz der 233
- Führungsstil der 230
- Gebrauchsanweisung für 235 f.
- Genussfreude der 232
- Getriebenheit der 234
- in Dienstleistungsberufen 229
- Konfliktscheu und 235
- Oberflächlichkeit der 234
- Organisationstalent der 226
- Stimulation und 226
- Überzeugungskraft der 229
- Unabhängigkeitsbedürfnis der 230
- Verantwortungsscheu und 235
- Wahrnehmung und 233
- Zerstreuung und 233

Wahrnehmung 16
- intuitive 35
- sinnliche 35

Zukunftsminister (EADL) 87-99
- als Eltern 94
- Arbeitsbedingungen für 91
- Begeisterungsfähigkeit der 90
- Berufsfelder der 92
- Bindungsangst und 93 f.
- Flexibiltät der 89
- Gebrauchsanweisung für 98 f.
- intellektueller Anspruch der 91, 97
- Lebensführung der 96
- Nervenkitzel und 90
- Partnerschaft und 93
- Visionen der 96
- Wahrnehmung und 95
- Ziel der 95